川と生きる

長良川・揖斐川ものがたり

久保田稔——著

Minoru Kubota

風媒社

はじめに

奥深い源流域から扇状地に流れ出た木曽・長良・揖斐の三川は、濃尾平野を蕩々と流れくだり、河口部付近で二筋の流れとなって伊勢湾に注いでいる。木曽川と揖斐川である。

三川流域には、多くの水神碑をはじめ水にまつわる公徳碑や神社が祀られている。しかし、その由来は、静かな時の流れと共に徐々に忘れ去られつつある。また、昔つくられた用水路は朽ちて自然の姿に戻り、輪中堤も都市化の中で消えつつある。

これら石碑や神社、用水路や輪中堤跡などは、古くから多くの先人が川と格闘してきた証である。

三年前、私たち木曽川文化研究会は、木曽川と人びととの関わりについて『木曽川は語る』という本にまとめた。今回は、長良川と揖斐川を取り上げ、これらの川とともに暮らしてきた人びとをご紹介したい。いま、「暮らしてきた」と簡単に書いたが、川との共生は過酷な日々であった。人びとは洪水と闘うだけでなく、他村から流れ込む悪水や自村の排水の苦労、さらに他村の取水に関する既得権とも闘ってきたのである。濁水の被害を少なくし、川からの恩恵を少しでも多く受ける努力に明け暮れる日々であった。

本書は、さまざまなエピソードを通じて、川との緊張関係を強いられた人びとの川への関わりの一端を紹介する。身近に流れている川を「自分たちの川」として親しみを持っていただき、さらに、これからの川を考える端緒にしていただければ幸いである。

川がある限り、必ずその川と先人たちとの物語がある。長良川や揖斐川のような大河ではなく、町中や農地を流れる小川でさえ、現代では想像もつかないほど、人びとの生活に大きく関わっていたということに、注意深くありたいと思う。
　この本が、川への興味や関心を読者の皆さんに呼び起こしてくれることを願っている。

二〇〇七年十月

著者

川と生きる——長良川・揖斐川ものがたり

目次

第1章　織りなす川と人の歴史

大垣は水の都であり、芭蕉や頼山陽《らいさんよう》が訪れた文化の町でもあった。大垣城や大垣湊さらに水門川や大垣ゆかりの人についてあれこれ語りながら、揖斐川と長良川をめぐる歴史の旅へと漕ぎいでていこう。

1 〈大垣〉ものがたり

七代藩主戸田氏教《うじのり》が治世する一七八二（天明二）年頃、大垣の岐阜町に蒟蒻《こんにゃく》屋文七がいた。ある日のこと、文七は地中から水をくみ出そうと考え、川岸近くに深さ二m前後の穴を掘った。この穴に長さ約六mあまりの材木を打ち込み、さらに先を尖らせた長竹を地中深く打ち込んだ。長竹の節を細い竹であけると、地中から水が噴出したのである。さらに文七は工夫を凝らし、六m前後の鉄棒を二本、三本とつないで、自噴井戸を掘り始めた。この文七による井戸掘削が「水の都」

蒟蒻屋文七の岐阜町の井戸

大垣の始まりであると、伝えられている。

大垣という場所

大垣市は濃尾平野の北西部に位置し、西方に伊吹山（標高一三七七m）がそびえ、西南には養老山地が位置する。大垣の四方は川で囲まれている。東に揖斐川、西に相川を合流した杭瀬《くいせ》川が、北は東流する粕川、南は南流してきた杭瀬川を合流した牧田川が流れている。

また大垣市内には、西から順に相川、大谷川、水門川など一三の河川が南流しており、大垣市の標高は北高南低で、特に南部は低湿な地域である。

大垣の北部は揖斐川の扇端部が位置しており、粕川や揖斐川の伏流水が自噴する湧水地帯である。地名には、河間《がま》町、小泉町、清水町、川口町、久瀬川町、中川町など、自噴する河間や泉さらに川などに関係する名がある。なお「河間」とは、豊富な地下水が地層の割れ目から地表に噴き出ている所である。江戸時代の初期ごろまで、大垣の人びとは河間の湧き水を用水路で各方面に流し、飲用水として使用していた。

大垣には、かつて大垣藩主や人びとが大切に使用した「三清水《さんしみず》」と呼ばれた泉があった。藩主の年始の屠蘇を毎年冷やしたと伝わっている「御用井戸」の泉は、水門川にかかる清水橋付近の外側町に、他の二つは清水町の松涛寺《しょうとうじ》門前と室町にあった。人びとはこれらの清純な泉を非常に大切にしてきた。特に、台風などで河川水や用水が汚れた場合、唯一の飲用水はこの「三清水」だけとなったという。

ところで〈大垣〉という名前の由来はどこから来ているのだろうか。ここは奈良時代には東大寺の大井荘園だったが、一三四〇（暦応三）年の東大寺文書に、「大柿殿」と、大井荘園の在地豪族名が挙げられている。これが「おおがき」の名前の由来であるとされる。ともかく大垣のルーツは人名だったのである。大井荘は室町幕府内部の主導権争いとなった応仁《おうにん》の乱（一四六七～七七）以降、次第に荘園としての機能がマヒしていった。

大垣城の誕生

大垣城は、一五〇〇（明応九）年に竹下尚綱が建設したとか、一五三五（天文四）年に土岐氏の重臣であった宮川安貞が築城したとも伝えられている。

天守閣の建設年代については四説もある。年代順に各説を列挙すると、まずは、一柳伊豆守直末が創建した一五八八（天正十六）年説、次に、伊藤長門守祐盛が創建した一五九六（慶長元）年説である。三説目は、田中才兵衛覚書に基づいた一六二〇（元和六）年の建築説で、四説目は、松井七郎右衛門申分記録による「当御城内、其外御普請御座候」を根拠にした一六三三（寛永十）年説である。

大垣城と戸田氏鉄の銅像

これら四説に対して、大垣市観光協会は、天守閣筒瓦に一五八八年六月二十二日の銘が入っていたとして、第一説を取り上げている。一方、細川道夫は『美濃民俗』で、写真家河野正匡が戦前に撮影した天守閣鬼瓦下角瓦銘の写真に「元和六年申五月吉日　藤原朝臣吉兵衛」と写っていることを根拠に、第三説の一六二〇年建造説が有力である、と述べている。いったい天守閣はいつ建てられたのだろうか。興味は尽きない。

一九三六（昭和十一）年四月に大垣城は国宝に指定されている。大垣城は四層四階建て、総塗り込め様式の天守閣をもち、堅牢優美な平城であった。一七三二（亨保十七）年に大垣に生まれて五代藩主氏長《うじなが》に仕え、七代藩主氏教《うじのり》の侍講となった守屋東陽が、「巨鹿城《きょろくじょう》」、「麋城《びじょう》」と命名した大垣城は、惜しくも一九四五（昭和二十）年四月の空襲で焼失した。しかし、城を懐かしむ多くの市民の願いで、一九五九（昭和三十四）年に、鉄筋コンクリートの天守閣が再現された。

大垣城を取り囲む大垣公園には、初代藩主戸田氏鉄《うじかね》の銅像をはじめ、郷里の発展に尽くした人物らの銅像や記念碑が多くあり、大垣公園は市民の憩いの場となっている。

忠臣蔵と大垣城

芝居や映画などでよく知られた「忠臣蔵」。じつは、この忠臣蔵と大垣藩主とは深く関わっていたのをご存じだろうか。

浅野内匠頭長矩《たくみのかみながのり》と大垣藩の四代藩主氏定《うじさだ》の両母親は、志摩鳥羽城主内藤飛騨守忠政三万二〇〇〇石の姉妹。長矩と氏定は従兄弟《いとこ》ということになる。

刃傷《にんじょう》事件が起きた一七〇一年（元禄十四）年三月十四日、氏定は、江戸城内の式典場に詰めていた。すぐさまお目付けから、内匠頭の家来たちが騒動を起こさないようになだめ役を申し付けられた。氏定は直ちに浅野家江戸詰め家老安井彦右衛門を呼んで事の次第を話し、さらに江戸赤穂藩邸にも使者を送り騒動を起こさないように注意した。

十四日夕方、老中土屋相模守に呼び出された氏定と内匠頭の伯父浅野美濃守長恒《ながつね》は、内匠頭の切腹が決まったことを知らされた。彼らは直ちに江戸赤穂藩邸へ行き、内匠頭の弟大学（長広《ながひろ》）をはじめ家老、用人、侍たち全員を集め、藩主内匠頭の切腹と江戸屋敷の接収などを伝えた。赤穂江戸屋敷からは国元にいる大石内蔵助ほか六名に書状が発せられたのである。切腹した内匠頭の遺骸は浅野大学が引き取り、高輪の泉岳寺に密葬した。

三日後の十七日、江戸赤穂邸が幕府に接収された。残るは播州赤穂城の明け渡しである。当時の慣習で、藩主が国元に不在のときは、城代役はいかに幕府の要求であろうと、藩主の命令がなければめったに城門を開けようとはしなかった。しかし藩主内匠頭はすでに亡く、幕府は赤穂一族への説得を従兄弟である氏定に託《たく》した。

十八日午後、氏定の家臣二名が幕府からの書状などを携え、まずは大垣で正式の使者としての礼服の裃と、いざ合戦となった場合の鎧兜などを準備して、合計三三人の大使節団が赤穂へ向かった。二十八日に赤穂に到着。大石内蔵助らとの息詰まる会見ののち、赤穂城の無血開城が決まり、赤穂藩五万三〇〇〇石は取り潰しとなった。

大垣藩の戸田氏定がいなければ、現代でも多くの人びとに共感される「忠臣蔵」はなかったかもしれない。氏定は表に出ることなく大石らの相談に乗ったり資金的な援助をしたという。

赤穂開城から三カ月後の六月二十四日（一説には七月上旬）、小野寺十内を伴った大石は大垣城で氏定に刃傷事件後の大垣藩の協力に感謝するとともに、お家再興の尽力を願い出ている。いよいよ討ち入りの道が選ばれてからは、こんな話が伝わっている。暮れ六つ（午後六時）から明け六つ（午前六時）まで大垣城の七カ所の門は閉じられ、城への出入りは許されていなかった。ところが時々城の門番に、「今夜四つ刻（十時ごろ）蓑笠《みのかさ》を身にまとった者が来るので姓名を問わず通行を許すこと」と命令があり、その時刻にその人物が現れ登城した。その人物が夜更けに下城すると、「先ほどの者は無事に城を出たか」と必ず問い合わせがあった。この人物が大石内蔵助であったという。この時の大石の定宿は、大垣城の東側に位置する竹島町にあった本陣隣の旅館清貞であったと伝えられている。旅館清貞には松尾芭蕉も宿泊しており、明治維新まで旅館を営んでいた。

大石内蔵助とこの地方（中部地域）には、ほかにも縁のある場所がある。内蔵助が赤穂から京都の山科へ移住した時、大石の世話をしたのが岐阜県揖斐郡大野町更地の来振寺《きぶり》で得度した義山和尚である。

大石は討ち入りで江戸に向かう途中、義山和尚が得度した来振寺に参詣したと伝えられている。その後、江戸に向かう途中、箱根で長持ちに討ち入りの武具が入っているのを咎められた。しかし、この長持ちに入っていた義山和尚の手紙は赤穂浪士の苦境と討ち入りの悲願を切々と書きつづっていた。この手紙を読んだ役人は感動して関所を無事通過させたと言われている。

三重県菰野町の湯ノ山温泉に大石公園がある。公園にはその重量推定八〇〇トンといわれる大石が、三滝川沿いにある。浅野内匠頭の実弟浅野大学の奥方が菰野藩主土方雄豊の娘であった関係で、大石内蔵助は参勤交代の途中に湯ノ山に立ち寄った。内蔵助は自分の名にふさわしいこの大石に愛着を抱いたという。

「奥の細道」と曽良の第二の故郷長島

大垣といえば芭蕉だろう。大垣市内水門川側の高橋《たかばし》の住吉灯台の対岸に「奥の細道結びの地」の碑文や芭蕉と谷木因の銅像が建っている。

松尾芭蕉は弟子の曽良と、一六八九（元禄二）年三月二十七日に江戸を出発した。太平洋側を岩手県まで北上、それから日本海側に出てさらに北上。秋田県の鳥海山の北西に位置する象潟《きさかた》に着いたのは六月十六日である。帰りは福井県まで日本海に沿って旅をして、敦賀から内陸部に入り琵琶湖北東岸を通って、旅の最終地の大垣に八月二十一日に着いた。

「奥の細道」は、この一五六日間の総距離一八〇〇㎞におよぶ旅の記録を、四〇〇字詰め原稿用紙に換算すると五〇枚足らずにまとめた俳諧紀行文で、芭蕉が没してから八年後の一七〇二年に刊行された。

同行した河合曽良は、現長野県諏訪市に生まれたが、両親を亡くしたのちに叔母の養子となった。この養父母も十二歳の時に亡くなっている。十二歳説と十九歳説とがあるが、ともかく現桑名市長島町の大智院住職であった叔父の良成に引き取られ、桑名市長島町が曽良の第二の故郷となった。

曽良は河合惣五郎と名乗り、二十歳で長島藩に仕えた。一六八一年頃に職を辞して江戸に出て、三十五歳頃から芭蕉の門下に入っている。

芭蕉は曽良とすでに共に旅をしており、気心もわかっていた。さらに曽良は几帳面な性格であり、事務能力に長けていた。期待通り、曽良は「奥の細道」の旅を『曽良随行日記』に行程などを詳しく書き留めている。

曽良は、日本海に沿って帰ってくる途中で体調不良となり、八月五日に山中温泉で芭蕉と別れた。大垣を経て船で長島に帰ったのは十五日である。九月二日まで長島で旧知に会いつつ養生して、三日に芭蕉に逢いに長島から船で大垣へ向かった。

芭蕉は、休養をかねて半月ほど大垣に滞在。大垣の船問屋の旦那で大垣俳壇の先駆者でもあり、京都で芭蕉と相弟子であった谷木因や門弟らと交わった。六日に曽良は芭蕉と大垣の俳諧の友らと共に、木因が手配した船で長島の大智院へ向かった。こののち芭蕉は、伊勢の御遷宮を見学する予定で、「蛤《はまぐり》のふたみにわかれ行く秋ぞ」と、ふたみを二見ヶ浦に掛けて詠んでいる。

曽良は、第二の故郷長島に高名な芭蕉を連れてきたうれしさとともに長島藩士らと俳句の会を開催したという。大智院では三泊滞在。芭蕉と曽良は伊勢に旅立った。伊勢からの帰りに曽良は再び長島に寄り、江戸に帰るまでの約二カ月間大智院に滞在した。

大垣水門川の住吉灯台

一六九四（元禄七）年、芭蕉は伊賀から大坂へ向かったところで病に倒れ、十月十二日に没した。曽良は、一七〇二（元禄十五）年に大津への芭蕉の墓参の帰りに大智院に滞在。これが、曽良の最後の長島来訪となった。

曽良は、芭蕉亡き後も全国の霊場を巡る乞食行脚《こつじきあんぎゃ》を続け、「春にわれ乞食やめても筑紫かな」と九州へのあこがれを詠んだ。六十一歳になって、ようやく曽良は幕府巡検使の随員としてあこがれの九州の地を訪

江馬蘭斎の蒸気サウナ
（内藤記念くすり博物館蔵）

れた。一七一〇（宝永七）年五月七日に福岡の壱岐《いき》でまたしても曽良は病となり、対馬に向かう一行と別れて一人壱岐に残った。しかし病は癒えず、五月二十二日に海産物問屋の中藤家で息を引き取った。

芭蕉は「旅に病み夢は枯れ野をかけめぐる」と詠んだが、曽良の辞世の句はない。しかし、曽良の一生も旅と俳諧に捧げた生涯であった。曽良の墓は、壱岐市勝本町の能満寺と諏訪市岡村の正願寺にある。

大垣の蘭学医・江馬蘭斎と蒸気サウナ風呂

江馬蘭斎《らんさい》（一七四七～一八三八）は美濃で最初に西洋医学を用いた人物である。大垣藩の江馬元澄《げんちょう》の養子となり、二十八歳で養父の跡を継ぎ七代藩主戸田氏教《うじのり》の侍医となった。三十五歳で結婚して翌年長男を得るが幼くして亡くす。四十一歳の時にのちの細香《さいこう》・長女多保を得た。次女を得て三年後、前野良沢や杉田玄白らのオランダ医学を志し、藩主の許可を得て江戸に行く。そこで杉田玄白から『解体新書』の講義を受け、良沢の門に入った。蘭学医・江馬蘭斎の誕生である。

四十九歳で大垣に帰り、明治の初年まで実に九十年続いた蘭学塾（好蘭堂）を開くかたわらオランダ医学の勉強を続けた。しかし、当時は漢方医の全盛時代で、美濃では「蘭方医は乱暴医」と毛嫌いされ、診察を受けるものは稀であった。ところが五十一歳のとき、病が癒《い》えない京都の西本願寺門主を完治させた。これ以来、蘭斎の名が広く知れ渡り、遠くからも診察を願う人びとが増えたという。

蘭斎は多数の著・訳書を世に出したが、蒸気風呂もつくった。その構造は、ちょうど直径五〇㎝ほどの酒樽の蓋をぬき、樽を互いに組み立てた高さ二ｍほどの丸い浴槽である。薬草を加えて炊き、蒸気を浴槽内にこもらせる仕組みになっていた。

この風呂は、現代の蒸気サウナに相当するもので、オランダの原書からヒントを得て考案し、梅毒の治療に使用した。風呂は、蘭斎の診療を受ける患者が宿泊する旅館に男女別に二つつくられ、蘭斎がみずから患者の世話をして、治療にあたった。のちに、リウマチ、神経痛、皮膚病、胃腸病などにも効果がみられ、多方面で使用された。

頼山陽大垣へ向かう

儒学者・漢詩人として知られた頼山陽は、大垣にほろ苦い思い出がある。山陽は、一八一三（文化十）年十月に京都から中山道を通り赤坂宿で詩家の矢橋赤山（勝三郎）の弟赤水を訪ねた。

そののち、すでに六十七歳になっていた大垣の江馬蘭斎を訪れた。蘭斎の娘・江馬細香《さいこう》は二十七歳で、幼少から詩や絵画を学び、豊かな才能と清楚な美貌に恵まれた女性であった。山陽は細香の才能と美貌に惹《ひ》かれ、一方、細香も山陽の才能に惹かれて山陽の門人になったと伝わっている。

山陽は大垣から美濃に向かい、美濃在住の弟子で、曽代《そだい》用水で活躍した村瀬藤城《とうじょう》らと共に郡上へ詩作に行っている。のちに藤城は、頼山陽の初恋の人・江馬細香や漢詩人の梁川星巌《やながわせいがん》らと「白鴎社《はくおうしゃ》」を結成し、詩作を競い合っている。

ここで少し寄り道だが、上有知《こうずち》村（現美濃市）の庄屋村瀬藤城について触れておこう。一七九一（寛政三）年、藤城は上有知村の豊農で造り酒屋も営む庄屋の長男として生まれた。向学の志が強く、村内の曹洞宗善応《ぜんのう》寺の禅智《ぜんち》和尚から漢学を熱心に学んでいた。十五歳のときに母が亡くなり、学問への情熱を秘めながら、幼い弟二人と妹四人の世話と家業の手伝いに励むこととなった。

藤城が二十一歳の時、学問への情熱やみがたく、禅智和尚の勧めもあり、父親の許しを得て大坂へ遊学、当時三十三歳の頼山陽と出会ったのである。山陽の学識に驚いた藤城は、すぐさま山陽の一番弟子となった。帰郷した藤城は山陽と手紙のやり取りで教えを受け、三十代中ごろからは、周囲に梅を三千株植えた梅花村舎《ばいかそんしゃ》で多くの青年の教育にあたった。

さて山陽は、一八一三（文化十）年十一月初旬、美濃の上有知湊を弟子の村瀬らに見送られて船出した。長良川を下り岐阜に到着後、一度会った江馬細香の住む大垣へ向かった。

山陽は細香との結婚を望んでいたがまだ正式な申し込みをせず、また蘭斎は結婚の許可を出しそうもなかった。後ろ髪をひかれる思いで、十一月に船町の美濃路に掛かる高橋から水門川を船で下り、桑名へ向かった。そのときに詠んだ詩が、「舟発大垣赴桑名」である。

蘇水《そすい》　遥遥《ようよう》として海に入りて流る　櫓声《ろせい》　雁語《がんご》　郷愁を帯ぶ
独り天涯に在りて年暮れんと欲す　篷の風雪　濃州を下る

と、寂しげな櫓の音と雁の声、年の瀬と雪積もる船と、山陽自身のやりきれない寂しさを詠っている。

詩としては「蘇水」を「木曽川」と訳すほうが雰囲気もよい。山陽が下った水門川は揖斐川に合流しており、当時の木曽三川は下流域でそれぞれ縦横に入り乱れて流れ、揖斐川も大きく言えば「木曽川」と言ってもよいのだろう。

水門川の水門建設

芭蕉や頼山陽さらに木曽三川の明治改修に尽力した大垣の金森吉次郎も、船で水門川を出発して揖斐川の下流域に向かった。この水門川にもさまざまなエピソードがある。

一五六一（永禄四）年、美濃斎藤氏に仕えていた大垣城主氏家直元《なおもと》が、斎藤道三の孫龍興《たつおき》の命令で、城を取り囲む池の改築の際に運河（水門川）を開削して揖斐川と合流させたと伝えられている。この川は大垣城の堀として、また町の人びとの生活用水の排水路として、大垣から伊勢湾に通じる大切な川であった。

関ヶ原の戦い後の一六〇一（慶長六）年、大垣藩五万石をスタートさせた石川康通《やすみち》の時代に、早くも牛屋川（水門川）を使用した運送業が、船町に移住した木村与次右衛門と長八の両人によって始められた。三代藩主石川忠総《ただふさ》は一六一二（慶長十七）年に高橋《たかばし》付近の川筋を開削。このころ、運送業も活発になったようである。

牛屋川の河床は極めて緩やかで、舟運に適していた。しかし、ひとたび揖斐川に洪水が発生すると、標高の高い所を流れる揖斐川の濁流は牛屋川に逆流し、牛屋川が破堤すると、大垣は水に沈んだ。

一六三五（寛永十二）年に大垣藩一〇万石の初代藩主となった戸田氏鉄《うじかね》は、この逆水の防止方法に始終頭を悩ましていた。その悩みを解決したのが藩士の清水五右衛門である。清水は、以前住んでいた豊前小倉では、潮水が排水路に進入するのを避けるために水門が設置されていたことを思い出した。清水はさっそく氏鉄に、牛屋川に逆水防止用の水門を設置するよう進言した。氏鉄はその案をすぐさま採用。一六三六年、川口村と外淵村の両村境に小規模な門樋をつくった。

水門川の水門 （『日本土木史明治以前』土木学会編 上巻）

【川口水門の完成と焼失】 一六五〇（慶安三）年九月に大洪水が大垣を襲い、流失家屋三五〇〇戸、死者一一〇〇人を出す大災害が発生。この災害を契機に、大垣城の外堀である牛屋川の本格的な改修工事が始まった。翌年には川口村に逆流を止める門樋を改造建設する計画が立てられた。一六五三（承応二）年六月に大垣藩直営で工事に着手、早くも同年七月下旬に完成した。この水門が完成してから、牛屋川は水門川と呼ばれるようになったようである。
この水門は、揖斐川の洪水が水門川に逆流してくると、逆流する水の圧力で自動的に水門が閉じて上流に濁水が進入できない構造になっていた。氏鉄の息子氏信は完成を待ち焦がれ、この工事期間中、三、四日ごとに視察に来ていたという。一万石の費用を費やした水門は欅《けやき》でつくられた。水門の上には両岸を結ぶ通路もあって、城門のようであった。大垣藩士が水門詰め所に水門番人として勤務した。出水の際には、水門奉行が水門に出張して指揮を執り、大垣城が敵に包囲された場合には、寄せ手を水攻めにする働きをも期待していたようだ。この水門は三十年ごとに改造、十五年ごとに中普請と称して修繕をおこなったという。大垣を水の外敵から守る大垣藩の砦であった。

一八七二（明治五）年の廃藩後、大垣輪中関係者が水門を管理することになった。その二年後が改造の年にあたっており、岐阜県の直轄工事で総工事費約九一〇〇（米価で換算して約六二五〇万）円を費やし同年十一月着工、翌年三月に竣工した。一八九一年の濃尾地震で破損した水門は、国庫補助金で修繕された。しかし、一九〇五（明治三十八）年に木曽三川下流域の明治改修工事が完了すると、揖斐川と牧田川の水はけがよくなったこともあり、水門が閉じられることも稀になった。徐々に水門は不要視され始めたのである。

だが、ひとたび揖斐川や牧田川に大洪水が発生すれば、逆流が水門川に押し寄せる危険性があった。現大垣市横曽根町の牧田川との合流点上流に水門を設置することになり、一九一四（大正三）年に工事に着手、工事費約八万（米価で約二億五〇〇〇万）円を投じて、翌年に水門川閘門が完成した。

なお、原形を保っていた木造の旧水門は、惜しくも一九三二（昭和七）年一月九日、焚き火の不始末で焼失した。

2　赤坂宿のお嫁入り普請

大垣市赤坂町は、美江寺《みえじ》宿と垂井《たるい》宿との中間の中山道宿駅で、南に土地が開け、北に金生山《きんしょうざん》（標高二一七ｍ）が位置する。金生山山頂にある明星輪寺《みょうじょうりんじ》は、二代大垣藩主戸田氏信《うじのぶ》が修復して武運長久の祈願所とした寺で、伊勢朝熊山の朝虚空蔵、京都嵐山の昼虚空蔵と並んで日本三大虚空蔵の一つである。

金生山からは、東に赤坂湊、南に家康が天下分け目の戦いで本陣を構えた勝山（当時は岡山で戦勝後に改称）が見渡せる。目を東から南へ移しつつ、赤坂湊の盛衰や、今も語り継がれる皇女和宮の行列、金生山への登り口の家で生まれた幕末の志士、さらに家康が縁起のよい勝山の北側に築いた御茶屋屋敷を紹介していこう。

杭瀬川と赤坂湊の賑わい

鎌倉幕府を築いた源頼朝や牛若丸として知られる義経の父・義朝《よしとも》が、平清盛との確執が原因で起こした一一五九（平治元）年の平治の乱に破れ、赤坂から二kmほど上流の杭瀬川から伊勢湾を経て知多半島の知多郡野間（愛知県美浜町）に船で逃れている。この当時の杭瀬川は揖斐川の本流で水量も多く、川船がさかんに往来した。

【杭瀬川の流路】旧揖斐川の流路であった杭瀬川は、現粕川が揖斐川に合流した下流約二kmの揖斐郡池田町杉野地点から現揖斐川より西側を南流していた。その流路はほぼ現在の東川沿いに揖斐郡池田町六之井まで、そこから東川の西側の中川沿いを揖斐郡池田町八幡《やわた》まで、そののちほぼ現在の杭瀬川沿いに流れていた。

一五三〇（享禄三）年六月三日の洪水で杭瀬川が氾濫して、新川（現揖斐川）ができた。以来、本流は池田町杉野から東南流し、杭瀬川は揖斐川の支流となった。しかし、杭瀬川は西に位置する池田山（標高九二四m）からの渓流水や湧水によって、依然水量は減少せず、赤坂町の東側を流れる杭瀬川は、大垣市南部で相川と合流後、安八郡輪之内町塩喰《しおばみ》で牧田川と合流して揖斐川右岸に注いでいる。

中山道の宿場赤坂宿と伊勢湾とは、杭瀬川と牧田川とで連絡していた。つまり、赤坂湊から杭瀬川を船で運ばれてきた物資は、牧田川の烏江《からすえ》、栗笠《くりがさ》、船附《ふなつき》湊いわゆる「濃州三湊《のうしゅうさんみなと》」を中継ぎとして揖斐川を経て伊勢湾に連絡していた。

一八〇一（享和元）年の書類に、赤坂湊と桑名間の約四三km、桑名と江戸間の海上約五五〇kmを、赤坂湊から幕府や諸藩の蔵米の積み出しをはじめ、材木・お茶・酒などが川船を利用して運送したことが記されている。

一八一〇（文化七）年の記録には、木材八八駄、お茶六二駄、酒三二駄それに瓦一七五駄が赤坂に集まっている。

一部は中山道を馬車によって輸送されたが、そのほとんどは、川船によって杭瀬川を下っている。ちなみに一駄とは、牛馬一頭に載せる荷物の単位で、通常一駄は三六貫目で一三五kgである。

【赤坂湊の賑わいと衰退】金生山は、二億五〇〇〇万年から三億五〇〇〇万年以前に、海底が地殻変動で隆起してできた山で、山の九〇％が石灰岩からできている。

このため、赤坂は古くから石灰工業が盛んな地であった。大垣郡奉行所大控えに、一六九八（元禄十一）年に、運上石灰を一五俵製造したと記録されている。明治時代に入ると、さらに赤坂湊は石灰工業で賑わいを増した。石灰は石灰岩を焼いてつくられ、酸性土壌の中和剤として農業に用いられた。明治以前は、石灰岩を焼くのに木の根や木炭を用いたが、明治になると、石炭を使うようになった。

赤坂の東側を流れる揖斐川は夏期に水量が極端に減り、揖斐川町北方《きたがた》の川船輸送は仕事にならなかった。そこで一八七五（明治八）年頃、揖斐川町北方森前の船頭三人が、夏期にも水量が多い杭瀬川に目を付けた。下流で石炭を積み杭瀬川をさかのぼり、赤坂湊の上流部にある焼き石灰工場へ売り込んだ。赤坂での石灰生産が盛んになるにつれて船数も増加した。赤坂に石炭を運んだ船は帰りに石灰を積み、三重・愛知の下流域の村に当時唯一の肥料の石灰を販売し、いっそう販路を広げることになった。

一九〇六（明治三十九）年に設立された赤坂の金生船組合への登録は三八六艘であったが、その実数は五三六艘を数えた。常に、六、七トンから二〇トンぐらいの船三五〇艘ほどが、名古屋まで月平均二往復していたという。一九〇七年から一九一八（大正七）年までが赤坂湊の最盛期であった。

一九一九年になると、大垣からの美濃赤坂線が開通した。鉄道の開通で石灰の大量輸送が可能となり、賑わった赤坂湊の舟運にかげりが現れた。さらに一九三八（昭和十三）年には、大垣市笠木町内に杭瀬川閘門《こうもん》が建設された。船の航行がこの閘門で極度に制限され、ついに杭瀬川の舟運は終焉を迎えたのである。なお、杭瀬川は一九五〇（昭和二十五）年の河川改修によって流路が旧杭瀬川の東側の現在の川筋となった。

赤坂湊

一九〇八（明治四十一）年に金生船組合が湊の川沿いに建てた常夜灯が、赤坂湊跡のシンボルとなっている。さらに、湊の側には、一八七五（明治八）年に巡査派出所として建てられ、のちに金生山で赤坂商工会事務所や赤坂化石館として使用された典型的な明治初期の三階建ての建物（赤坂湊会館）が復元されている。この建物の一階の床はアンモナイトやフリズナさらに角貝などの化石が入った大理石でつくられ、石灰とともに盛んであった大理石産業の盛業振りを今に伝えている。

皇女和宮の下向

皇女和宮《かずのみや》は一八四六（弘化三）年五月に仁孝《にんこう》天皇の第八皇女として生まれた。天皇は七男八女を得たが、成人したのは姉と兄（のちの孝明《こうめい》天皇）それに和宮の三人である。和宮は六歳の時、有栖川《ありすがわ》宮家の当時十七歳の長男熾仁《たるひと》親王と婚約した。

国内外に難問が山積した幕末時代、幕府は尊皇攘夷を旗印に倒幕を目指す連中の力を殺《そ》ぐため、「公武合体」の政略結婚を企てた。ついに、一八六〇（万延元）年四月、幕府から朝廷へ、正式に徳川第一四代将軍家茂《いえもち》の妻として、身長一四三cmと小柄な十五歳の和宮の降嫁が願い出された。和宮は有栖川熾仁親王との結婚をあきらめ、「をしまじな君と民とのためならば　身の武蔵野の露《つゆ》ときゆとも」と、血を吐く思いで「承知」の一言を漏らしたのであった。天皇の娘・皇女が武家に嫁いだのはこの和宮の例だけである。翌年十月二十日の午前八時、和宮の行列は中山道で江戸へ向かった。

【赤坂宿のお嫁入り普請】赤坂宿は、京と江戸を結ぶ中山道の草津宿から数えて一二番目の宿場町である。赤坂宿での和宮の宿泊が二カ月ほど前に決まり、赤坂宿はてんてこ舞いであった。

行列は、彦根藩と大垣藩の警護人さらに行列に付き従う人を合計すると一万人以上に達する、古今未曾有の大行列であった。なお、木曽三川の明治改修の際に内務省土木局長で初代の大阪市築港事務所長になった西村捨三《すてぞう》も、彦根藩の沿路の警護に携わっていた。

中山道赤坂宿祭り

赤坂宿には本陣と脇本陣が各一軒、それに一七軒の旅籠《はたご》があるだけであった。これではまったく宿泊施設が足りない。そこで八月から十月までに、宿場の民家は、「見苦しくないように」改築、さらに空き地にも家を新築する緊急工事がおこなわれた。街道沿いの五四軒は建て替えが言い渡された。その他に、街道からはずれた家や赤坂宿周辺の村の家も改築を命じられ、建て替えの総計は二五六軒にのぼった。なお、改築を命じられなかった家でも、希望する家は幕府からの借金で改築してもよいことになっていた。二軒の家が改築した。この普請が世に言う「お嫁入り普請」である。

近隣の大工だけでは膨大な新築工事が間に合わない。警護役の大垣藩が名古屋から大工を招いて建て替えさせた。この家の特徴は、表二階の窓は格子づくりとなっているが、裏は平屋づくりの大屋根が垂れた建物である。

幕府から借りた「お嫁入り普請」の借金は十年返済であった。しかし、幸いにと言っては言い過ぎか、その後まもなく幕府が崩壊した。ほとんどが三年ほどの年賦金を納めただけで、借金は帳消しになったようである。ともかく、家の建て替え費用が帳消しとは羨ましい限りである。なお維新後、多くの人が「立て替えをしておけばよかった」と、悔やんだと伝わっている。お嫁入り普請の家の面影はまだ赤坂の町にわずかに残っている。

【和宮の献立】十月二十五日の暮れ七ツ（午後四時頃）、大行列が赤坂宿に着き、和宮は本陣である矢橋家に入った。現在、本陣跡は赤坂本陣公園として憩いの場となっている。

これまで和宮の献立は、加納宿などの断片的資料しかなかったが、大津の旧家で全道中の献立帳が見つかった。垂井女性史の会は結成十周年記念行事で、新たに見つかった和宮下向道中の献立から、赤坂宿での夕食を再現した。

赤坂での夕食の献立は、浅くて平たい平皿には大釜鉾《かまぼこ》・くわい・人参を、小さく深い坪皿にはアジ・百合根・麩《ふ》・臭い消しに生姜《しょうが》を加えた薄葛《うすくず》を、焼き物はブリの切り身の煮付け、汁は赤味噌仕立てで豆腐少々にたたき菜、香の物はナスの奈良漬と沢庵大根、それに御飯であった。朝食には、なんとアワビや若狭のコダイの塩焼きが出ている。なお、「たたき菜（叩菜）」は、正月の七草粥に入れる菜類を叩いて用いるところからついた名である。

海のない美濃の地で、アジ、ブリ、アワビそれに若狭のコダイとじつに海産物が多いのに驚く。他の宿泊地では、カツオやサヨリ、スズキにハマチ、カマスも出ている。ともかく一万人以上の食料を調達し、海産物が夕食と朝食に和宮に供されたのは、杭瀬川での物資輸送が極めて盛んであったことを示している。

和宮は、二十六日午前八時頃に、長さ一km以上の行列で赤坂を立った。「通行前後の三時間は街道の往来を禁止。宿泊当日はむろん、翌日夕方まで、たき火の禁止。火の元注意。鳴り物禁止」と、事前に出されていた沿道の村々への通達がようやく夕方に解除され、大騒動も幕を閉じた。

【呂久の渡しの和宮】『続膝栗毛』下巻で、「する程の事に先非《せんぴ》（前に犯した間違い）を杭瀬《くいせ》川　呂久《ろく》のわたしのろくでない旅」と、弥次郎兵衛と喜多八が赤坂宿を通り呂久の渡しに着いている。

弥次さん喜多さんが通ったほぼ五十年後、古今未曾有の大行列が、揖斐川の呂久の渡しに着いた。和宮は、揖斐川（呂久川）を御座船で渡る際、対岸の呂久村の見事に紅葉した楓《かえで》を眺め、渡しの役人・馬淵孫左衛門宅の楓の一枝を手折り、「落ちていく　身を知りながらもみじ葉の　人なつかしくこがれこそすれ」と、自分の境遇を詠んでいる。和宮は、呂久の渡しを渡り、河渡宿で昼食をとり、赤坂宿から約一九㎞の旅を経て加納宿で宿泊した。

一九二五（大正十四）年、木曽川上流工事で揖斐川が東側に付け替えられ、呂久の渡船場は姿を消した。一九二九（昭和四）年、この呂久の渡し跡に歌碑が建てられ、小簾紅園《おずこうえん》がつくられた。紅園は喧噪な日々の一時の安らぎと和宮への想いを馳せる場所になっている。

【和宮のミステリー】最後に、皇女和宮に関する三つのミステリーに触れておこう。東京タワー建設時に、徳川家の墓地移転が持ち上がり、発掘された。謎の一つは、和宮の棺の中にあった一枚の湿板写真の陰板（ガラス板）である。このガラス板には、長袴に直垂《ひたたれ》、立烏帽子《たてえぼし》を被って立っている若い男性の姿が電灯に透かして見えた。しかし翌日、写真の膜面が消失、その被写体が誰か永遠に不明になった。和宮が家茂の写真を胸に抱いて永久に眠ったのか、川端康成が『美しさと哀しみと』に書いたように、元婚約者の有栖川宮熾仁《たるひと》親王なのだろうか。

二つ目の謎は家茂の棺から発生した。家茂の亡骸《なきがら》は三重の木棺に収められていた。第三棺に二人分の薙髪《ちはつ》（家来や妻が棺に納める頭髪）が納められ、多人数の頭髪は棺外に納められていた。棺内に納められた頭髪は、赤毛の髪束と緑の黒髪の二束である。赤毛の方は、家茂の抜け毛らしいとされ、両端がよく切りそろえてある黒髪が和宮の頭髪と考えられた。しかし驚くことに、この黒髪の血液型はA型。一八七七（明治十）年に亡くなった和宮はAB型であった。最後の謎は、和宮の亡骸《なきがら》から左手首が見つからなかったことである。有吉佐和子は、これを根拠に小説『和宮様御留《おとめ》』で、江戸へ行くのを嫌った和宮の身代わりに、都合二人の女性がすり替わった長篇小説を書いている。

これらの三つの謎について、綱淵謙錠《けんじょう》は『遠い記憶』で、消えた写真の人物は家茂、和宮の頭髪とされた毛は「家茂の抜け毛」、手首が発見されなかったから「なかった」とは言えない、と述べている。遺体は火葬に付されその謎は永遠に葬り去られた。
赤坂ゆかりの人びとは、この他にも多数いる。たとえば勤王の志士・所郁太郎《いくたろう》や千姫についても少し紹介しておきたい。

赤坂の勤王の志士――所郁太郎

一八三八（天保九）年二月、所郁太郎は、赤坂の金生山への登り口・赤坂西町で代々造り酒屋を営む矢橋亦一《またいち》の四男として誕生した。十一歳の時、現揖斐郡大野町西方の医師・所伊織の養子となった。医学を岳父から学び、十六歳の時に加納藩医の門を叩いた。その後京都で蘭学を学び、一八六〇（万延元）年には大坂の蘭学医・緒方洪庵の塾（洪庵の号、適々斎から適々斎塾《てきてきさいじゅく》）に入門、その二年後に京都で医院を開業した。

この経歴では、誰もが多くの患者を治した名蘭学医を想像する。だが、郁太郎は「忠を思い、身を思わず、小医は人の病を医し、大医は国の病を治す」と、勤王運動へ東奔西走《とうほんせいそう》するのであった。

赤坂本陣跡の所郁太郎像

勤王に熱い志をもっていた郁太郎は京都で広く憂国の志士と交わったが、尊皇攘夷を目指す藩とは何の縁故もなかった。しかし幸いにも、京都の郁太郎の家は長州藩邸に近かった。藩邸で病人が出ると、必ず郁太郎が治療した。こうした経緯で、長州藩邸の桂小五郎（のちの木戸孝允《たかよし》）や井上聞多（のちの元老井上馨《かおる》、通称「もんた」と言われるが、正しくは「ぶんた」らしい）らと知り合い、開業した翌年に藩邸の医員に任命された。

一八六四（元治元）年七月、禁門の政変（蛤御門の変）で長州藩の勢力が一夜で瓦解した。医員長として遊撃隊に加わっていた郁太郎も藩士団に交じり京を落ちのびた。

同年九月、対幕決戦を唱えた井上聞多が長州の対幕恭順派の過激派に襲われ、瀕死の重傷を負った。息も絶え絶えの井上は兄の家に運ばれた。兄は「苦しむよりは」と、井上の首を刎ねようとした。その時、井上の母は血まみれの体を抱き、「介錯するなら、ともに切れ」と言い、さすがの兄も刀を納めた。

この状況を知った郁太郎は、「自分の手術で効があるか不明だが、母君を座視できない」と、焼酎で傷口を消毒し、小さな畳針で六カ所の傷口を縫合した。郁太郎の手術後の周到な注意と母親の手篤い看護によって、井上は十一月下旬には傷口も癒着し、歩行できるようになった。

手術の翌年、つまり一八六五年二月、郁太郎は腸チフスに罹り、三月に周防国吉敷郡吉敷の軍営で没した。享年二十八歳。門人が遺髪を赤坂に持ち帰り、赤坂町の妙法寺に葬った。山口県山口市吉敷上東円正寺の北手にも墓がある。

明治維新後、長州人による維新活動者の最初の記録には、郁太郎の名前はなかった。のちに、長州人の品川弥次郎が美濃の古老に郁太郎の出所を問う手紙を出した。それが契機となって郁太郎の出生地などが判明したのである。現在、郁太郎の銅像は本陣跡につくられた赤坂宿公園内に建てられている。司馬遼太郎は「美濃浪人」と題して郁太郎を、『人斬り以蔵』で書いている。

千姫も宿泊した赤坂の御茶屋屋敷

一六一四（慶長十九）年に冬の陣が終わり、翌年の夏の陣で、ついに大坂城は落城した。秀吉の次男・豊臣秀頼は二十三歳で、淀君は四十九歳で自害。徳川家は完全に天下を手に入れた。

この切腹した秀頼の妻が、二代将軍・徳川秀忠の長女・千姫である。祖父・家康は、秀吉を懐柔する政略結婚で、七歳の孫・千姫を大坂城の豊臣秀頼に嫁がせた。大坂城落城の際、千姫は徳川側に連れ出されたのである。

夏の陣が一六一五年五月に終わり、秀忠と娘・千姫が江戸へ帰る途中の七月二十一日、二人は赤坂の御茶屋屋敷に宿泊している。この屋敷は、一六〇四（慶長九）年に家康が上洛のために、中山道に約一六km（四里）ごとに、諸大名に命じて造営した宿舎・お茶屋屋敷の一つである。まだ豊臣側が完全には衰えていないこの時期、この屋敷は、岐阜城の殿舎の一部六〇棟あまりを、家康が関ヶ原の戦いの時に本陣とした勝山（当時は岡山、標高五三m）の北側に移築したものである。

豊臣方の襲撃を警戒したこの屋敷は小さな城郭であった。東西と南北約一六〇m四方の土地を土堤で囲い、さらに空堀を設けて外郭（二の丸）と内郭（本丸）とを区画したほぼ正方形に近い構えで、四隅に小高い隅櫓があった。

当時の赤坂村の総家数は、一六〇九年の検地帳によると、一三七軒で面積が約三万㎡、一方、御茶屋屋敷の面積は赤坂村の面積より約四四〇〇㎡少ないだけである。その規模の大きさがわかるだろう。

赤坂の御茶屋屋敷

家康はこの広大な御茶屋屋敷に、一六〇五年九月十九日（一説には十五日）、京都からの帰路に宿泊した。その翌年と一六一一年には上洛の際に宿泊、一六一四年の大坂冬の陣の時はお茶を飲んで休憩だけである。一六二三（元和九）年に三代将軍となった家光の時代には、幕藩体制もしっかり確立した。もう、豊臣の残党への恐れも、皇室のご威光をうかがう必要もなくなり、御茶屋屋敷は使用されなくなった。

松平越中守定綱が大垣城六万石の城主になった一六三三（寛永十）年に、赤坂宿は大垣藩の支配となった。一六三五年に戸田氏鉄《うじかね》が大垣一〇万石を支配した時には、使われなくなって久しい御茶屋屋敷跡には御殿と伝承される一棟だけが残っていた。それ以降、広大な屋敷の敷地は大名行列の乗馬や駄馬の野営地（駐車場）として使用され、明治時代まで、大垣藩の責任で保護・管理された。

明治維新となり、町の名主であった矢橋宗太郎がこの屋敷の払い下げを受け、その孫の竜吉が邸内に牡丹園をつくった。しかしその後、屋敷の半分は赤坂中学の校地と化し、御殿は現在の赤坂中学との境界あたりにあったようである。この屋敷は、一九六七（昭和四十二）年、大垣市への合併と同時に市指定史跡となっている。

さて、千姫に話を戻そう。千姫は江戸へ帰る途中に桑名城に泊まったが、連日の雨で、熱田への七里の渡しが渡れず数日足止めとなった。桑名城主本多忠政はあいにく不在であったが、息子の忠刻《ただとき》が父の代理として一行をもてなした。雨が上がると、忠刻は自ら屋形船を指図して千姫たちを尾張まで送った。この時の縁か、二十歳になっていた千姫は、夏の陣の翌年に一つ年上の忠刻と再婚した。一説では、この結婚は忠刻の母が家康の嫡男松平信康（岡崎城主）の次女であった縁によると言われているが、この説ではロマンがない。

この結婚が父の本多忠政に出世をもたらした。国替えで姫路城に移ったときに五万石を加増され、一五万石となった。同時に、忠刻には秀忠から持参金と化粧料として一〇万石を与えられ、夫婦は忠政と共に姫路城に移り住んだ。

この後、数奇な運命が千姫を待ち受けていたが、三重県桑名市では、千姫と伝統文化の折り紙の「千羽鶴」の町をアピールする「御台所祭り」が、毎年十月初旬に盛大におこなわれている。

3　揖斐川の舟運

川は物資輸送にとって大切な「縦の道」であった。揖斐川の舟運は昭和初期まで盛んで、川下からは、米や麦、塩や干物などを、川上からは、材木、段木《つだ》（燃料用の雑木）、石灰、木炭その他の生活物資を船で運んでいた。

　現在の揖斐川は水深が浅い。しかし、つい五十年ほど前には、揖斐川町から一八kmほど上流の現横山ダム付近まで、船が往来していたのである。揖斐川本川の舟運と支川根尾川での段木輸送を省みながら、当時の川と人びとの生活を見ていこう。

岡島橋下流を下る舟・大正時代（揖斐川町歴史民俗資料館蔵）

船頭たちの生活

　両岸に山肌が迫り美しい渓谷美をつくりだしている揖斐峡の下流左岸側が、揖斐川町北方《きたがた》村森前にあった森前湊である。森前の対岸の上野村の高台には大垣藩の番所が置かれ、川上からの木材や段木《つだ》などの到着を見張っていた。ちなみに左岸とは、川の水が流れる方向に向かって左側である。

　江戸時代には、左岸の北方村森前、その下流の房島《ぼうじま》、三輪《みわ》、森前対岸右岸の広尾、脛永《はぎなが》などに湊や土場（船付き場）があった。特に、森前湊と広尾湊は上下流の物資の中継ぎ地として賑わっていた。当時の船数は、揖斐川上流から木炭などを運び出す長さ約八から九mの奥行船（奥舟《おくぶね》）と呼ばれた瀬取り船が三〇艘ほど、森前から下る長さ約一三mの瀬取り船が四〇艘ほどあった。ここで瀬取り船とは、船の構造による分類ではなく、字の如く水深の浅い所（瀬）を航行し、大船の荷物の積み替えを助ける船である。

　森前から瀬取り船で運ばれた木炭、段木、米、石灰などは根尾川が合流する落合やその下流の呂久《ろく》で、瀬取り船より約二m長い親舟《おやぶね》（下舟《しもぶね》）と呼ばれた鵜飼船に積み替え、桑名や名古屋に向かった。

【船頭たちの苦しい生活】一八五三（嘉永六）年は記録に残る大干魃の年であった。多くの船頭が集まっている森前湊でもむろん大凶作であった。仕事で運ぶ米はおろか、船頭たちの米作りも大凶作で、今日食べる米もない有様であった。

この当時、森前から二日間かけて桑名まで下る船賃は銭八〇〇文と決められていた。桑名での荷下ろしに一日、帰路に三日、風向きが悪いと往復約一週間の船旅である。八〇〇文を現在のお金に換算すると、どれくらいだろうか。一石（二・五俵）は、玄米一俵約二万円として五万円ほどである。米一石の江戸時代の平均価格は一両と言われ、一両は四〇〇〇文だから、船賃八〇〇文は一万円となる。

上りの船賃も同じく一万円とすると、往復で二万円、計算では一カ月で八万円ほどになる。ちなみに、揖斐川町歴史民俗資料館の「近世にみる揖斐川と人の暮らし展」によると、幕末での江戸の職人の一カ月の生活費は、一両二分（米の価格に換算して七万五〇〇〇円）で親子五人が暮らし、亭主が毎晩一合ほどの晩酌を楽しめた、という。江戸の職人より五〇〇〇円多い稼ぎである。しかし、船頭稼業は、「鵜飼殺すにゃ、刃物はいらん、雨の三日も降ればいい」と、天候に左右される。さらに、船稼ぎできる期間は五月から十二月までで、後は減水期で船稼ぎは中止、自分の家のわずかな田畑の仕事をする。働ける期間は半年間である。決して多くはないこの収入に凶作が襲いかかったのだ。

一八五三年の文書に、三〇人の船頭たちが、「米一八俵を一八五四（安政元）年から三カ年賦で貸してくれ」と、役所に申し入れている。三〇人で米一八俵、一俵六〇kgとすると、船頭一家族当たりわずか三六kgの米を三カ年賦で支払う貧しさであった。

森前湊への木炭と筏の輸送

【木炭の生産と流送】揖斐川上流域での木炭生産は、『揖斐郡史』によると、慶長年間（一五九六～一六一四）に大垣城主の石井長門守が炭を運び、一六二四（寛永元）年に大垣城主の岡部長盛が城用の炭を生産させている。しかし、川船の便がまだ十分には発達していないこの時代、たとえば、揖斐川右支川坂内川沿いの奥地で生産された炭は、鉄砲などの製鉄業が盛んな近江方面に陸路で国境を越えて運ばれていた。つまり、近江の農民が揖斐川上流域の山に入り、運上金を納めて炭を焼き、近江へと運んでいた。

寛文年間（一六六一～七二）になると、現久瀬《くぜ》ダムの下流で揖斐川左岸に合流する小津川の上流に位置する小津村に炭窯が一二口つくられ、毎年五〇〇〇から六〇〇〇俵の炭が生産された。

一七一七（享保二）年、川船が大垣城用の炭を輸送した。この年が揖斐川での木炭輸送のはじまりであると考えられている。大垣藩の城用の炭が毎年四〇〇〇から五〇〇〇俵、北山筋や西山筋から川船で大垣に輸送された。なお、北山筋とは粕川合流点より上流の揖斐川流域（坂内・藤橋・久瀬）で、粕川流域を西山筋、根尾川上流域を根尾・外山筋と呼び、それぞれが大垣藩の行政上の単位であった。

西・北山筋での炭は、最初は鍛冶屋用の炭であったが、寛文年間（一六六一～七二）に白炭を焼くようになり、明和年間（一七六四～七一）頃には茶の湯で使う良質な黒炭も焼かれた。

揖斐川最上流への遡航は、当初は久瀬村樫原《かしはら》（現揖斐川町久瀬）までで、一八七二（明治五）年頃には、藤橋村東横山（現揖斐川町東横山）まで遡航するようになった。一人の船頭が軸先《へさき》で竹竿を操り、半纏《はんてん》にフンドシ、つま先だけの足なか草履《ぞうり》、手ぬぐいを頭に巻いた男が、船の中腹から伸びた「舟づる（引き綱）」を肩に掛け、岸辺に体を折り曲げて船を引いた。船は朝の四時には東横山に着いた。一俵三〇kgもある炭俵を五〇俵ぐらい積み込み、風が弱い午前中に下流の揖斐川町の森前を目指して出航した。

東横山から森前までは流れが急で危険なので、よほどの急用以外は人を乗せなかった。一方、森前から桑名までの航路は比較的楽な船旅であった。

【筏の流送】揖斐川の「六分一役」の通行税は一五九四（文禄三）年にかけられたようで、この幕府の通行税を徴収する番所が森前にあった。「六分一役」は大垣城用の木材・薪・炭は通行手形を見せて無税で通行できたが、材木筏は一六五一（慶安四）年から六本につき一本、段木筏《つだ》は一乗（筏の数の単位）につき米一斗二升、御城米を除く船役は一艘につき銀一匁と定められた。ちなみに、房島の「六分一役」番所は、石川忠総《ただふさ》が大垣城主であった一六〇九（慶長十四）年から一六一四年の間に新設され、さらに抜け荷を取り締まるため、一六二〇（元和六）年に下流の島（現三町大橋付近）に下番所と呼ばれた番所を設け、房島は上番所と呼ばれた。

上流の土場から炭を積んだ船が出たのちに、管《くだ》流しされた木材を組んだ筏が、川を下った。広葉樹の欅《けやき》など重い木材の場合には、軽い針葉樹の杉を浮き代わりに両横に付け、長さ約四mの筏を三つ繋いで、二、三人の船頭で、森前に向かった。水量が多い時には、揖斐川を一時間ほどで下り、森前や少し下流の小島《おじま》に着いた。筏による木材流送は一九三二（昭和七）年頃まで続けられたが、ダムの建設と徳山までの道路の開通で終焉を迎えた。

支川根尾川からの段木輸送

ここでは、主に根尾川での年貢米の代わりに納めた段木《つだ》年貢の流送を見ていこう。なお、段木は伐採した雑木を一定の長さごとに切った丸木のことで、年貢米を納められない寒村では、段木を刈る手間を年貢とした。

【四領主が川下げに使用した揖斐川】一六〇一（慶長六）年に石川康通《やすみち》が上総《かずさ》から五万石で大垣藩に入って以来、大垣城主は松平忠良《ただよし》、岡部長盛《ながもり》、松平定綱と目まぐるしく替わった。一六三五（寛永十二）年、摂津《せっつ》尼崎から一〇万石城主として戸田氏鉄《うじかね》が移った。以後、明治を迎えるまで、大垣藩は戸田家が治めた。

一六二四（寛永元）年からの岡部長盛による統治以前、大垣城下町の燃料用の薪《まき》は、揖斐川の上流部から長さ約四mの丸木原木を筏で、現揖斐川町岡島橋の上流約一kmの小島まで運び陸揚げされていた。しかし、広葉樹は比重が大きく沈みやすいので、一六三一（寛永八）年頃から薪筏は姿を消し始め、薪材は長さ約六〇から九〇cmに切った段木《つだ》にして川流しで房島へ運ばれたと伝わっている。なお、段木は高さ約二・五m、幅約二・一mに積んで一間《けん》とし、四間を一棚と呼んだ。

揖斐川の上流域は、大垣領、尾張領（石河《いしこ》氏の給地）、旗本の徳山《とくのやま》氏と青木氏の四領主に支配されていた。そこで段木の川下げは、尾張藩、大垣藩、旗本の順に、アユ梁漁が終わる八月彼岸から冬季におこなわれ、その陸揚げする土場も領主ごとに異なっていた。揖斐川左岸森前湊の上流側が「徳山土場」、その下流が「尾張藩の石河土場」、対岸の右岸が「大垣土場」であった。

【平地を根尾谷の山地と交換】同じ川を四領主の用材と薪材を川流しするのは、相当に煩わしい。しかも、十万石の城下町を経営する氏鉄には、家臣や町人への用材や燃料供給は重要課題であり、揖斐川上流からの供給量では不十分であった。氏鉄は、一〇万石に見合う城下町づくりの用材と段木の大部分を根尾谷から刈り出すことにした。

ここで、根尾谷の地形について述べておこう。揖斐川の左支川である根尾川は岐阜県の北東端に位置し、北は福井県、西は揖斐川上流部の徳山、東は長良川右支川の板取川源流に接している。

揖斐川の段木（揖斐川町歴史民俗資料館）

山深い根尾谷は、淡墨桜で有名な根尾樽見《たるみ》で根尾西谷と根尾東谷が合流している。根尾西谷川の源流部は能郷白山《のうごはくさん》（標高一六一七m）、東側の根尾東谷川の源流部は川浦山《かおれやま》（標高一二二四m）で、この川浦山は、一九〇八（明治四十一）年初版の地図以降、大垣藩祖・戸田氏鉄《うじかね》の通称名・左門から左門岳と名称変更された。両谷川は合流して根尾川となり、樽見から直線距離で約一五kmを下った本巣市山口でようやくV字谷から解き放たれる。

本巣市は二〇〇四年に合併して人口も総面積も増加した。しかし、本巣市の北端に位置する合併前の旧根尾村の総面積約二九六㎢のうち、九五％が林地で、耕地はわずか総面積の約一％ほどの山間部である。

大垣藩へ転封した翌年、氏鉄は米が採れる平地を山深い根尾谷と交換している。まずは、大垣領の現南濃町三カ村と他の三カ村の総計四五四〇余石を根尾谷二六カ村三二一〇余石の幕領と交換したのである。米が採れないうえに一三〇〇石以上の減収である。さらに、六年後の一六四二（寛永十九）年には、現揖斐郡大野町と現揖斐川町谷汲の計五カ村を根尾谷の入り口にあたる山口から上流部の幕領の村々と交換した。これで、根尾西谷川の源流部に位置する旗本徳山領の能郷村《のうご》（現本巣市根尾能郷）を除き、根尾谷は大垣藩に属し、用材や段木の川流しに川沿いの村々の協力を得る完璧な体制となった。

徳山領能郷村の段木は、領主・徳山氏《とくのやま》に納められていた。しかし、段木を陸揚げする山口での大垣藩の段木留所（番所とも言う）の借り受け、さらに他領地村の段木に絡む数多くのトラブルのため、領主は段木の収益を犠牲にした。徳山領からの段木は、延享年間（一七四四〜四七）に大垣藩に売却されている。大垣役所での値段は一間一三匁五分であった。徳山領の農民から一〇匁で買い入れ、三匁五分は徳山氏への運上金にしたようである。

【藩から金を支給されて納める年貢段木】段木の禁木は、実が食料となる栃《とち》、樫《かし》など、用材に使用する柳、松、杉、桧など、また薪に不適な朽ち木や大きな節や曲がった木も禁木であった。

段木には、年貢米に相当する手間で刈る年貢段木のほか、買い上げ段木と山方救済段木がある。年貢段木は一六三八（寛永十五）年から開始され、村の戸数にほぼ三間あまりを乗じた間数で、幕末までほとんど変化はなかったようである。根尾谷二六カ村の各村に割り当てられた年貢段木の総計は二〇〇〇間であった。

「年貢段木」というが、段木自体は年貢米の米の代わりに納める税金ではない。大垣藩は、段木一間につき銀四匁六分五厘を支給した。つまり、段木を刈る「手間賃」が年貢に相当するのである。のちに、木が不足して伐採する山も遠くなったため、一間につき銀七匁五分とされ、総額二五〇両（一両は六〇匁）が支払われている。二五〇両のうち一五五両が利息なしの前金として前年の冬に支給された。この支給金は、山村農民の冬ごもり用の生活物資購入の貴重な資金である。残りの九五両は、大垣藩が年貢段木を受け取る翌年の春に支払われた。

一七四三（寛保三）年からは、年貢段木の支給金額は一間につき、銀九匁五分に値上げされ、総額三一六両二分で幕末に及んだ。この支給金額でも徳山領の農民からの買値よりは安い。

年貢段木一間の支給金は果たして妥当な金額であっただろうか。旗本徳山氏は、延享年間に段木一間を一三匁五分で大垣藩に、一八五一（嘉永四）年に段木一間を銀五三匁で尾張藩に売り渡した。大垣藩の年貢段木の支給金九匁五分は、徳山氏の尾張藩への売値の実に五分の一強の安さである。年貢段木への大垣藩の支給金については、「村人救済」の側面が強調されるようであるが、大垣藩はしたたかであった。

【厳寒期での川流し】立木が水を吸い上げて重くならない春先に雑木を刈り、斜面を滑らせて谷底に落とし、谷底から谷口まで刈り出しておく。夏の豪雨期に谷口から最寄りの陸揚げ場（土場）まで流し、冬まで乾燥させる。

根尾谷では、各谷の土場に集められた段木は、十月に谷に入ってきた受け取り役人に渡される。役人が各集落で段木を受け取る際、段木が管流《くだなが》しで川底に沈んだり流失する分をあらかじめ一間に見込んだ。つまり、段木の良否によって等級をつけ、段木の紛失分を見込んで二割から五割増しで一間として支給金を支払っていた。

巨岩からなる根尾川（根尾能郷付近）

ここで、川底に沈む段木（シモリ）の量を、借金返済の資料から推測してみよう。段木を刈り出す根尾谷のある村は、二〇〇両を大垣藩から借りたが、返済が滞り、元利合わせて三一〇両に膨れ上がった。そこで、村は「シモリ」を拾いあげ、これを売って十年年賦で拝借金を支払うと申し出ている。この時代の段木を一間九匁五分とすると、三一〇両は川底から拾い上げる段木約一九六〇間で、ほぼ根尾谷の年間段木生産量に相当する。膨大な段木が川底に沈んだのである。

『大垣地方雑記』は、根尾川が平地部に出る山口より上流の状況を、「数丈の岩壁そびえ立ち、足下は数尋の岩崖の底に奔流巌《いわお》にせかれて滝をなし、漲《ちょう》流岩にあたりて目を眩《くら》ます」と記している。この谷底に段木を流すのである。

厳寒期におこなう川狩り人足仕事は、辛くてきつい仕事であった。川狩り人足のいで立ちは、厚い頭巾《ずきん》をかぶって首のところを手ぬぐいで縛り、上体は温かくしていた。しかし腰から下は、川に入っての作業が身軽にできるように、上部が緩く下部が股引のように仕立てられた袴《はかま》の一種（カルサン）に布（ハバキ）を膝に巻きつけ、素足に草鞋《わらじ》であった。まことに、見るも寒い厳寒期のいで立ちである。凍《こご》えるような川に入った人足は、段木で焚き火をして体を温め、淵に漂う段木を川に入って鳶口《とびぐち》で流れに乗せるきつい仕事を続けた。

席田《むしろだ》・真桑《まくわ》用水の取水堰のある山口まで川狩りで運ばれ、ここでいったん集められた。堰下流の根尾川右岸で取水している更地用水路に段木を流し、最後には下流の揖斐郡大野町の条里制の名残りをとどめる六里《ろくのり》の土場《どば》で陸揚げをした。この六里からは船に木材や段木を積み、当時は上磯で根尾川に合流していた三水川《みみずがわ》を下り、揖斐川に出て大垣や桑名に運んだ。

大垣に運ばれた段木は、暖房用の薪として城内や江戸藩邸の公用に、武士や町人に、さらに伊勢神宮や大垣八幡宮へも納められていた。家中の武士は、冬と春の二回その石高に応じて、計八間から二七間を、一間につき銀二三匁八分の輸送料は自己負担で、給与として支給されたという。

揖斐川本流での段木

【徳山谷の年貢】徳山谷は、代々徳山《とくのやま》氏が支配してきた。徳山五兵衛規秀は信長の臣下で、小松市で二四万石の大城主であったが、秀吉の時代には恵まれなかった。一六〇〇（慶長五）年に家康に召し出され、徳山谷の九カ村と現岐阜県各務原《かかみがはら》市の六カ村で知行五〇〇〇石を与えられた。二代直正の時に三二四三石と減らされ、四代重俊は弟に五〇〇石分けて、二七四三石となった。なお、この石高のうち、七〇％が各務原の里方村の分で残り三〇％が徳山谷であった。

美濃の旗本七五人中二一番目の石高であった徳山氏は、里方村に陣屋をおき、山深い徳山谷の行政は、徳山谷本郷の大庄屋がおこなった。

大部分が山林である徳山谷で、領主が求めた年貢は穀物ではなく林産物であった。たとえば、塚地区の年貢は、三五石あまりの石高に対して銀《ぎん》五一二匁あまりであった。この年貢として、主にブナなどの段木《つだ》が納められた。

年貢の取り立ては厳しかった。秋になっても段木で完納できない場合、一応猶予《ゆうよ》方法も講じたが、やがては家屋田畑が取り上げられた。これらの田畑家屋は、他家の弟分で年貢支払いが可能な者に、無償で払い下げられ、定紋家名も襲名させたのである。

【明治時代の段木】一八七三（明治六）年の地租改正で租税が金納制になった。しかし、耕地がほとんどない根尾谷と同様、揖斐川の源流部徳山の農民には、段木以外に換金する術がなかった。

専業の杣《そま》と副業としての農民の伐子《きりこ》は、段木会社と契約して、杣は年間に一〇〇間ほど、農民は一〇間ほどを伐《き》り出した。伐り出す量に応じて会社から「仕入れ金」と称する前借りをした。この金は日常用品や農耕用具の購入さらに税金などを支払う大切な金であった。

前借り金の支払いに、伐子は一本でも多くと段木を生産した。しかし、段木で前借り金を全額払えない場合は、残金に一・二％の利息が付いた。杣は巧みに川を堰き止めて鉄砲水で伐り出した段木を川流しする術を持っており、山奥に入って多くの段木を生産した。一方、そのような術を持たない農民は、前借り金がかさむ傾向にあった。

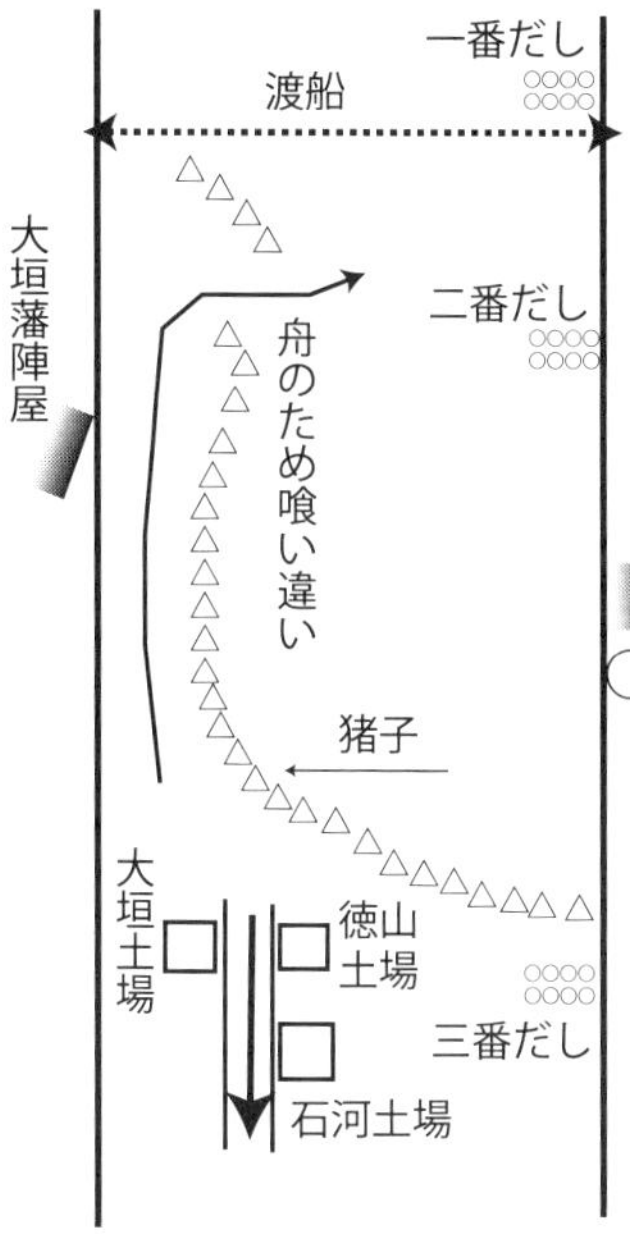

森前土場見取り図と３カ所の土場

伐り出した段木は、江戸時代と同様に紛失分を三割見込んで一間とし、段木会社の社員に受け渡した。この受け渡しが終わると、川下げが始まる雪の降る十二月である。

伐子が揖斐川本川への川出しを終了すると、それ以降は、段木会社が森前まで流送作業をおこなった。段木の川下げ作業は根尾川と同様に辛い仕事であり、徳山の本郷から森前の土場まで、十五から二十日間もかけて川下げをした。

森前では、流れてきた段木を留めるために、三本の木材を三角錘状に組み立てた「猪子《いのこ》」を対岸から土場まで川中に約三〇〇ｍも並べた段木留めが用いられた。段木留めの中ほどには、船を通行させる空間が一部開けてあった。大水で段木留めが破壊されて段木が流されると、流木は拾った者の所有になるが、段木は報奨金と引き替えに段木会社に回収された。むろん、報奨金よりも段木の値段が高いので、段木を隠して問題になったこともある。

【段木輸送の終焉】揖斐川の段木輸送の終焉について、一九三九（昭和十四）年に完成した西平ダムの建設に伴って、一九三二年に姿を消したと述べている本がある。ところが、『徳山村史』は、藤橋村（現揖斐川町）から徳山への県道が一九〇七（明治四十）年に完成して、物流が盛んになったため、と述べている。つまり、薪としては火力が弱くまた実を非常食とした栃《とち》の木が高級建築用材として着目され、栃板生産が一九三一年頃から一九四四年に最盛期を迎え、経済的に効率の悪い段木流しが一九三二年以降に姿を消したと述べている。ともあれ、県道開通によって、揖斐川上流域の人びとの生活は大きく変わっていったのである。

4　尾張藩と長良川

長良川は、大日ヶ岳（標高一七〇九ｍ）東麓に源を発し、飛騨高地と両白山地の間の渓谷を南に流れ下る。関市付近で南西に流れを転じて、岐阜市西郊から濃尾平野を南流。羽島市南端で木曽川と、岐阜県最南端部の木曽三川公園下流から揖斐川と背割り堤で流れを割し、長良川河口堰下流で揖斐川に合流する、延長一三六㎞の大河である。なお、伊勢湾に注いでいる二本の川筋は木曽川と揖斐川である。長良川は国道二三号線の揖斐長良大橋付近で揖斐川となる。

郡上藩の藩林と民有林

まずは八幡城下町の整備や郡上一揆の訴状から郡上での木材の状況を見ていこう。

長良川の源流部・大日ヶ岳にほぼ近い郡上市白鳥《しろとり》町長滝《ながたき》にある長瀧寺《ちょうりゅうじ》は、奈良時代はじめの養老年間（七一七〜七二三）に泰澄《たいちょう》によって造営されたと伝わる寺である。一二七一（文永八）年の火災で寺は焼失した。寺の大講堂が四十年後に再建された際、丸柱四〇本の直径は約九〇cmあった、と伝わっている。源流部に豊かな森林が控えていたのである。

八幡城の天守閣

八幡城は、遠藤盛数《もりかず》が吉田川を挟んだ東殿山《とうどやま》の戦いで東常慶《とうのつねよし》に勝利した一五五九（永禄二）年に築かれた。息子の遠藤慶隆《よしたか》は一時他所へ転封となるが、一六〇〇年に再び八幡城主に復帰して、初代郡上藩主となり城の大改修、家臣の屋敷、城下町の整備などをした。このとき城の天守台は築かれたが、天守閣は江戸時代を通して結局建てられず、一九三三（昭和八）年に大垣城の天守閣を参考に木造天守建築として構築されたのである。

慶隆の孫の第三代藩主常友《つねとも》は、一六五二（承応元）年の大火災の後、要所にお寺を配置するなど、城下町として本格的な整備をおこない、さらに城を大改修している。つまり、一六〇〇年以降、八幡は城や城下町の整備さらに寺の建設に多量の木材を使用したはずである。しかし残念なことに、八幡町は一八九三（明治二十六）年の大出水や一九一九（大正八）年の大火で、当時の記録が消失している。

【郡上一揆と木材】郡上の山は、藩林と民林とに分けられ、民林は個人もちの持山と入会林の平山とに分けられる。

郡上での騒動は五回発生しているが、ここでは延宝と宝暦の郡上一揆を木材の側面から見てみよう。増税が一揆の直接の原因であるが、藩の林政も大きく一揆に関わっていた。第四代藩主遠藤常春の時代、一六七七（延宝五）年の延宝一揆（騒動）の林業に関する直訴状には、私有地内の樹木への強い規制に反発する一条が書かれている。つまり、屋敷内に植えた竹や木は枝葉であろうと自由な伐採が禁じられ、さらにそれらを自宅の修理・改築に使用する場合、自分のものなのに金を出して買わねばならなかったのである。

この延宝騒動は、六年ほどのちに犠牲者六一人を出して喧嘩両成敗で幕をとじた。しかし、この木材に関する一条は宝暦一揆の一因であった。

一七五四（宝暦四）年、第二代藩主金森頼錦《よりかね》による年貢米の徴収方法をめぐって宝暦一揆が沸き起こった。農民の代表者一〇〇〇人が強訴《ごうそ》したときの訴訟状は十六カ条からなり、そのうちの五カ条が木材に関したものであった。列記すると、①役人へ納める薪の値段が安すぎるので、町の相場並にしてほしい、②納税している持林の伐採を禁じ、役所が勝手に売り払う、③年貢地の竹藪にさらに藪役の二重課税を課す、④目盛りを延ばした縄で薪の量を測る、⑤土木工事用の木材を飛騨・越前境の遠方から刈り出す指示がでて人夫供出に困っている、である。これでは農民はたまらない。

しかし、藩も木材不足に苦労していたようである。明治の初年に藩林が官林に編入された資料によると、郡上藩の藩林は郡全土の一％あまりの約一二㎢しかなかったのである。藩は藩林の不足を補うために、民林は原則として薪炭材の伐採だけが自由であった。伐採禁止の停止木《ちょうじぼく》は木曽五木と同様の桧、椹《さわら》、槙《まき》、翌檜《あすなろ》、黒檜《くろべ》（別名ネズコ）はむろん、杉、槻《つき》（ニレ科の落葉高木で弓の材料）、栂《つが》、樫《かし》、栃《とち》、朴《ほお》、柏《かしわ》、樅《もみ》などと、極端な停止木制度を民林に適用した。

さらに、これら停止木の自生苗が民林内に生えて成長すると、なんと、その木の専有面積は藩に献上することになっていた。当然、停止木の自生苗を見つけると抜き取ってしまう。このため、民林は薪炭林化した。大正・昭和を通じて郡上地方が県下有数の木炭生産地であったのも、郡上藩の林政によるのであった。

【郡上藩の分収造林】郡上藩の造林は一七九九（寛政十一）年に始められたが成功しなかった。一八二七（文政十）年に、中部地方で最初と考えられる大規模で本格的な植林がおこなわれた。この植林は、現郡上市美並町粥川《かいがわ》の八代目古川七兵衛が城主青山幸寛《ゆきひろ》に進言したのである。古川家は杉苗木の斡旋や植林の指導を藩から受け、一八二七年から杉苗木を植えた。伐採時には、藩が個人の持山の場合は三〇%、入会山の平山の場合は四〇%を得る「分収造林」方式であった。

古川家は幕末まで平均年二一〇〇本ほどの植林をおこない、約二五〇〇㎢の植林地を造成した。一八八九（明治二十二）年までに、旧幕時代の植林を含めて総計二〇万三〇〇〇本以上に達した。

郡上から流送される木材

木材は、郡上八幡上流から一本ずつ木材を流す管流《くだなが》しで流送されてきた。長良川と吉田川の合流点中野土場で、幅が約一・五m、長さ四mほどの桴《いかだ》（小形のイカダ、山筏《いかだ》）がつくられ、その下流約一二㎞の粥川合流点高原《こうはら》（現郡上市美並町高原）土場に輸送された。水量が多くなった高原では、中野からの桴を幅二m、長さ四mほどの筏（高原以降のイカダを筏と記す）に組み替え、乗り手二人が筏三乗（乗は筏の単位）を連結して現美濃市立花に向かった。

高原湊の水神

高原村は、大垣二代藩主戸田氏信の娘を正室にした遠藤常友《つねとも》が郡上三代領主であった頃（一六四六～七五年）に筏株を与えられた。それ以降、高原村の筏師は、藩御用の特権を持ち、上有知《こうづち》湊上流の立花まで筏を輸送していた。

一六八七（貞亨四）年、高原村と他の村とで筏運送の争いが生じた。もめたが、四代領主遠藤常春は、中野土場からの桴運送は高原の権利であることを再確認した。現在、高原の土場跡に、一八五六（安政三）年の晩春に高原村の人びとが建てた水神碑が建っている。この水神碑の前面には、常春が再確認した経過を記した石碑が洪水で失われたので、再度、経緯を石に刻み水神を建てたと、記されている。

立花村には五四人の筏師がいた。立花から筏師一人で長さ三六mの筏を岐阜の中河原《なかがわら》まで流した。筏は中河原で下筏一乗りに組み直され、乗り手二人で名古屋や桑名湊まで流していった。

【流木の回収】木材の流送には、管流《くだ》し際に水中に沈んだり、予期せぬ出水で流失したまま盗難に遭う恐れもある。尾張藩は流木の回収に力を注いだ。

一六五〇（慶安三）年、尾張藩は流木取り締まりの川並番所を立花村におき、立花の筏問屋に上下流一〇カ村の流木取り締まりを命じている。流木の拾い主は留め賃として四〇％が支給され、五〇％が所有者の取り分、残り一〇％が筏問屋の取り分となった。また、長良川に注いでいる津保《つぼ》川流域の場合には、川奉行は拾い主に三本のうち一本を留め賃として与えている。なお、現物支給ではなく、木材の留め賃として現金が支給された記録もある。

長良川本川で四〇％、津保川で三三％と留め賃に若干の差はあるものの、これだけの代償を支払う背景には、流木の盗難が常にあったことが挙げられる。たとえば、一七二六（享保十一）年には、郡上からの筏が桑名湊に着いた際に木材四七本が不足。中継地の中河原の筏師らがその分を弁償している。盗まれた筏師の責任なのだ。また、一八五八（安政五）年には、板取村からの管流し材がおりからの出水で他村に打ち上げられ、ちょうど普請中の村人がこれを流用してもめている。

美濃の上有知湊

上有知《こうずち》は、美濃和紙に因んで一九一一（明治四十四）年に美濃町に、一九五四（昭和二十九）年の合併で美濃市となった。

金森長近《ながちか》は、越前大野と飛騨高山の城下町を築いた都市計画に優れた人物であった。関ヶ原の戦い後、上有知の地をも支配することになり、一六〇二（慶長七）年頃には上有知湊をつくり、三度目の城下町を整備した。この上有知より上流の長良川の流勢はきつく、上有知湊が遡航終点湊であった。この湊は美濃和紙や原料の楮《こうぞ》、生糸さらにお茶や林産物の一大集積場として栄えた。上有知湊には、江戸時代後期に建てられた高さ九mの住吉型灯台が建っている。

【上有知湊へ運ばれる飛騨材】上有知を整備した長近は、亡くなる二年前の八十二歳で長男・長光《ながみつ》を得た。長近が亡くなって三年後に長光が六歳で夭逝《ようせい》した。上有知は幕府領となり、一六一五（元和元）年に尾張藩に加増された。

上有知湊の住吉型灯台

木曽川の支流飛騨川には、六分一役を徴収する役所が二カ所あった。一つは馬瀬川が合流する地点の金山湊に一五二八（享禄元）年に設けられた金山役所、他の一つは飛騨川が木曽川に注ぐ手前の下麻生《しもあそう》湊にあった。二つの役所は、一六四二（寛永十九）年から材木上納を銀納としたが、上有知湊への木材の抜け荷に頭を痛めた。

飛騨と美濃の上有知を結ぶ陸路として、金山から少合《しょうご》峠を越えて関市上之保《かみのほ》を通り、見坂峠を越えて上有知に到る通称金山街道があった。三〇kmそこそこの金山街道を陸送すれば、長良川の最上流遡航地の上有知湊に着く。金山街道を通れば金山役所で税を払わず、さらに早く荷が岐阜に着く。抜け荷である。

尾張藩の金山役所を抜け荷した多くの木材や白木が上有知や立花に送られた。抜け荷が多く、尾張藩は一六四七（正保四）年とその翌年、抜け荷の取締令を出している。さらに、一六八二（天和二）年から、金山役所の抜け荷取り締まり番所を関市上之保を重点的に十五カ所も配置して、抜け荷防止に当たったほどである。

金山街道の盛んな陸送を示す争いがある。番所を配置する前年の一六八一年、木材資源の枯渇で筏業が不振になった下麻生の問屋と飛騨川・木曽川沿いの村々が金山街道の八カ村と紛争を起こしたのである。紛争の原因は、金山の商人が榑木《くれぎ》五万挺《ちょう》(数の単位)を上有知へ陸送したことに端を発したが、金山街道側が旧来の実績をあげて勝っている。なお榑木とは、丸太を「ミカン割り」にしたもので、主として椹《さわら》、ヒバ、ネズコからつくり、薄く剥いで屋根板などに用いた。

この当時、金山街道経由の木材の本数は、一六五四年には槻や白木《しらき》など一五万挺あまり、その後も、槙《まき》五〇〇本や榑木一万二〇〇〇挺などが記録され、さらに前記の榑木五万挺である。これらの材木類は上有知城下町用のほかに、川船に積んで岐阜の現長良橋左岸付近の中河原に向けて船出した。

最終陸揚げ地点の中河原湊

【同業者組合の舟木座】「座《ざ》」は同業者組合で、舟木《ふなき》は材木や薪炭《しんたん》のことである。舟木座とは、長良川上流で生産された薪炭を売りさばいたり、上流からの流木を始末する同業者組合である。岐阜に入った信長は、楽市令の施行で座商人の特権を廃したが、一五八一(天正九)年に信長の嫡男信忠は舟木座を認め、舟木商人一二人に材木や薪炭を独占的に扱わせた。

長良川の最終陸揚げ地点である左岸中河原の舟木座は、上流から積み出された薪や炭さらに木材など舟木いっさいの取引をおこない、商人に売り渡した。つまり、生産地の商人は必ずこの座の手を経なければ、卸や小売り商人さらに直接需要者にも取り引きさせない仕組みで、商品は舟木座の手に支配されていた。

しかし、舟木座の支配は長くは続かなかった。役所設置の時期は定かでないが、幕府直轄時代、中河原対岸の早田《そうでん》村馬場に長良川役所が設けられ、そこを通る筏や川船に役銀を課すようになったのである。舟木座は薪座に縮小し、薪を専門に取り扱うようになったが、舟木座の運上米は減額されず、一七八七（天明七）年には開店休業状態となった。

【中河原の長良川役所】早田村馬場にあった長良川役所は、一六一九（元和五）年に尾張藩の役所となった。一六三六（寛永十三）年、古古川（旧長良川、本書第2章の「三本に分かれていた長良川」を参照）が崇福寺付近で破堤したため、役所は対岸の中河原の地に移された。長良川筋を無役で通れるのは幕府と尾張藩の城米だけであった。

ここで、長良川役所の役銀について述べておこう。長良川役所の材木役銀は『濃州徇行記』に一六分一役、『尾州藩古義』には六分一役と、二種類の記述がある。木曽川が一〇分一役、飛騨川と揖斐川は六分一役であり、『濃州徇行記』の一六分一役はあまりにも低率である。この役銀について『岐阜県林業史』は、金山と長良の役銀から木材の寸法ごとにかかる役銀を計算して、「六分一役が実質的には正しい」と結論している。ともかく、長良川役所は通行する諸物資に役銀を課した。

松田之利は、長良川役所の役割変化を、延宝年間（一六七三〜八〇）までと役所の役人全員が引き上げた一七八一（天明元）年まで、さらにそれ以降の三期間に大別している。

付け問屋跡

第一期は、舟運が盛んになり材木問屋が増えた延宝年間までである。有力な材木問屋の西川家は役人二人と材木類改めの課税業務に携わってきた。西川家の本業は、筏を下流に流す筏乗り人足と四〇人と限定されていた中河原に住む荷揚げ人足を支配する材木問屋であったが、尾張藩が長良川役所を運営する一六一九年以前から役所の実務に携わっていた。

一六五〇年代には真綿、畳表、蒟蒻芋《こんにゃくいも》、麦、大根なども運ばれるなど、諸物資の輸送が盛んになるにつれ、西川家だけでは諸荷物の船に対応できなくなってきた。そこで延宝年間に、西川家以外に西右衛門と喜右衛門の二人が新たに役所付き問屋となり、川上からの通船改め、役銀徴収、筏事務などの役所の業務を委託された。なお役銀以外に、一艘につき四八文ずつの問屋の口銭（手数料）が明文化された。

第二期は、課税方式の変更と抜け荷対策さらに問屋の失脚である。一六九〇（元禄三）年頃には、物資の流通が活発になり、課税方式が、これまでの積み荷の種類から数量への課税に変わった。また通行する船の課税基準を、一七二四（享保九）年に長さで二種類に区分した。その十年後、荷船の大きさも多様になり、長さ約一一m以上には一律の課税、これ以下の船には長さに応じて課税した。

抜け荷対策は長良川の全面的な流通統制を強化することになった。一七〇八（宝永五）年、抜け荷監視役の川通目付役が設置された。宝暦年間（一七五一～六三）の頃になると、役所の手前で荷物を陸揚げし、途中から再び船に荷を乗せて下る抜け荷が横行してきた。これでは税収が減る。上流からの抜け荷の取り締まりだ

川原町の風景

けでなく、下流からの船の抜け荷取り締まりも強化された。

一七一八（享保三）年、問屋になった西右衛門は不祥事で失脚。同年、安藤山三郎が新たな問屋となり、さらに一七五九（宝暦九）年、安藤は川通目付役を任命されている。喜右衛門は一七六四（明和元）年に失脚した。両家は経営不振で失脚したらしく、以後、西川家と安藤家が幕末まで問屋を続けた。

第三期は、長良川役所の役人が全員引き上げた一七八一（天明元）年以降である。西川家と安藤家とが日々役所へ日参して役銀の徴収にあたることになった。これら特権商人は、役所付問屋としての地位や特権を最大限に利用して大きく発展するはずであった。しかし、役人の引き上げ以降、付け問屋は長良川役所の役人のような存在となり、「問屋」と呼ぶにふさわしくなくなった。名前も長良川改役と改称され、両家の収入は大きく減少した。問屋は衰退

に向かっていった。安藤家は寛政年間（一七八九〜一八〇〇）の頃からその経営が危うくなり、幕末頃には、抜け荷の増加と諸物価の高騰のため、安藤・西川両家は口銭の増額を願う書類を再三提出している。

現在、長良川左岸の日中友好庭園と長良橋の間に、長良川役所の付け問屋跡がある。大きな木の根元に社が祀られ、西川家と書いた供花台が社の前にある。長良川役所はこの付け問屋跡の長良橋寄りにあったようだ。長良橋への取りつけ道路の下を潜ると、中河原の川湊に到着した荷物の商いで栄えた川原町に出る。通りには今も格子戸の民家が軒を連ね、町内を火災から守る秋葉様が棟屋根に設けられ、昔の面影を残している。

【コラム】長良川沿いに道を開削した僧・真海

大分県本耶馬渓《ほんやばけい》町の断崖に、十八世紀の中頃に僧・禅海が三十年の歳月を費やして、断崖を穿《うが》った全長約二二〇mのトンネルがある。このトンネルは「青の洞門」として有名。多くの人が観光に訪れ、菊池寛の小説の舞台ともなっている。

長良川沿いにも、僧が開削した道がある。一八五四（安政元）年に現郡上市美並《みなみ》町の長良川沿いの道約一㎞を拡幅した僧で、名は真海《しんかい》。それまでは人一人歩くのがやっとだったという。

郡上市美並町に長良川鉄道の駅・美並こだから温泉駅があり、この駅のホームが日帰り温泉場になっている。この駅の長良川左岸側が勝原《かっぱら》地区で、二㎞ほど下流が黒地地区である。当時、勝原とその南の黒地間は、人馬がようやく通れるだけの山道であった。この道を勝原の道場（住民は寺と呼んでいる）の坊守をしていた真海が独力で、荷車が通れるように切り開いたのである。ただ、残念なことに、真海僧の詳しいことはあまりわかっていない。

こだから温泉駅から下流方向の勝原橋までの長良川左岸七〇〇mほどが開けているだけで、すぐ山肌が長良川左岸に迫っている。勝原と黒地間の行き来は急斜面に取りついた山道だけであった。真海の伝承に、「酢を岩の割れ目に入れる

真海の地蔵

と割れやすいので、毎日一升徳利に酢を入れて出かけ、帰りには弁当箱を近くの家へ放り込んでおき、翌朝つくってもらった弁当を持って出かける繰り返しであった」と伝わっている。

勝原橋を通り過ぎ、山肌が迫った道沿いに、つい先ほど飾られたかと思うほど鮮やかな花が一体のお地蔵さんの両側に祀ってあった。このお地蔵さんの左側に「安政元寅年三月」右側に「江州真海坊新道切開」と掘ってある。つまり真海は近江出身で、いつから新道工事に取り掛かったのかは不明であるが、一八五四年三月に新道が完成したのである。

晩年、真海はハンセン病を患い、坊守ができなくなった。仮小屋に似た住居で生活を始めた真海は、一八六〇（万延元）年二月十四日に亡くなった。

農道の側に「真海火定跡」と書いた案内板が立っていた。案内に沿って長良川に近づいていくと、河原が「火定跡」地であった。「火定」とは、生きたまま火の中に入り成仏することを意味する。真海は自ら、長良川の河原で燃えさかる火の中に、身を投じて成仏したのである。

勝原区では真海の遺徳をたたえ、勝原区の公民館（勝原の道場）の広場に、高さ一・二mの自然石の碑を建て、正面に「釈真海僧」、側面に「万延元年酉二月十四日」と刻んだ。

勝原と黒地を含む美並町大原地区には、江戸時代から続く「大原女人講永代経法名」の軸があり、現在も亡くなった人の名が書き加えられている。この軸に、真海の名も記されている。勝原地区の人びとは、女人講と併せて年一度の法要を続け、これを「真海法事《ほうじ》」という。隣の黒地地区でも、毎年彼岸の中日のときに、真海と黒地を開拓した先祖を含め、「先祖法要」をおこなっている。残念ながら、真海が開削した道はほとんど残っていない。わずかに、県道の下の崖沿いに長さ一五m、幅約二mの道が、一部分残っているだけである。

5　幻の運河

滋賀県との県境を源流とする牧田川は、南流してきた杭瀬川と安八郡輪之内町塩喰《しおばみ》で合流する。その後、揖斐川と牧田川の間を南流してきた水門川を根古地《ねこじ》で合流して、輪之内町最南端の柿内で揖斐川右岸に注ぎ込んでいる。牧田川、杭瀬川、水門川の各川は、水運に用いられた川である。特に、杭瀬川との合流点直上流の牧田川右岸沿いには、下流から順に隣接して船附湊《ふなつき》、栗笠湊《くりかさ》、烏江湊《からすえ》の濃州三湊《のうしゅうさんみなと》と呼ばれる川湊があった。

下流域から三湊に着いた船荷は、陸路で中山道の関ヶ原宿から「馬場《ばんば》の忠太郎」因縁の宿・馬場《ばんば》宿を通り米原宿まで運ばれ、さらに琵琶湖を渡り日本海側へと輸送された。一方、日本海側の物産もまた三湊へ運ばれ、三湊から各地方に輸送されていった。三湊から米原までの陸路の距離が九里半なので、この陸路輸送の道は「九里半街道」と呼ばれた。

ここでは、濃州三湊と大垣湊の盛衰を見た後、彦根藩が幕末時に三湊から琵琶湖へ、つまり伊勢湾から琵琶湖へつなぐ幻の運河計画と、この運河計画の推進に努めた栗笠湊の問屋の話、さらに、幻となった昭和の大運河計画を紹介しよう。

物流の拠点であった濃州三湊

三湊の成立については、栗笠湊問屋の書類に永禄年間（一五五八～六九）の伝承があり、烏江湊問屋には一六〇九（慶長十四）年の文書が残っている。これら書類の真偽はともかく、三湊の成立は、近世（信長が単独政権を樹立した時から大政奉還までの期間）初頭であろう。なお、豊臣秀吉が着工した京都方向寺《ほうこうじ》大仏殿の木曽材や聚楽第の用材が、犬山から烏江湊を通過して運ばれている。

九里半街道の面影が残る沢田

濃州三湊は時を経るに従い、名古屋、桑名、美濃あたりからの荷物が集まる濃尾平野の物流拠点となった。さらに、九里半街道を経て琵琶湖の舟運と結びつき、全国的な一大物流拠点となっていった。しかし、この舟運に最適な地は、土砂の堆積によって衰退へと向かっていくのである。

三湊は牧田川の扇状地の末端部に位置している。上流からの土砂が堆積し、徐々に牧田川の河床は上昇してきた。

土砂流出量のすごさを油島の締め切り堤の状況から見てみよう。宝暦治水の際、三湊は舟運を理由に油島の締め切り堤建設に反対したが、一七五五（宝暦五）年、薩摩藩は、中央部分に開口部をもつ締め切り堤を完成した。十一年後の明和のお手伝い普請で、この開口部の補完工事がおこなわれ、その後の数度のお手伝い普請で、中央部に通水路がつくられていた。ところが、文化年間（一八〇四〜一七）までは通船が可能であった通水路は、五十年も経たず流出土砂で塞がれ、完全に不通になった。最下流に位置する通水路も埋まるほどのすごい土砂が上流から流出してきたのである。

三湊も土砂の堆積で困まっていた。一八三三（天保四）年に、三湊は二〇艘あった喫水の深い平田船（艜《たい》船）のうち一二艘を喫水の浅い鵜飼船に替え、八艘の平田船が残っていたのである。一八五八（安政五）年に三湊の問屋が提出した書類には、土砂の堆積によって船の就航に支障が生じるので浚渫をおこなったが、出水のたびにすぐ土砂が押し流されて来て、ついに干水時には船が通れないほどになった、と記述されている。さらにこの書類で、川が浅くなったので喫水が深い一三〇石から四一五石積みの平田船八艘のうち六艘を四〇～五〇石積みの鵜飼船に替えたいと願い出ている。一八八一（明治十四）年には、一艘残っていた三湊の平田船はまったくなくなり、鵜飼船四四艘だけとなっている。土砂が堆積するにつれ、ほぼ五十年で、平田船は鵜飼船にすべて替わったのである。

【尾張藩の三湊保護と大垣湊の台頭】尾張藩に属していた濃州三湊を脅かすものは、土砂堆積だけではなかった。水門川沿いにつくられた大垣藩の大垣湊もまた大いなる脅威であった。

脇街道の美濃路が、濃尾平野を縦断して名古屋城下と大垣城下とを結んでいた。熱田宿で東海道と分かれた美濃路七宿の大垣宿は次の垂井《たるい》宿で中山道に連絡している。熱田から船路《ふなじ》の「七里の渡し」よりも美濃路廻りの方が、約八km長い。しかし、陸路《くがじ》の方が安全で、美濃路は将軍の上洛、参勤交代、朝鮮通信使や琉球王使の行列さらに一般人の通行と、大いに賑わった街道である。

この美濃路の大垣宿に大垣湊があった。一六二〇（元和六）年、水門川の水量を増すために、杭瀬川から城下へ水路久瀬川を開削して、大垣湊はますます栄えた。物資は、陸路（美濃路）と船路とで大垣宿に集まり、大垣湊は物流の拠点となっていった。

尾張藩は早くも一六二一（元和七）年に、「尾張領からの荷物は三湊で陸揚げする」指示を、尾張藩の他の湊に出した。さらに、一七三五（享保二十）年にも、同様の趣旨の指示が尾張藩の支配する木曽川の錦織《にしごおり》綱場や木曽三川流域の川湊などに出されている。このの ち も、一七八〇（安永九）年まで二度、同様の趣旨が尾張藩から指示された。しかし、強大な権力を持つ尾張藩の指示もむなしく、大垣湊の隆盛と三湊付近の河床の悪化によって、濃州三湊はその地位を大垣湊に譲っていった。

ところで、土砂の堆積によって三湊は完全に大垣湊に取って代わられたかのように述べられることが多い。しかし、近世後期での三湊と大垣湊との荷駄数の取り扱いに関する興味深い報告がある。

西脇康は、『知多半島の歴史と現在（七号）』に掲載した論文の中で、烏江湊の問屋・吹原家文書から三湊と大垣湊の積み荷の推移を整理している。資料は一八四八（嘉永元）年二月からの三年間と短いが、月平均の荷駄数を引用すると、三湊の上流側から順に烏江湊が約九駄、栗笠湊三八駄、船付湊約一二一駄と下流側の湊ほど荷駄数も増えて合計で一六八駄。一方、大垣湊は二一四駄である。大垣湊に物流の拠点を譲ったとはいえ、三湊は幕末期にも四割強の荷物を取り扱っていたようである。

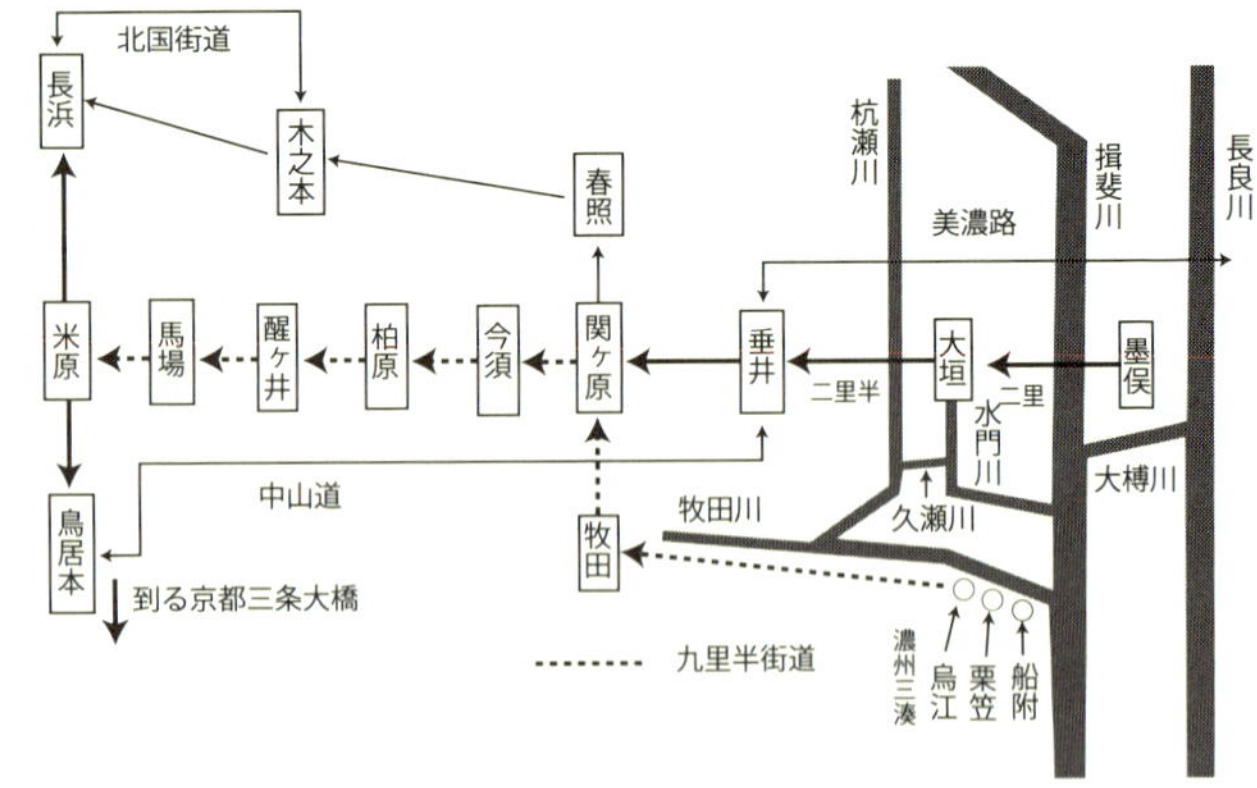

大垣湊と濃州三湊の輸送路

物流拠点となった大垣湊

住吉灯台が建つ大垣船町は、一六〇一（慶長六）年に大垣伊勢町の住民が当時の堤外地（川の水が流れている方）に移住して発展した町である。その後も移住する人が増え、小船で運送業を営む船問屋もできた。慶長年間（一五九六〜一六一四）に大垣湊がかたちづくられ、水門川の舟運が始まった。なお、この舟運揺籃期の船問屋には、芭蕉と京都の北村季《き》吟《ぎん》門で相弟子の仲であった谷九太夫（谷木因）の祖先で赤坂から移住した彌平兵衛も名を連ねている。

【大垣湊の役船】三代将軍となった徳川家光《いえみつ》と前将軍で大御所の秀忠《ひでただ》とが一六二六（寛永三）年に上洛する際、役船の御用が船町の船一四艘に命じられ、大垣藩の御用をつとめる役船が一四艘となった。この八年後に家光が上洛の際にも、美濃路の渡船場・佐渡《さわたり》の渡し（大垣市東町・安八町町屋間の渡し）に架けた船橋で、船町の役船一四艘が役目をつとめた。また将軍が帰る際には、一四艘の船が桑名まで輸送の任についた。

この船町の協力に対して、船町の持ち船一四艘は大垣湊の船荷扱いを公認された。大垣湊以外の船に荷を積むときには、一四人の船持ちが運賃のうち二割五分を徴収できることになった。さらに大垣藩主は、船町高橋《たかばし》南に船の製作・修理場（今のドック）の土地を与えた。これで、湊としての機能ができあがった。

船役は、船の大小に関わらず、一艘につき無料で一年間に御用を三艘役つとめた。なお、船持ちへの補助として、一〇石積み（一石は〇・二七八㎥）を一人役と換算し、一人役一日につき米一升と銀五分を藩から、町方からは、賃金四匁《もんめ》が支給された。

【大垣湊の賑わい】一七五五（宝暦五）年の大垣から桑名までの下り借りあげ船運賃は、船の大きさで二〇〇から五〇〇文である。乗り合い船の桑名までの一人の運賃は、一七九五（寛政七）年に下りで一八文、上りはほぼ三割り増しの二四文であった。なお、五年後の一八〇〇（寛政十二）年には、桑名までの運賃は一人一〇〇文（米一石一両として一二五〇円）と大きく値上がりしている。

従来から水門川では八〇石以上の船の通行は禁止されていた。寛政年間（一七八九～一八〇〇）の末頃には、さらに水門川の河床は土砂の堆積で上昇。洲《す》もでき、大型の船の航行が困難となってきた。そこで、七〇石から七五石も積む喫水《きっすい》が深い大きな平田船（艜《たい》船）よりも、喫水が浅く六〇石前後を積む高瀬船を変形した長さ一二mほどの細長い鵜飼船が、小回りが利き、船足が速くて効率がよいので多く用いられ始めた。

一八七二（明治五）年、大蔵省から「往還人馬継立冥加金制度を永免除の儀」が出された。江戸時代には、厳重に宿駅制度が守られ、荷物の中継地を勝手に換えることはできなかった。しかし、この通達で街道の宿駅制度が廃止された。これまでの宿駅にとらわれずに輸送が可能となり、陸運や水運の会社が全国的に設立されたのである。

大垣では、大垣船町の谷九太夫他三名が、通達の二年後に陸運と水運の両会社を合併して大垣水陸運送会社を開業した。翌年には陸運会社を内国通運会社に組織を改め、各地に取り継ぎ所を配置した。また、一八八四（明治十七）年には、大阪から延びてきた鉄道が大垣駅まで開通した。

大垣桑名間の濃勢汽船会社の外輪船・1883（明治16）年頃（大垣図書館蔵）

ところが、鉄道開通後も大垣湊の荷物取扱量は減少しなかった。船数は五〇艘にのぼり、「水運なお陸運にゆずらざる」状況であった。大垣駅完成一年前には、両舷に取り付けた水車を蒸気エンジンで回転させる外輪船が大垣・桑名間を就航した。当時の大垣・桑名間の運賃は片道三三銭であった。米一俵が二円五〇銭のこの時代、片道代がほぼ二六〇〇円に相当する決して安くない値段であった。下りは五時間、上りは七時間要して、毎日三往復した。昭和に入ると、プロペラ式の船足の速い船になり、夏には潮干狩りなどに多く利用された。一九四五（昭和二十）年頃までは、多くの船が水門川沿いに係留されていた。

琵琶湖と伊勢湾を繋ぐ幻の運河

一八六〇年（万延元）三月三日、大老の一三代彦根藩主井伊直弼《なおすけ》が江戸城桜田門外で暗殺された。桜田門外の変である。一四代彦根藩主直憲《なおのり》は、その三年後の春、琵琶湖と伊勢湾を結ぶ運河の開削を幕府に申し入れた。この提案は、大坂湾が外国軍艦に占拠された場合、京都や大坂への物資の輸送路を確保することであった。

【彦根藩の運河計画とその頓挫】伊勢湾と琵琶湖を部分的に運河で結ぶ計画は、早くも慶長年間（一五九六〜一六一四）、角倉了以《すみのくらりょうい》によっておこなわれた。琵琶湖からの舟運に使用する川は天野川であった。

天野川は、滋賀県米原市柏原《かしわばら》の南に発して北流後、西流して醒井《さめがい》を通り琵琶湖東岸の米原市朝妻に流れ込んでいる。角倉はこの天野川を開削して、美濃・尾張の荷物や木曽からの木材などを牧田川右岸の濃州三湊へ輸送し、陸送で牧田などを経て醒井に着け、醒井から天野川で朝妻湊と連絡する計画を企てた。しかしこの計画は、天野川での梁漁業者などの反対で実現しなかった。

角倉の計画からほぼ二五〇年後、彦根藩は角倉が計画した輸送ルートを、ほぼすべて運河で結ぶ計画を企てたのである。

ここでまず、運河計画のルートに極めて近い九里半街道のルートについて触れておこう。前にも述べたが、九里半街道は、物流の拠点として大垣湊と競った濃州三湊から米原宿までの街道である。

三湊に到着した荷物は各湊によって九里半街道のルートが少し異なっていたようである。三湊で一番上流に位置する烏江《からすえ》湊に荷揚げされた荷は、牧田川右岸沿いの村々を経て現大垣市上石津町牧田に至る。一方、烏江湊より下流側の栗笠《くりかさ》と船付《ふなつき》湊の荷は、牧田川右支川の金草《かなくさ》川の右岸堤沿いを経て、そののち烏江湊と同じ経路で牧田に至る。地元の伝承では金草川ルートが本ルートであったようで、このルートが彦根藩の運河ルートに極めて近い。

彦根藩の運河（江濃《ごうのう》運河）計画は、琵琶湖東岸の朝妻湊から柏原宿まで天野川を遡上する。柏原宿から今須宿までは陸路で滋賀県と岐阜県の境の峠を越える。今須宿から今須川を下って牧田川に出る。その後、牧田川右岸側の沢田村内の水路（金草川通船路）を下り金草川に出て、船付、栗笠、烏江の濃州三湊に到る経路である。

この雄大な運河掘削計画は、一八六三（文久三）年春の申し入れから早くも七月に京都町奉行から許可が下りた。すぐさま幕府は実地調査を開始するとともに、関係する村々の意見を書面で提出させた。

近江側の村からの要望は、彦根領の者は「とかく平常より御威光振り立て」と、幕府による工事を希望した。また他の村は、運河の水が少ない所へは伊吹山麓の谷川を新たに掘削して運河に流すと、計画に積極的であった。薪や炭の運河による輸送量の増加と工事の手伝い稼ぎを当てにした。一方、多芸輪中の船付村や栗笠村を含む尾張領七カ村は、「金草通りが運河になると、悪水樋の水吐けがますます悪くなり、さらに下流部の土地も水腐れになる」と、尾張藩に反対の陳情をした。

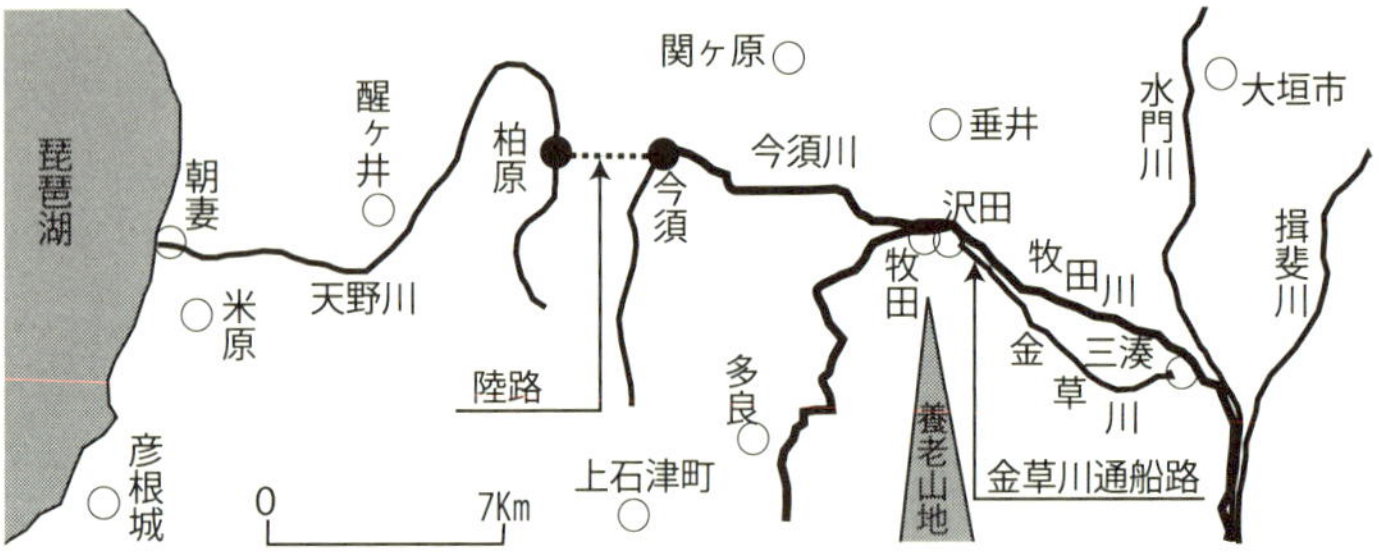

江濃運河の経路

この七カ村の反対が尾張藩を動かし、尾張藩は幕閣へ工事中止を申し入れた。ついに許可から一年後、再調査の指示が出された。ここに彦根藩による運河開削計画は幻となって消えたのである。

彦根藩の運河計画は幻に終わったが、近年新たに発掘された史料は、栗笠湊の問屋が輸送業への生き残りをかけて、運河計画とともに新たな輸送ルートを模索したことが明らかになった。

栗笠湊の問屋・佐藤興三郎

郷土史家の村上圭二は、運河計画の際に船会所が設けられた現養老町沢田の豪農日比家の記録文書を整理して、これまで不明であった運河が通過する村々と運河計画との交渉を明らかにした。さらに、村上はその中で、舟運が廃れてきた濃州三湊の一つ、栗笠湊の問屋佐藤興三郎顕光がこの運河計画とともに邁進した新たな運送業への旅立ちを述べている。

栗笠村の佐藤家は他の一家と当初から栗笠湊の開発に関わっていた。一六一〇（慶長十五）年、この地の代官であった高須城主徳永寿昌が濃州三湊や横曽根湊などに船賃や番船などを規定した湊規定証を交付した。その際、佐藤家と他の一家は湊開発時での功績を認められ、船数や番船に対して特別扱いを受けている。

佐藤興三郎顕光（三代前の興三郎光致から「興三郎」を継ぐ）の祖先は、一時、本家の問屋の跡継ぎが成人するまで問屋業を継ぎ、その後、栗笠村の本百姓となった。一八一〇（文化七）年の興三郎顕光（以後字《あざな》は省略）の親の持高は、栗笠村高六一六石あまりのうち四九一石あまりと、栗笠村唯一の豪農であった。一方、本家の問屋は、年貢を払えずに新田や家を手放し、ついに一八五四（安政元）年には大切な問屋株を人に貸し渡すほど零落し、その三年後には絶家となった。

一八二四（文政七）年に生まれた興三郎は、親の跡を継ぎ頭百姓となった。その後、人手に渡っていた問屋の権証を買い戻し、栗笠湊の問屋業を継いだ。興三郎が三十九歳の時、運河計画が発表されたのである。

【運河建設中止前後の沢田村】運河計画以前の沢田村は、荷物の中継（継立《つぎたて》）地点ではなく、通過地点であった。そこに、運河計画が持ち上がり、沢田村に荷物輸送の新たな可能性が生まれたのである。

当初の運河計画では、今須川を下って牧田川に入った荷船は、牧田川右岸の沢田村の用水路を舟運用に改造して金草川に入る計画であった。この計画に対して、運河計画の許可が下りた三カ月後、村はこれまで使用している一之井用水路を舟運用に改造すると耕作に支障が出るので、新たに牧田川堤防沿いに運河を開削するように願い出た。この願いにより、堤防沿いに長さ約一八五〇mの水路（金草川通船路）を開削して金草川に接続し、船付湊へ下るルートに変更された。なお、一之井用水路（現沢田・石畑用水）は、昭和初期に牧田川左岸に設置された取水堰から川底を伏越しで右岸側の用水路に給水され、現在も豊かな水を田に供給している。

つぎの問題は、沢田村に新設する荷揚げの船溜まりと事務をおこなう新設船会所の運営問題である。栗笠湊の興三郎と沢田村とがこの問題でひと揉めした。沢田村は、船会所をおくと荷物の取り継ぎ輸送で利益を得る。一方興三郎は、船会所を独占できないと、これまで得てきた栗笠湊での荷物取り継ぎ利益の半分を沢田村にとられる。示談は、興三郎が納得金五〇両を受け取って成立した。

船会所の取扱量は、上りも下りも三〇〇〇駄ほどが見込まれた。運賃は、沢田村から三湊まで一駄につき一六〇文で、六八文が船人、興三郎と沢田村が各四四文、沢田村から牧田宿までは一駄につき馬で一〇六文、車で七八文、また醒井宿までウナギざる荷が九文などと決められた。

彦根藩の事業として美濃側の運河工事は、名古屋の長谷川宅右衛門が請け負い、さらに各村に請け負わせる体制になった。沢田村では、運河建設の許可が出た翌年四月に、早くも運河の石積みを村内の農民らが請け負い、石などの調達も開始された。

しかし、五月には、事業中止の噂が流れ始めた。船溜まりからの運河の石積みを請け負った沢田村は、「萬一御差し止めに相成り候かまたは当時御日延べ」の場合には、用意した石代金の残金を支払ってくれと申し出ている。

七月には、運河開削工事が実質的に中止となった。しかし、八月の日比家文書には、船会所を庄屋が采配を振るう「庄屋持ち」にしてくれるよう願い出た書類が残っている。

【陸送に向かう興三郎】 日比家文書を整理した村上圭二は、質屋に物を入れるほど生活に困窮した佐藤興三郎の沢田村への進出について、「船会所を九里半街道の沢田村におき、大垣湊の利用を視野に入れ、尾張国産物の一括取り扱いで湊問屋の復興を目指した」と、佐藤の目的を述べている。つまり、たとえ運河に水が流れず、沢田船会所に船が着かなくとも、沢田村を起点に陸路で大垣湊と三湊をつなぐ陸送に力を注ぐことにしたのであろう。

興三郎の沢田村と牧田村への進出を述べる前に、江戸時代での中継ぎのルールと実状について述べておこう。

幕府は中山道を整備した際、京都・大坂への上り荷の中継地を関ヶ原宿、下り荷は関ヶ原宿西隣の今須宿と定めた。しかし、規則と実状は異なる。

上り荷の量がほとんどを占めていた一六一〇年代、はやくも九里半街道の牧田宿は、三湊からの上り荷を関ヶ原宿に着けず、距離も短く道も平坦で輸送に便利な下り荷の今須宿へ着けている。つまり、三湊からの上り荷は九里半街道の沢田村から、牧田宿を経て今須宿に着ける方が便利であった。

一方、幕末での荷物量は、圧倒的に下り荷が多くなった。先に引用した西脇康の資料によると、月平均の荷駄数は、上り荷は三湊と大垣湊の合計で約四駄と極めて少ない。しかし、下り荷は約一〇〇倍の三七八駄であり、その四割強が三湊へ運ばれている。

下り荷は、今須から陸路で大垣湊へ、あるいは今須から牧田を経て沢田村からは三湊へ輸送することができる。興三郎の沢田村での中継ぎ経営には、牧田村への進出が重要な課題であった。
すでに牧田宿には幕府領と尾張領それぞれの問屋継立所があったが、運河工事中止から五年後（明治二年）、栗笠湊の問屋株を持った興三郎は牧田宿に問屋を移して尾張荷の取り継ぎを始めたのである。

一八七二（明治五）、従来の中継ぎ方式を破棄する通達が大蔵省から布告された。この通達で、街道の宿駅荷物継立等の制度が大きく変わった。興三郎の進出で三カ所あった牧田の継立所は、一八八〇（明治十三）年に、大垣で創立された通運会社の継立所となったようで、興三郎の陸送への努力も潰えたようである。

尾張物産を沢田船会所で取り継ぐ運送業に励んでいた興三郎は、一八七一（明治四）年に妻を、そののち息子を亡くし、孤独のうちに六十六年の人生を終えた。

なお、荷物を積んだ船が金草川筋を通って沢田船会所まで上ってきたかどうかの記録はない。

昭和の運河経路

【昭和の大運河計画】昭和の時代にはいると、敦賀と四日市間を運河で繋ぐ「中部横断運河開発計画」が計画され、一九六三（昭和三十八）年から七年間調査がおこなわれた。そのルートは、トンネル併用式と開削式の二方法で検討された。開削式のルートは、河口から揖斐川沿いに北上して駒野付近で揖斐川から分かれ、養老山地の東裾部を開削して今須川に進む。その後、伊吹山麓と長浜市街北方を西進して琵琶湖に達する。さらに、琵琶湖を北上して塩津浜西方から深坂峠を経由して敦賀に至る延長約一〇七kmの運河である。一方、トンネル併用ルートは、揖斐川河口から養老町付近までは河道を浚渫して航路とし、そののち延長約六〇kmの山岳地帯をトンネルで貫き敦賀湾に結ぶルートである。

雄大な運河計画であったが、七年間の調査の結論は、「外航船が運河を航行する可能性は極めて少ない」、「内航路として、現時点で着工する必要性は少ない」などと否定的で、現時点で「日本横断運河構想を具体化することは適当でない」と結論された。

この運河計画も幻と消えたが、河口から琵琶湖までの開削式ルートは、彦根藩が計画した江濃《ごうのう》運河計画路線に類似している。

【コラム】三水川と幻の閘門

三水川《みみずがわ》は平成の大合併にくみしないで独自の町づくりを歩む揖斐郡大野町を流れている。源流は揖斐郡大野町の権現山《ごんげんやま》（標高二二〇m）の東山麓の牛洞の谷水で、西に揖斐川、東に根尾川に挟まれた長さ約一〇kmの川である。根尾川右岸への合流点は上磯であったが、昭和初期に下流の西座倉へ下げられた。

江戸時代、米が取れない根尾谷の集落では、年貢として薪《まき》の原料である雑木・段木《つだ》を山から刈り出し、根尾川に川流しした。段木や木材はいったん、根尾川が平地に出る山口で集められ、ここから、冬の農閑期に更地《さらち》用水路（別名井《い》川、段木川）に流し、用水路下流端部の大垣藩直営の六里《ろくのり》土場で陸揚げした。ここから、木材や段木は三水川を船で大垣まで運ばれた。

六里土場の下流は民営の下方《しもかた》土場で、一八七二（明治五）年の記録に「鵜飼船二〇艘」と記されるほどの船着き場で、江戸時代は主に年貢米を大垣や桑名に運んだ。明治以降は、米、薪炭、石灰などを積み出し、帰りには、塩、味噌、乾物、日用雑貨品さらにその頃の農業肥料として大切な「わら灰」も運んだ川湊である。

明治初期頃の下方土場は、幅約一三mほどの船積川で三水川に繋がり、米を一二〇から一三〇俵も積む七間船が出入りした。『大野町史通史編』は、この大きな船を通過させるために、堰が船積川に三カ所も設けられていた、と述べている。この堰は、水位を調節して船の通行を可能にする閘門《こうもん》の働きをした、と推測される。

一八九六（明治二十九）年、大垣城も水没するほどの大洪水が美濃一帯を襲った。更地用水路や下方土場付近も壊滅的な被害を受け、堰の所在も不明となった。この大災害は三水川の水運の歴史に幕を閉ざし、荷馬車による陸上輸送へと変わる契機となった。

　ここで船積川の堰に触れる前に、まずは遠く離れたさいたま市の見沼通船堀《みぬまつうせんぼり》の概要を述べておこう。見沼通船堀は、一七三一（享保十六）年に木曽三川分流を最初に計画した井沢弥惣兵衛為永によって現さいたま市につくられた閘門式運河である。見沼通船堀は、東と西からの見沼代用水路が南北に流れる芝川に合流し、江戸の隅田川に繋がって年貢を送る運河である。しかし、見沼代用水路と芝川との間に水位差が約三mもあったため、各用水路に二カ所ずつ関（関の開口部に木材を長手方向に敷き詰めて「角落とし」で開閉をする）を設け、水位を調節して船を上げ下げした。関と関の間が上・下流の水位が一定になるまで船が待機する閘室《こうしつ》に相当する。なお、見沼通船堀では「堰」ではなく「関」と記述する。

三水川の流れ

　さて、船積川の堰であるが、惜しくも船積川はなくなり、三カ所の堰もおおよその設置位置が絵図上で推測されるだけである。三水川に繋がる船積川の水源は、むろん、更地用水路である。用水路の水量は、七トン強の米を運ぶ船の喫水《きっすい》には当然不十分であったと考えられる。そこで、三カ所の堰で二カ所の閘室をつくり、船の運航を可能にしたと考えられる。

　しかし、堰の有無について残念なことがある。『通史編』の著者はすでに亡い。大野町の教育委員会が熱心に調べてくれたが、「三カ所の堰」の記述の根拠となった史料も現時点で紛失している。ただ、現在大野町在住の数名の古老が、親や祖父から「堰の話を確かに聞いた」と語るだけである。このままでは伝承になる恐れもある。

いつ、誰によって、どのような構造でつくられたのか不明であっても、三カ所の堰が実在していたのならば、少なくとも、一九一四（大正三）年に完成したパナマ運河より早く完成していた閘門である。

三水川の源流部近くには自然環境に優しい「やまびこ水路」がつくられ、下流部はホタルが飛び交う憩いの小川となっている。この三水川に見沼通船堀と同様な考えの閘門が確かに実在していたのならば、郷土の先人の偉大さを示す一例であり、誇ってよいであろう。

第2章　川は動いている

用水路建設に数百年も要した村々がある。村を守るための堰を、数百年も絶え間なく維持・管理してきた村もある。さらに、長良川は時代ごとに濁流が三筋で流れた。本章では、川からの取水と防御に明け暮れた村人の生活、さらに、三本に流れていた長良川を締め切った話を紹介していきたい。

1　曽代用水をつくった男たち

「うだつの町並み」で知られた美濃市。長良川はその西を流れている。美濃市上曽代《そだい》で取水される曽代用水は、美濃市と関市の七ブロックの受益面積約一〇㎢の水田に豊かな用水を供給している。

この用水のはじまりは、今から三四〇年ほど前にさかのぼる。現岐阜県美濃市から関市の村々（松森・下有知《しもうち》・関・小瀬《おぜ》村）は、長良川の河床が低いため本川から取水できず、たびたび干ばつに見舞われた。そこで、長良川から取水する用水路の建設に、三人の男が立ち上がったのである。

この用水路建設に尽くした三人の数奇な運命、そして用水路にまつわる果てしない紛争の歴史を追ってみよう。

曽代用水を計画した人たちの数奇な運命

曽代用水を計画したのは、元尾張藩士で関村本町一丁目に住んでいた喜田吉右衛門《きだきちえもん》と弟の林幽閑《ゆうかん》兄弟、関村の柴山伊兵衛（五郎右衛門とも称し、字は昨夢、安誉と号した）の三人である。

そもそもこの計画は、喜田・林兄弟が公共に役立つ仕事のために私財五〇〇両を投じる考えを柴山に相談したことからはじまった。一六六三（寛文三）年のことである。柴山は、喜田・林兄弟と共に用水路開削の大事業に取り組むことを決意した。三人はそののち数奇な運命をたどるが、まずは簡単にその消息を記しておこう。

①喜田吉右衛門の生年は不詳で、晩年には諸説ある。「曽代用水史年表」では、一六七一（寛文十一）年六月一日に失踪、『濃州循行紀』には「有馬入浴にて殺害」、また言い伝えでは、苦境のなかで病死、と伝わっている。足立直治は喜田を、尾張二代藩主徳川光友が入鹿池拡張工事や新田開発などの際に十分に取り立てた土木工事に優れた元浪人であったのでは、と推測している。

②林幽閑は生・没年ともに不詳で、医者であったと伝わっている。林は、次々と発生する用水路問題と兄の死で用水路経営に情熱をなくした。一六七七（延宝五）年に用水路仲間から離れ、一六九五（元禄八）年まで名古屋巾下に住んでいたことがわかっている。

③柴山伊兵衛は一六一一（慶長十六）年生まれである。関村新二丁目（現今富本町）に住み、酒造業を営む資産家で、人びとからの信頼も厚い実直な人物であったと伝わっている。苦心の末に用水路を完成したが、その後の絶え間ない用水路経営問題のため、ついに資産も土地もすべてなくし、一六九七（元禄十）年ごろに関村の現巾町に小屋を建てて住み、一七〇三（元禄十六）年五月十五日に病気で亡くなった。

ご覧のように、用水路建設に取り組んだ三人は不遇のうちに亡くなっている。用水路建設を困難にした主な原因は、用水路建設地域の複雑な土地支配関係、幕府（笠松郡代）や尾張藩（上有知代官）の用水路への介入の企て、さらに、各支配領主を後ろ盾とした村ごとの団結が挙げられる。用水路の経営・維持・管理に起因する紛争は一六〇年以上も続いたのである。

用水路の掘削に向かって

【用水路建設までの困難】三人は、用水路の経路に何回も検討を重ねた結果、用水の取水口を小倉山西麓の長良川沿岸の岩盤を掘り抜いてつくることにした。取水口から曽代・上有知《こうずち》両村内に導水して松森・下有知《しもうち》・関・小瀬村の各村への通水を経て小簗《こやな》村（現小屋名）に至り、長良川に放流することにした。

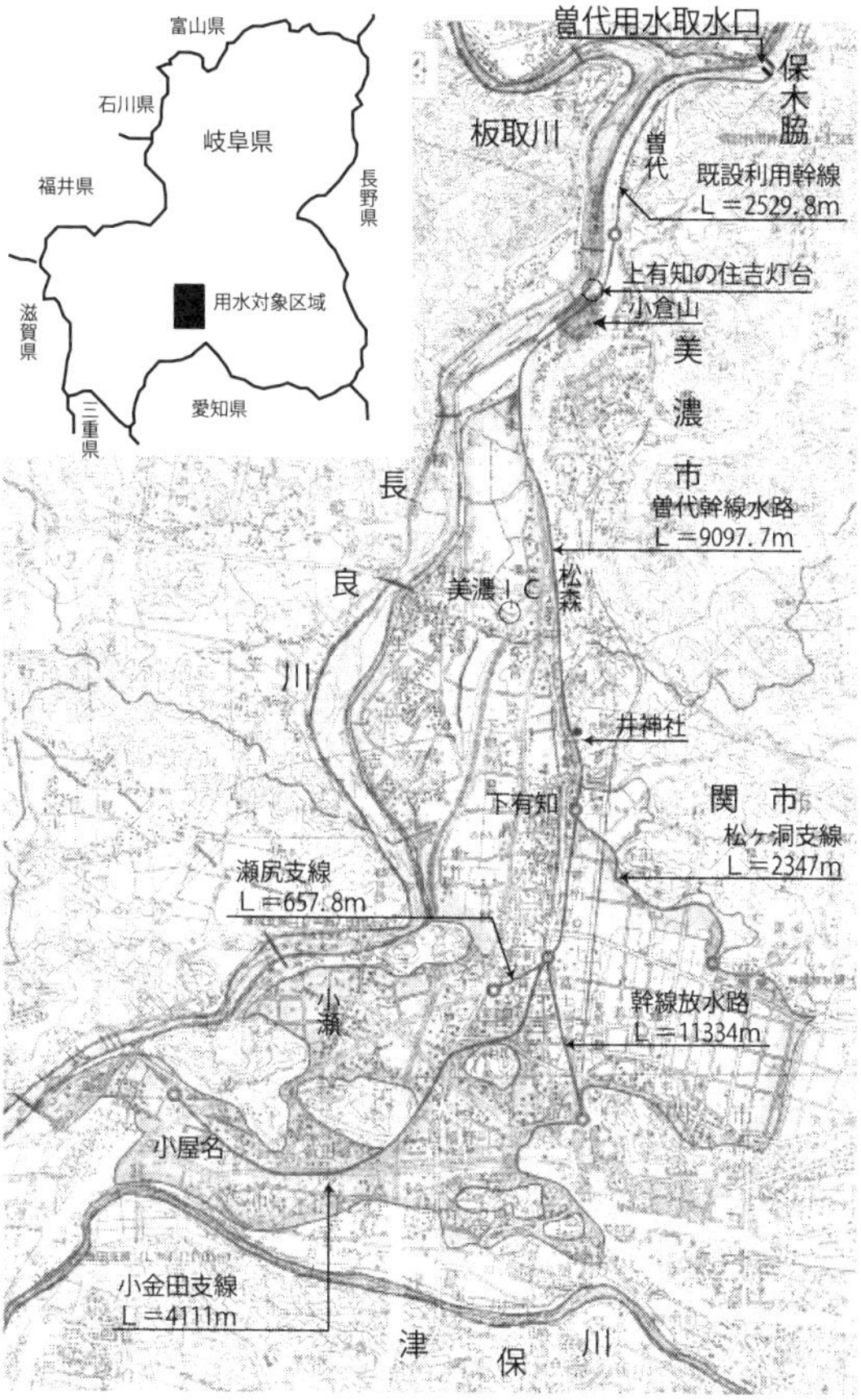

曽代用水の経路

用水路が通過する各村の土地支配は、取り入れ口から順に、①取り入れ口の曽代村は尾張領、②上有知村は尾張領と清泰寺、③松森村は尾張領、④下有知村は幕府・上州館林藩・旗本池田氏・竜泰寺の四者が支配、⑤関村は旗本大島氏、⑥小瀬村は尾張領、⑦小簗村は旗本池田氏と、なんと所領関係が七つに分かれていたのである。すべての支配者から建設許可を得るのが、まずは一仕事であった。

一六六三（寛文三）年、彼らは尾張藩から用水建設許可の内諾を

立ヶ岩を流れる用水

受けた。翌年十月頃までに、関係各村と交渉を重ね、用水通水後の各村の責任分担を明記した協定を結んだ。

翌一六六五年の十月、発起人柴山らは正式に尾張藩へ開発許可を願い、翌月に許可された。旗本への同様な願書も幕府の仲介で翌年一月までに許可された。ところが、遠隔地の上州館林藩は同地の地理に疎く、他藩との政治的摩擦を恐れ、再三の出願にもかかわらず容易に許可しなかった。尾張藩の斡旋によってようやく許可が出たのは、一六六三年の工事計画から三カ年後であった。

実施計画の具体的準備に一カ年を費やして、ようやく一六六七（寛文七）年三月、着工にこぎつけたのである。

【全区間で難工事】用水開発のおもな目的は、長良川の河床が低いため本川から取水できず、たびたび干ばつの被害を受けていた下有知村以南の水田に導水し、さらに農民が所有している原野を新田開発する。また用水開発者の喜田らは、用水を使用する開田面積の割合に応じて新田を入手することであった。

用水開発当初の曽代・上有知村は灌漑用水をあまり必要とせず、用水通過地帯であった。そこで、用水路を通す敷地代として曽代村へ約一〇〇両、上有知村へ約七〇両を支払い、そのほか年貢米代などに関しても取り決めがなされた。一六六八（寛文八）年、松森村は用水の供給を受けないことを決定。発起人の柴山らが用水路敷地の土地を買い取った。

曽代用水の規模は、曽代村の北端にある取水口から小簗村字若栗の放流口まで一万二九八六mで、このほかに、新田灌漑用支線水路が一万二一三七m、本田の溜まり水や低地の悪水排水路が一五七一mであった。

用水路の建設は数区間に区分されて、工事が開始された。しかし、各区間の工事は漏水の発生や取水口での岩盤掘削など、難工事の連続であったといわれている。

ここでは最大の難工事であった小倉山山麓での工事を取り上げよう。

上有知村地内曽代村境の永ケ淵大川岸から松森村境まで、深さ約四m、幅約五m、長さ二〇〇二mの用水路建設は、一六六七年三月の着工から二年間の月日を費やした。この工事区間での最大の難工事は、小倉山山麓の立ケ岩（二五m）とその北の出張岩（五・四m）区間の随道掘削工事で、工事費は五九両あまりを費やした。岩を火で加熱したのちに水を掛け急冷して掘削する手法を用い、たとえば立ケ岩での随道は、わずか一mの掘削に一カ月ちかくを費やしたと、伝わっている。

各区間で用水路の追加工事や水路幅の拡張追加工事をおこない、用水路工事は二年四カ月の歳月を費やして一六六九（寛文九）年六月に一応終了した。なお、完成後も引き続き、漏水対策の補修・改修工事などを一六七一年までおこなっている。

【負担金をめぐるてんまつ】水路開削が進展するにつれ、井元（用水路の権利保有者）の柴山らは用水路の恩恵を受けて新田を開発する下有知、関、小瀬、小簗の四カ村と新田に関する協定を結んだ。

この協定は、用水の供給を受ける各村は、合計一四八町歩（下有知村七〇町歩、関村三五町歩、小瀬村三五町歩、小簗村八町歩）の新田を井元に譲渡する協定である。用水路が完成した一六六九年に柴山らに譲渡されたこれらの新田は、一町歩（約一万㎡）一五両で希望者に売り渡され、用水開削の費用に当てた。

当初、五〇〇両の資金運用から出発した用水開発は、新田開発と地主経営を織り込んだ大計画に膨らんだ。計画から建設までに費やした費用は、計画・出願などで工事開始までに二七七両あまり、工事が開始した年には一三五六両、工事が一応終了した一六六九年までに五七五〇余両（一九一八両あまりとの記述もある）と、膨大な費用を費やしている。

一六七〇（寛文十）年以降は、追加工事費で九一〇両、洪水による復旧工事や杁樋《いりひ》の取り替え工事で五五二両を費やした。さらに、用水路の補修・維持・管理費は、最も金額が少ない年で八六両と、年間に多額の費用が必要であった。

これらの費用は、新田地主の負担であった。喜田は、一六六九年までに八八町歩あまりを所有する一番大きな新田地主となっていた。喜田の負担金は二〇〇〇両以上で、工事開始の一六六七年から三年間に一三六七両を負担した。不足分は、名古屋の浪人仲間本田休也（本多とも記されている）から五〇〇両以上を借金して賄った。喜田は、用水路完成から二年のちの一六七一（寛文十一）年に借金を返すことなく亡くなった。

喜田が亡くなった二年後、債権者の本田は、喜田が四カ村に所有していた新田三三町歩を差し押さえた。本田は、小作人に過大な小作料を課した。が一方、用水負担金一〇〇両あまりの支払いを拒否した。この本田の横暴を見かねた館林藩は、一六七九（延宝七）年、ついに館林領の下有知村に居住していた本田の財産を没収して村から追放し、本田所有の土地三三町歩を四カ村のものとした。

用水の運用と紛争

喜田が亡くなる一年前の一六七〇（寛文十）年五月から柴山が井元責任者になり、各村への分水は、石高ではなく灌漑面積を基準とした分水規定が決まった。『新修関市史』によると、分水規定は極めて合理的であった。一寸四方の面積を一（単位）とすると、取水杁樋の面積（高さ五尺×幅九尺）は四五〇〇である。そこで、四五〇〇の半分二二五〇を四カ村の新田割合に応じて比例配分、残りの二二五〇を本田畑田用として比例配水する。さらに、新田と本田への用水路からの距離の遠近によって、配分割合を増減させ、配分された二〇〇（単位）につき一時間の割で各村への番水の時間を決定する綿密さであった。

合理的で綿密な用水配分協定が各村と結ばれた。しかし、用水路建設への大きな目的が達せられると、次は用水をめぐる各村の欲や独善が現れ始めた。

【井元管理から「百姓相対用水」へ】喜田が亡くなったあと、用水経営は、「新田頭」の柴山・林と「新田庄屋」の筆頭である若山新助らがおこなった。

用水路完成から六年目の一六七五（延宝三）年、下有知村は協定を破って用水路内に勝手に堰をつくり、下流の村と紛争が起こった。その翌年には、当初用水路建設に参加しなかった松森村が四カ村（下有知・関・小瀬・小簗村）で構成される井組への加入を希望した。松森村は四カ村の最上流に位置している。むろん、上流側での取水の方が渇水時には有利である。この加入問題は、水不足を心配した下流の村々の反対にあいつつも、ようやく松森村の加入が認められた。

この時期、柴山ら井元関係者は、負担金を払わない前述の本田への処置問題や下有知村に起因した水争い、さらに松森村の加入問題など、多くの困難な問題に直面していた。欲が絡んだ厄介な問題の連続で、新田頭の柴山らや新田庄屋の面々も大変であった。

下有知村の協定破り一年後に、用水の開発と運営に携わってきた「新田庄屋」で井元仲間の会計を担当していた若山が消息を絶った。さらに翌年、林幽閑が名古屋市下へ退去した。若山も林も金の苦労が耐えない用水運営に心身とも疲れ果てたのであろう。これでついに、曽代用水の全責任は、柴山一人の肩に掛かってきた。

林が去った一六七七年、ついに柴山は第一回の「差し上げ」を尾張藩に願い出た。「差し上げ」とは、井元の用水路敷地（曽代・上有知村内）を尾張藩へ返還することである。一方、井組は用水管理を井元と代わることを望んだ。しかし、尾張藩は、井元責任者のこれまでの膨大な投資とその努力を考え、両者の願いを退けた。

協定破りの水使用のほかに、水害に襲われた新田の年貢未納も生じた。柴山は、協定を破って用水を使用する村々との問題解決に奔走する一方、新田年貢代の繰り延べを願い、修繕費を立て替えてきた。金は入らず出て行くばかり、これではたまらない。

翌一六七八年、柴山は再度敷地の返上を申し出た（第二回の差し上げ）。これを知った松森・下有知・小瀬の三カ村は勝手に通水を始めた。尾張藩の役人はこの不法行為に激怒し、二年間の「用水使用の禁止」を通告した。この措置に驚いた三カ村は、井上《いがみ》（用水路の上流）の曽代・上有知村と和解した。

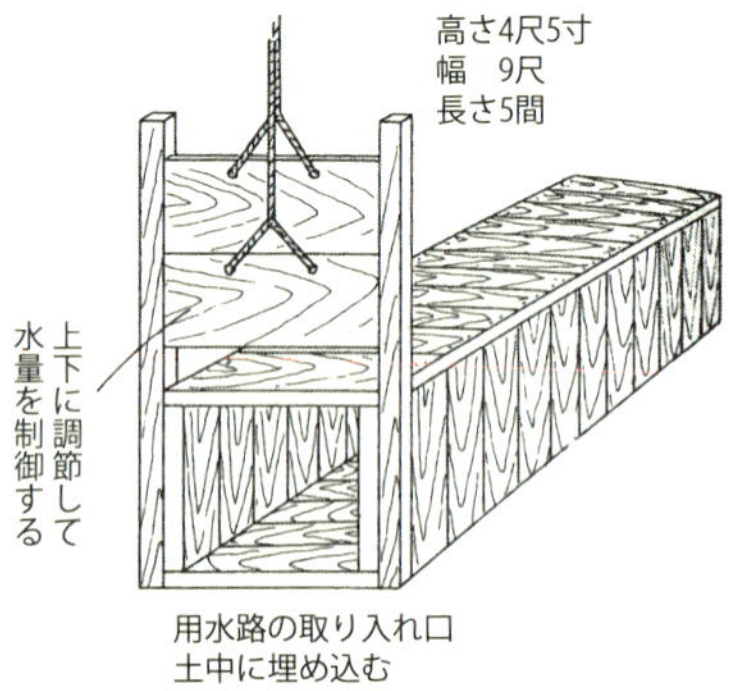

圦樋の構造　（『関市史』に加筆）

第二回の差し上げから五年後、柴山は三度目の差し上げを願い出た。差し上げはかない、用水は井元の手を離れた。用水路最下流の小梁村は用水に多くを期待できなくて組合から脱退。用水は、井下《いじも》四カ村（松森・下有知・関・小瀬村）の井組村々の農民が管理・運営する「百姓相対用水」となったのである。

柴山は、用水差し出し後も、新田三五町歩を保持していた。しかし、一六八八（元禄元）年、関村と他村とで訴訟事件が発生。領主大嶋氏の要請で、七十八歳の柴山は江戸評定所へ赴き、首尾よく関村の勝訴となった。しかし、何と勝手なことか、大嶋氏は裁判費用に柴山の一七町歩を売却、残り一七町歩を関村の共有地とし、柴山の土地は一町歩となった。その十六年後、最後に残った一町歩も取り上げられ、同一七〇三年、柴山は失意のうちに九十三年の生涯を閉じた。

【支配領主を背景とした果てしない紛争】 尾張藩と幕府（笠松郡代）は、用水への発言力強化のためにいろいろと画策した。

以下に、笠松郡代の企てを紹介しよう。一七九八（寛政十）年四月と七月に二度洪水が襲い、曽代地内で用水路が大破した。この復旧工事の際、「前例としない」つまり用水路運営に口を出さない約束で、公儀による曽代村付近の長良川の堤防工事などがおこなわれた。ところがこの工事を契機に、幕府側は用水路運営に介入をはじめたのである。

笠松郡代は、一八一二（文化九）年六月、用水路維持への直接的な介入を可能にする通達を出した。通達は「幕府領・私領・組合の堤川除け、井水堰の普請、用悪水樋類の工事について、工事の見分・計画・管理・監督をおこなう」内容で、百姓相対用水へのこれまでの不介入の政策を大きく変えた。この通達は「文化九年の改正」といわれている。

「天保の大出入り」と、今も伝わる騒動が発生した。一八三〇（天保元）年十月、従来と同じく、尾張藩の費用で水門（杁樋《いりひ》）の伏せ替えをすることで下有知村も同意していた。しかし、「文化九年の改正」に絡んで、幕府領の下有知村は微妙な立場であった。

翌年の五月、下有知村以外の村々は尾張藩に普請の再願を提出した。ところが、下有知村は同年八月に、「曽代・上有知両村が水門取替え工事を妨げている」と、江戸評定所へ訴えた。この訴えに乗じて、笠松郡代は「文化九年の改正」を強行して、笠松郡代の権力が用水に及ぶように画策した。しかし、井上二カ村（曽代・上有知村）の強い反発と幕府採決の差し戻し同様の判決のため、笠松郡代の目論見は失敗した。

いったんは、この問題は決着がついたかに見えた。しかし、翌一八三二（天保三）年三月、井上二カ村は、和解不成立で再び判決を幕府評定所に求めた。この提訴の際、上有知村庄屋の村瀬平次郎（号藤城）は、「民間用水運営に幕府が介入することはよくない」と、幕府評定所で堂々と論じた。この村瀬の正論によって、「百姓相対用水」は「文化九年の改正」に勝利することができたのである。

村瀬は、幕府評定所だけでなく尾張藩に対しても正論を述べている。一八三八（天保九）年、尾張藩が用水浚渫費用を削減した。村瀬は尾張藩庁でその不適切さを鋭く指摘。交渉をおこない、ついに費用は元通り出ることになった。

【石高の増加】明治の幕開けを目前に控えた一八三五（天保六）年十月、ようやく井上《いがみ》と井下《いじも》間の紛争をなくすため、井組四カ村と井上の村とが「和融講」を結成した。用水工事竣工後一六六年を経て、ようやく用水の管理・運営が軌道に乗ったのである。

絶えず紛争が発生していたが、曽代用水によって石高は大きく増加したのである。曽代用水が建設される以前の一六四五（正保二）年から一八六八（明治元）年までの各村の石高の増加は、尾張領の曽代・上有知・松森・小瀬村の石高は変わらないが、下有知村で一〇四二石、関村で三四三石、小簗村で七二〇石の計二一〇五石も増加。一八六八年の総石高は七〇九九石となっている。

喜田・柴田・林と井神社

用水路が完成した二年後の一六七一（寛文十一）年六月一日、私財を投じ尽くして亡くなった喜田吉右衛門は、関村の梅竜寺に葬られた。二十七年後の一六九八（元禄十一）年、四カ村組合は用水発起人喜田の記功碑を下有知村の神光寺内に建て、喜田への感謝を表した。

柴山伊兵衛は、一七〇三（元禄十六）年五月十五日に亡くなり、関村の浄性寺に葬られた。四カ村組合は、五十一年後の一七五四（宝暦四）年、彼の功を讃える碑を喜田の記功碑に並べて建てた。

七十三年のちの一八二七（文政十）年、神光寺の真証和尚の提案で、組合の協力で同寺内に小社《やしろ》を設け、喜田・柴山・林の三霊を合祀した。一八七五（明治八）年、この小社は井神社《いがみ》と称され、明治末に、下有知村地内の用水路近くに新祠が建設された。

井神社の祭り

曽代用水の恩恵を受けている農民は、三名を「水神」として崇め、ゆかりの神光寺で旧暦の六月三十日に感謝の供養をおこなってきた。三人を合祀した一八七五年以来、毎年新暦の八月一日に井神社に多数の農民が参拝して例祭をつとめている。

【昭和年代の用水路】一九三三（昭和八）年頃には、長良川の河床低下に起因して、夏期の取水が困難となってきた。さらに取水量のうち約二割が漏水で失われた。そこで、一九三四年度から三カ年継続事業で、第一期工事では取水設備の改良と小区間の用水路改良工事を、第二期工事で幹線水路改修工事をおこなった。

新設された水門（幅二m高さ二・五m）は鉄筋コンクリート製二連アーチ型の手動巻き揚げ式鉄製水門で、旧水門より上流六五〇mに新設された。この水門より下流一九八mの区間は隧道を開削。この隧道から延長四二〇mのコンクリート暗渠に導水後、制水槽と調節樋門を経て旧水路に接続された。

一九四一（昭和十六）年からは、幹・支線の用水路が鉄筋コンクリートに改良され、関市古田区域約一・四㎢が灌漑されることになった。その後も、昭和三十年代と昭和から平成の間に、二回にわたって幹・支線水路の舗装工事がおこなわれてきた。一九九八（平成十）年からは、最上流部の導水暗渠部分の改良工事がおこなわれ、曽代用水の全線が改良・完備された。

現在、曽代用水は、組合員数一五三〇人の曽代用水土地改良区が維持・管理をおこない、中濃地域の肥沃な田園地帯に豊かな水を供給している。

【コラム】上石津の桑原家と用水路建設

大垣市上石津《かみいしづ》町の上石津トンネル北側に位置する勝地《かちじ》峠は、一之瀬から多良を通って伊勢へ行く伊勢西街道の最大の難所であった。この峠の名前は、一五八三（天正十一）年、羽柴筑前守が、長島勢を打ち負かした帰路にこの峠・歩路《かちじ》峠を通り、「勝地」と名づけたと、伝えられている。

この勝地峠の一之瀬地区側に、茅葺きの重厚な長屋門つくりの表門がそびえている。国の重要文化財である桑原邸だ。桑原家は、高木家が入府する以前の一五四五（天文十四）年に、伊勢の阿下喜《あげき》（現三重県いなべ市阿下喜）から移り住み、信長が斃《たお》れたのちに秀吉に仕えた。関ケ原の戦いでは、一時、中立を保ち武士の生活から離れたが、養育した石河《いしこ》家の子息が家康に仕え一万石の大名になると、桑原家も尾張藩三十石の在郷武士として返り咲いたのである。

一之瀬地区にある上石津中学校付近は、「山ぎし」と呼ばれ、一六〇九（慶長十四）年の検地帳には一町一反あまり（約一万㎡）の畑があったと記されている。

ドドメキ谷の用水路跡

村人はこの地の開田を試みた。文政年間（一八一八〜二九）の頃まで、山裾に谷川の水を引く水路をつくったり、横穴の地下水路である間夫《まぶ》を掘ったりしたが、落盤などで水路や間夫が壊れ、十分な水を得ることはできなかった。なお「間夫」の語源は、地名説などあるが、もっともらしい説は、水の出る鉱山の隧道を掘る際に、一間掘るごとに歩合が付いたこと、つまり間歩が間夫に変化した説であろう。

桑原家の源之丞又四郎は一八〇四（文化元）年に生まれ、二十七歳の時に家督を継ぎ、名を権之助高行と改めた。この桑原権之助が「山ぎし」への用水路建設に立ち上がったのである。計画は、勝地峠から流れてくる上谷《かみたに》川が滝のように流れ落ちる上谷川の峡谷、通称ドドメキ谷の山肌に沿って約三〇〇mの用水路を掘削するのである。

峡谷の岩肌は硬い珪質の堆積岩である。下に峡谷の谷を見ながら硬い岩肌を鑿《のみ》と金槌《かなづち》で用水路を穿《うが》つ。鑿では歯が立たない岩盤が現れる。この岩を崩すには、岩盤の中に入り込んでいる割れやすい面・節理を探して、その上で岩が熱くなるまで火を焚く。岩盤が熱くなると、用意した水を岩に掛けて急冷し、徐々に岩を割っていくのである。

落ちたら怪我ではすまない峡谷の山肌を少しずつ削って前進、ついに、約三〇〇mの用水路が完成した。待望の水が、用水路を通って「山ぎし」地区の涸れた土地に来るようになった。これまでの畑は次々と水田に替わり、さらに、水不足を補う溜め池もつくられ、新田も開発されていった。この用水路と溜め池のおかげで、「山ぎし」地区の一町一反歩あまりの畑が約三町四反歩あまり（約三・四万㎡）の水田と約二町歩（約二万㎡）の畑になったのである。

戦後、食料難の時代を乗り越え、時代は大きく回転した。多大の苦労ののちに開発された「山ぎし」であったが、農地の転用が考えられるようになってきた。そこに、中学校統合問題が起こり、この地は、新しく教育に貢献する場として大きく役割を変えた。一九七五年、時・多良・日彰の三中学校が統合され、上石津中学校が建てられたのである。

2　三本に分かれていた長良川

長良川の源流は岐阜県郡上市白鳥《しろとり》町の大日ヶ岳（標高一七〇九ｍ）に発する。かって長良川は、郡上市八幡町までのほぼ三〇㎞区間は白鳥川と呼ばれ、八幡町で吉田川を合流してから関市千疋《せんびき》にいたる約三五㎞区間は郡上川と呼称されていた。

ここでは、金華山を背にする長良橋の下流右岸で、大きく三本に分かれて流れていた長良川の締め切り工事や左岸側の珍しい畳堤防について紹介したい。

三本の長良川――古川と井川、古古川の成り立ち

山裾が両岸に迫った山間部を流れ下りつつ川幅を増してきた長良川は、美濃市に入るとようやく両岸の山から解き放たれ、関市で周りを低い山に囲まれた盆地に出る。関市のほぼ西端に位置する千疋《せんびき》大橋から津保川が合流する藍川《あいかわ》橋間の長良川は、一本の糸が縺《もつ》れたように河道が分派・合流している。のちに述べるが、この縺れも洪水が原因である。

この「糸の縺れ」部分から約八㎞下流が長良橋である。金華山の北麓へ流れてきた長良川は、一九二一（大正十）年まで、現長良橋下流右岸付近で三筋に分かれて西にあるいは南西に流れ、岐阜市の西南端・現一日市場《ひといちば》あたりで合流し、ふたたび一筋の流れとなっていた。

【井川（現長良川）の出現】一五三四（天文三）年九月に大洪水が発生した。「天文の洪水」と呼ばれている。濁流は山県郡中屋村（現岐阜市三輪中屋）から陸地を押し切り、関市の戸田村や保戸島《ほとじま》を貫通して、岐阜市芥見《あくたみ》で津保川と合流。その後、岐阜市長良を流れ、早田《そうでん》馬場の取水口を破壊して岐阜市木田に流れ込む「新川」となり、伊自良川と合流したのである。このときできた新川が、「井川《いがわ》」と呼ばれた今の長良川本流で、この新川出現以前に、現長良橋

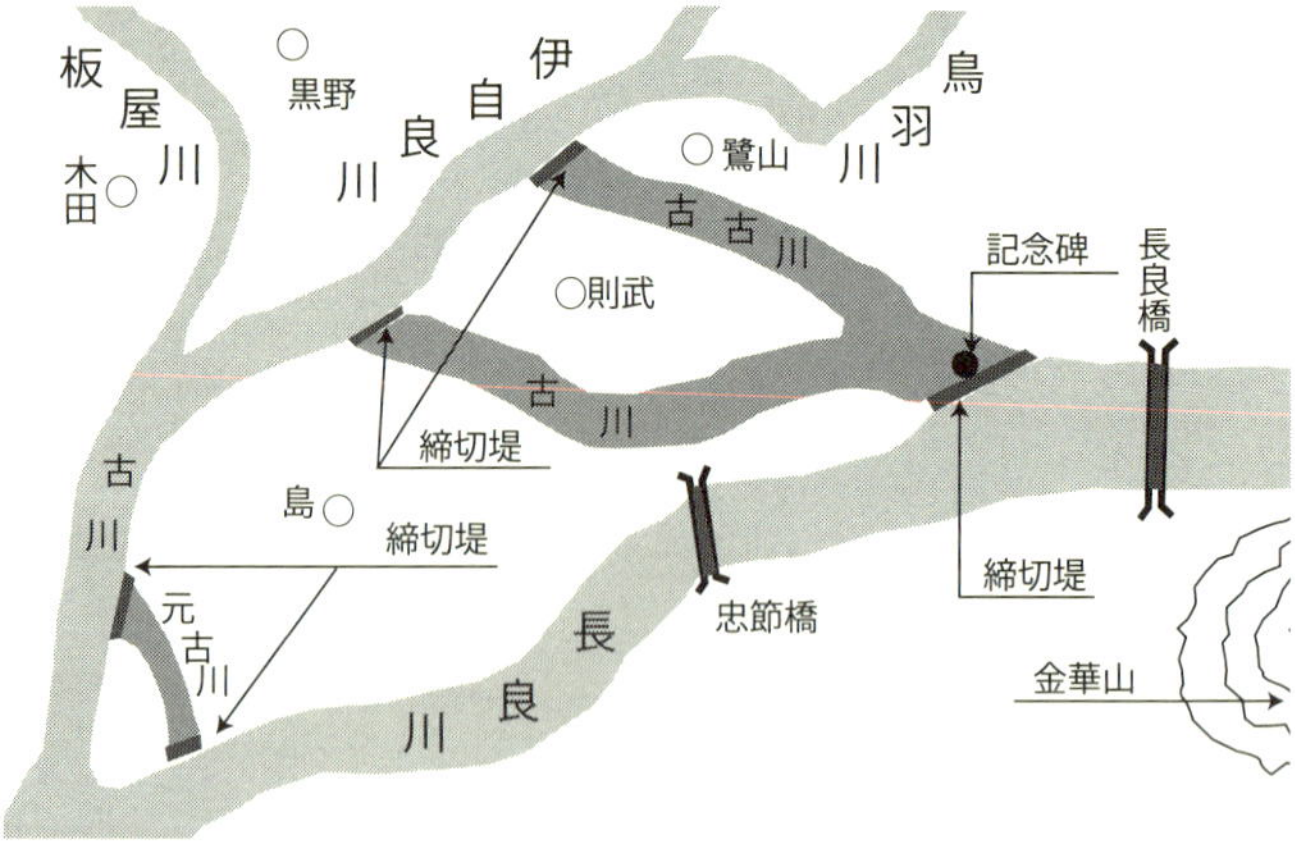

三本の長良川（『木曽川の治水史を語る』に修正・加筆）

から西流していた川が古川《ふるかわ》である。この洪水で、長良川は北の古川と南の井川の二本になった。

天文の洪水以前の長良川（古川）の河道については、「中屋から高富の方へ西流」していたとの異説もあるが、この説には多くの異論がある。市原信治は、主に標高の違いを根拠に、天文の洪水以前の長良川（古川）の河道は、異説のように中屋から高富の方へ西流してはいなかったと述べ、さらに洪水以後の河道は、地形や堆積岩質などを詳細に調べて、現長良川の河道であると述べている。

洪水から約八十年後の一六一一（慶長十六）年、またもや河道を変える大洪水が発生した。この洪水は、長良川右岸にある崇福寺《そうふくじ》前に流れ込んだのである。このときできた新川が古古《ふるふる》川で、本流となった。

ところで、川の名づけかたがおもしろい。「古古川」とは、一番古い川の印象を受けるが、一五三四年以前が古川で、その後、現長良川の川筋の井川ができ、最後にできた川筋が古古川なのである。文字の印象で「古古川」が一番古い川のように記述した本もある。

これで、一番北側に古古川、次に古川、一番南を流れていたのが岐阜市の古名「井の口」にならったのか井川（現在の長良川）と呼ばれ、長良橋下流で長良川は三本に分かれていた。

時は下って一七八二（天明二）年、戸田切れの洪水が発生した。関市戸田へ激流が流れ込み、さきほど述べた千疋大橋下流で流れが分派した。これで長良川の河道は、金華山西麓まで現在の長良川筋となったのである。

【絵図から昔の流れを推測】岐阜メモリアルセンター北側にある崇福寺は、甲斐の恵林寺《えりんじ》で「心頭滅却すれば火自《おの》ずと涼し」と言いつつ信長に焼き殺された快川和尚が、第三世住職をつとめた信長の菩提寺である。

横山住雄はこの崇福寺所有の絵図から、これら三筋の流れの様子を考察している。古古川出現から八十年ほどのちの一六九二（元禄五）年の絵図で、「崇福寺前の古古川は七、八割の水が流れるほどの川幅、井川（現長良川）は二、三割の水が流れるような川幅で、両川とも水色で描かれている。一方、古川通りはごく薄い水色で描かれており、通常は水が流れていなかったと思われる」と述べ、一八〇三（享和三）年の絵図では、「井川を「今の大川《おおかわ》」と記し、ほとんど全ての水が井川に流れ込んでいるように茶色に塗られ、古古川と古川は茶色に着色されていない」と述べている。

つまり、三筋の流れは出水の際には、各時代にそれぞれの川幅に相当する濁流を受け持っていたのだろう。現長良橋下流の長良川本流は、一五三四（天文三）年以前は古川、その後は現長良川の井川が本流となり、一六一一（慶長十六）年からは古古川が本流となった。しかし、この古古川も一八〇三年頃には本流の役割を終え、現長良川の井川がまたも長良川本流に返り咲いたと考えられる。

古川と古古川の締め切り

【締め切りを望んだ川北地区】　長良橋下流で三本に分かれた川筋両岸の人びとは、毎年のように水害に苦しめられた。長良橋の北側には、古古川と古川が流れ、さらに古古川の北側を東から順に鳥羽川、伊自良川、板屋川が南西に流れており、この地域は通称川北と呼ばれる輪中地帯であった。

この川北地域は江戸時代の中頃から毎年のように水害に襲われ、水害の原因である古古川と古川の締め切りを幕府に願い出ている。幕府は一七六六（明和三）年の長州藩のお手伝い普請で堤防の補強をしたが、水害は減少せず、明治の時代を迎えた。

川北の輪中住民は、引き続き古古川と古川の締め切りを国や県に願い出た。しかし、長良橋から真北に位置する長良福光や長良川左岸側の川南の加納輪中の人たちの反対にあい、実現しなかった。

一八八七（明治二十）年に開始した木曽川下流改修工事以前から、川北の人びとは上流部の改修を強く要望していた。一八八六年十月、岐阜県知事小崎利準《こざきりじゅん》（「おざき」は誤り）は、内務大臣山県有朋に早期改修を要請した。この要請に、内務省の土木局長西村捨三は「先ず、下流部の改修を実施したのちに上流部の改修計画を立てるべき」と、通達を出している。

【上流改修工事の開始】一九一六（大正五）年九月、岐阜県知事島田剛太郎は、内務大臣一木喜徳郎《いちききとくろう》に一刻も早い上流改修工事を強く要請し、ようやく木曽川上流改修が本格的に動き始めたのである。

明治時代に頻発した災害が、官・民一体での上流改修工事開始への運動に拍車を掛けた要因の一つである。特に明治二十年代の十年間には、死傷者一〇〇名を超えた洪水が三回、家屋の流失・崩壊が二〇〇〇戸を超えた洪水が四回も発生している。さらに、一八九一年の濃尾大地震の発生による住民の疲弊に加え、出水後の赤痢など伝染病の流行が多くの人命を奪った。このように、地震や洪水による災害を受け続けた住民は、筵《むしろ》小屋での避難生活の中から、早期の改修工事着手を熱望したのである。

漢籍国学に通じ和歌に優れた松井八澄は、一八九六年九月の暴風雨が去ったのち、日記風随筆『降符怪話』に、「わが美濃は、いかなればかく天地の神の憎みたまうらん。二十四年の大地震、二十六年大洪水、同じ年の赤痢病、又今年の洪水暴風赤痢病など暇《ひま》なくて、我が邸にも二人病みて二人とも死にしが、その他には伝染拡がることも無きさまなり」と、打ち続く災害の惨状を記述している。

川北地区の住民すべてが河川改修を望んでいた。しかし、三筋の河道のうち、どの河道を残すかの選択は、両岸の人びとにとって直接利害に結びつく大問題であった。古古川・古川を締め切れば、川北地区の人びとは洪水から免れ、しかも広大な廃川敷きは耕地や宅地へと利用価値が高まる。一方、現長良川を締め切れば、長良川で町の進出が押さえ込まれている岐阜市街地が広がる利点があった。

一九二一（大正十）年に着手された木曽川上流改修の直轄施工の実現に努力した岐阜県治水会会長の石樽敬一は、「締め切り以前は、長良川の洪水のたびに右岸側へ濁水が流入していた」と、右岸側の被害を認めつつも、「現長良川を締め切れとがんばったが、右岸側に負けた」と述べている。

一九三一（昭和六）年、古川と古古川の分派口を締め切る工事が開始された。長良橋から長良川右岸の鏡島《かがしま》大橋下流の江口（古川の旧合流点）までの約五六〇〇m区間では、平均約一〇〇mの引き堤をおこない、川幅の拡張と河道の掘削をした。掘削土量はほぼ東京ドームの容積の八割に等しい一〇〇万㎥、築堤に使用した土量もほぼ同じ量。ついに一九三九（昭和十四）年八月、古川と古古川の分派口の築堤が完了した。

長良川の畳堤防

木曽川上流改修工事着工から二十八年後の一九四九（昭和二十四）年三月、締め切り工事を含む右岸側の工事がすべて終了した。現在、古川の廃川敷きには、長良川国際会議場、岐阜メモリアルセンターと小学校一校、中学・高等学校二校などが、古古川の廃川敷きには、消防署や保険局、市営・県営住宅が建ち並んでいる。

長良川左岸の特殊堤防

「畳堤防」とは聞き慣れない言葉であるが、長良川左岸岐阜市忠節橋から金華橋までの区間に、洪水の際に堤防の欄干の隙間に畳を入れて越流を防ぐ「畳堤防」が建設されている。ところで、長良川の畳堤防が日本で唯一だと独り合点している最中、『畳で街を守る』と題した畳表を模した表紙の本を入手した。

【全国二番目につくられた畳堤防】本の内容は、宮崎県延岡市を流れる五ヶ瀬川と大瀬川に一九三五（昭和十）年につくられた畳堤防を、地元の人びとが調べた話であった。現在、五ヶ瀬川だけに残っている畳堤防の畳の寸法は、畳の規格としては一番小さい「江戸間」と呼ばれるものである。他に兵庫県龍野市の揖保川に、長良川の畳堤防を参考に部分的に改良を加えた「畳堤防」が一九五〇年から一九五五年頃までにつくられている。つまり、畳堤防は全国に三カ所あるということになる。

さて、一九三六（昭和十一）年に完成した長良川の畳堤防は、一九二一年から始まった木曽川上流改修工事の一環でつくられた。一九三三年から七年間おこなわれた岐阜市忠節橋から上流の長良橋に至る長良川左岸沿い約二・四kmに築く特殊堤の築堤工事のうち、忠節橋から金華橋までの約一・二kmが畳堤防である。ここで特殊堤とは、通常の堤防は堤防の敷き幅を大きくして土でつくるが、家屋の移転や土地買収が困難な場合、やむを得ずコンクリートまたは石材を使用して、堤防の敷き幅を狭くした堤防のことである。

岐阜市街地の町並みは、忠節橋から長良橋の堤防側まで押し寄せている。この区間が万一破堤すれば、岐阜市は壊滅状態になるのは必至である。しかし、すでに市街地は整備され、土地の買収や家屋の移転は困難な状況であった。そこで畳堤防とコンクリート壁の特殊堤防案を採用した。川表（堤防の川側）は練積玉石張とし、下流部約一・二kmを畳堤として万一の水防に備え、上流部はコンクリート壁とした。

畳堤防の欄干の高さは、道路から一二〇cmである。柱が一七一cmから一七六cmの間隔に建ち、柱の側面には上部から幅九cm、長さ八〇cmの溝がつけてある。また、畳の上部を固定するためか、柱の上部から二〇cm下に帯状のコンクリート板が柱の間に設けられ、さらに二〇cm下に水圧による畳の変形を防ぐためか、鉄棒が柱をつないでいる。

江戸間の畳は幅八八cm、長さ一七六cmで厚みは約六cm、京間よりも幅も長さも短い。柱の間隔が江戸間の長さより五cmほど短い部分もあるが、畳が柱と密着して水漏れがないように施工したと考えれば、岐阜市の畳堤防は五ヶ瀬川と同様、江戸間の畳を対象とした堤防である。

長良橋のすぐ下流の右岸側堤防上に、長良川上流改修記念碑がある。この碑には、長良古川・古古川分派口締切りに関する略記が記されている。その略記に、「……洪水の脅成を除き且《かつ》十万坪の土地を生かし得る、長良川上流改修工事中最も効果の偉大なる工事にして、その起工を報告する地鎮祭を昭和十二年十二月本位置に於て挙行し、……（句読点を追加、カタカナを平仮名に変更）」と記されている。なお記念碑頂上には、直径一・二m、厚さ六〇cmの御影石がのっている。この石は、人柱の古例に代わる鎮石《しずめいし》をこの地に鎮めたものの模型である。

長良川上流改修記念碑

3　大榑川の面影を追って

薩摩藩はわずか三七文字の幕府の奉書で宝暦治水工事を命じられた。工事区間は、木曽三川河口から上流へ五〇～六〇kmに至るほぼ全域にわたり、美濃六郡一四一カ村、尾張一郡一七カ村、伊勢一郡三五カ村、計一九三カ村にまたがる大工事であった。全工事は、一七五四（宝暦四）年二月二十七日から翌年五月二十五日まで、一年三カ月の驚くほどの短期間で終了した。しかし、薩摩藩は、この大治水工事に総額四〇万両もの膨大な費用を費やし、藩も住民も長くその借財に苦しむことになったのである。

宝暦治水の難工事として、油島の締め切り工事と大榑《おおぐれ》川の洗堰《あらいぜき》工事が挙げられる。岐阜県の最南端に位置する木曽三川公園南端の油島で、薩摩藩士がおこなった長良川を合流した木曽川と揖斐川の流れを分ける工事跡の背割り堤には、薩摩義士を祀る治水神社や千本松原がある。松は、宝暦治水工事の完成直後に義士たちが故郷から日向《ひゅうが》松の苗を取り寄せ、植えたのである。なお、一七九二（寛政四）年から、揖斐川町房島らの四人がこの松原の守人として任命され、松苗の補植、下草狩りに従事した記録がある。

一方、海津市の大藪大橋下流で長良川から分派していた大榑川の洗堰は、長良川の堤外地（川が流れている方）に埋まり現在その面影はない。ただ、記念碑が建っているだけである。

ここでは、長良川からの脅威を防ぐ堰建設への熱意と完成した洗堰の維持・管理への地域農民の努力とを各時代を通じてみていこう。

旧木曽川の名残りの川・大榑川

岐阜県安八郡輪之内町は、岐阜県の南端部に位置し、東を長良川、西を揖斐川に挟まれ、北に中村川、南に大榑川が流れ、名前の通り堤防で囲まれた「輪之内」である。

【古木曽川の河道】岐阜測候所が一九一〇（明治四十三）年に編纂した史料に、「長良川の水勢を弱めるために、長良川筋の勝賀から揖斐川筋の今尾に通じる新川（大榑川）を一六一九（元和五）年十二月に開削した」と書いてある。この記述を根拠に、大榑川は人工河川であると述べている本が多い。

しかし人工河川ならば、むしろ直線的な川筋にするはずである。地図で大榑川の川筋を見ると、大きな蛇行部が少なくとも三カ所はある。まずは、大榑川の成り立ちについて少し述べておこう。

一五八六（天正十四）年六月の「天正の洪水」以前の古木曽川は、現在の各務原市前渡町（愛岐大橋上流側）から岐南町の境川筋を通り、柳津《やないづ》を経て墨俣の南で長良川に合流して南流する、美濃と尾張を分ける国境の川筋であった。長良川と合流した古木曽川は、現大藪大橋付近の輪之内町の東大藪付近を西流し、車戸と須脇との間で流れを南に転じ、西島・鹿野（現東大江川の西側）を流下して、揖斐川に架かる福岡大橋下流の高須付近で揖斐川に流れ込んでいたようである。

墨俣で長良川に合流していた古木曽川筋は、天正の洪水で、前渡から南東に流れを大きく変え、現在の木曽川の河道となったのである。飯田汲事は天正の洪水について、「この洪水は、これ以前・以後の洪水と比較すると中程度の洪水であった」と述べており、洪水だけによって木曽川の河道が大きく変動したとは考えにくい。実は、この洪水の約半年前一五八五年十一月にマグニチュード8前後の天正地震が発生していたのである。

この地震は、震源地の御母衣《みほろ》断層をはじめ、木曽川の支川・飛騨川に沿っている阿寺《あでら》断層も同時に動いたと考えられている。飯田は「笠松─祖父江─津島─弥富の北西地域は、地震による地形変動地域であり、この地震による地形変動が中規模の洪水で木曽川の河道を大きく変動させた」と述べている。

余談だが、この地震は、埋蔵金伝説が生まれた大野郡白川村の帰雲《かえりぐも》城の埋没、大垣城の全壊焼失、長浜城の全壊による山内一豊の娘の死亡など、多くの話が今も語り継がれている。

また、美濃と尾張の境の古木曽川が尾張側に移動したため、秀吉の命令で、今の河道が美濃と尾張の国境となり、美濃の領地が増える結果となった。

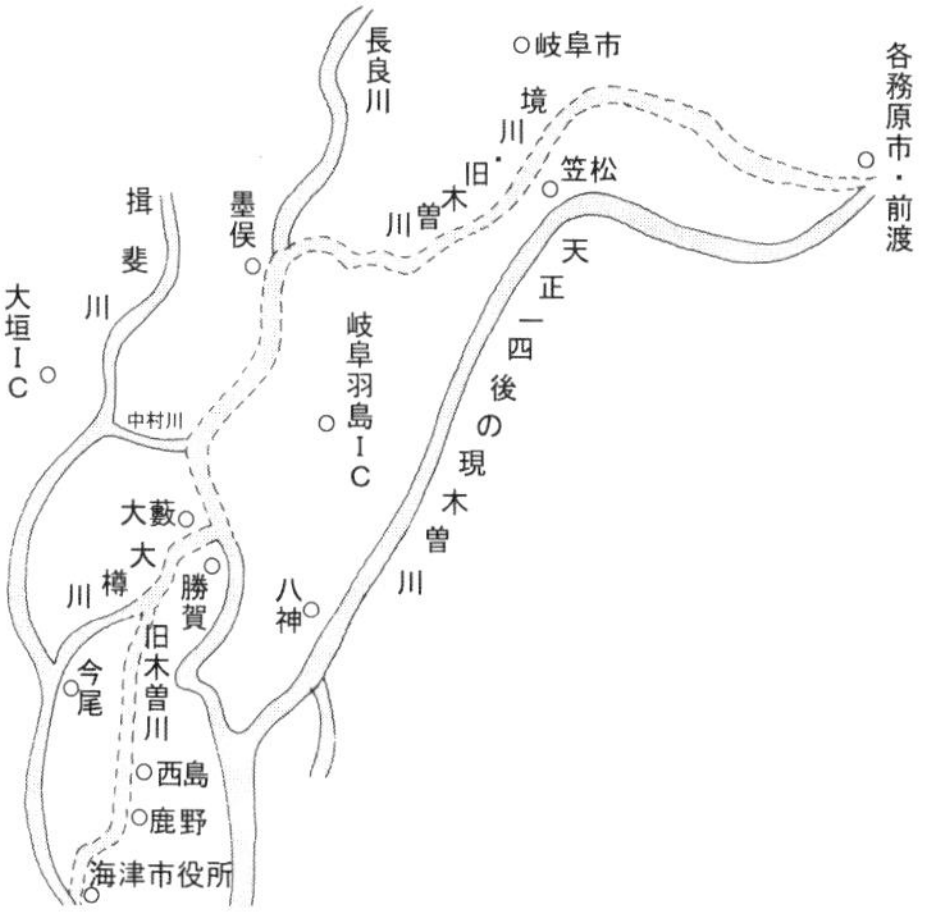

新・旧木曽川の河道（『開けゆく輪之内』に修正・加筆）

【大榑川沿いの田畑の流失】洪水で古木曽川は大きく河道を変え、古木曽川筋は境川として残った。小さな派川もなお各地に残り、古木曽川筋の一部であった川（大榑川の一部）も、派川として揖斐川に流れ込んでいたと、考えられる。

長良川に架かる大藪大橋の下流が大榑川の分派点である。現海津市平田町勝賀は、大榑川左岸の高須輪中の比較的標高が高い輪中の北部に位置している。ところが、濃尾平野は東高西低である。出水時には河床の高い木曽川の濁流は古木曽川の境川に流れ込み、境川は長良川に流れ込む。木曽川の濁流を併呑した長良川は、水位を増し、その濁流は標高の低い揖斐川に流れ込もうと古木曽川の派川・大榑川に集中した。このため勝賀地点は、高須輪中で最も破堤回数の多い地域となり、破堤のたびに輪中一帯は水に沈んだ。

大榑川は、北の福束輪中と南の高須輪中の間を流れている。ここでは、大榑川右岸側の洪水による田畑の流失分を推測してみよう。

平安時代（七九四～一一八〇）の荘園・大榑荘に属していた大榑川右岸側に位置する福束輪中楡俣《にれまた》村（現輪之内町楡俣）の石高は、古木曽川が河道を変えた三年後の一五八九（天正十七）年の太閤検地で、一五八一石あまりの大きな村であった。ところが、福束輪中は、輪中堤が古木曽川（大榑川）沿いに築かれていない「尻無《しりな》し輪中」であった。したがって、輪中の南部は、長良川の洪水のたびに輪中堤の無い地帯から洪水が流入して、遊水地と化した。太閤検地から二十年後の一六〇九（慶長十四）年の石見検地では、楡俣村の石高は、約三分の一の五六〇石に激減している。

この石高の減少を面積に換算してみよう。現在の農地では、平均して一反から七～八俵の収穫がある。計算上、一反から平均七俵の収穫と仮定すると、一〇二一石の減少は、約三七町歩の農地が洪水で流されたことになる。なお、江戸時代の収穫量が現代ほどでないことを勘案すると、さらに広大な土地が洪水で荒れ地になったと考えられる。この荒れ地は、洪水時に水を溜める遊水地としてだけ機能したのだろう。

【大榑川の開削】一六一六（元和二）年、勝賀地点が破提した。その後、同年八月にも再び破提、翌年にようやく修築するが二年後に三度目の破提が発生した。またもや輪中は水に沈んだ。

破堤の原因は、長良川の水位増加と出口を求めて殺到する濁流が大榑川を流下できないからであった。そこで人びとは、長良川の水位を低下させるため、出水時に長良川の濁流を速やかに東大藪から大榑川に分流して、今尾で揖斐川に注ぐように、一六一九年に古木曽川の派川・大榑川を新規開削した。これが、岐阜測候所の資料が述べている「新川掘削」である。

大榑川の新規開削工事開始から二年後の一六二一（元和七）年、美濃国奉行の岡田将監善同《しょうげんよしあつ》の命を受けた息子の善政《よしまさ》らが輪中南部の「遊水地」の新田開発を目指した。善政は農民たちを指揮しながら大榑川の川幅を広げ、川底を浚渫し、右岸沿いに堤防を築き、ようやく、福束輪中は堤防で囲まれ、新田が開発された。

大榑川の堰建設工事

一七三五（享保二十）年八月、八十二歳の井沢弥惣兵衛《いざわやそべえ》が笠松役所に美濃郡代として着任した。井沢は淀川、木津川、信濃川、大井川などの大河川の改修工事をおこなってきた人物であった。着任以来五カ月を費やして入念に木曽三川を調査し、同年十二月に江戸へ戻った。江戸で三川分流の計画書を作成して幕府に提出。一七三七（元文二）年九月に美濃郡代の職を辞し、その半年後に亡くなった。最後の死力を尽くして完成させた井沢の三川分流案は、壮大な河川改修計画であり、幕府はすぐにはその案を取り上げることはできなかった。

大榑川の川面

幕府は、井沢が提案した三川分流案を一時棚上げにした。濃尾平野は東高西低で、雨は概ね西から降りだす。そこで、「四刻八刻十二刻《よんときやときじゅうにとき》」と言われたように、雨が降り出して四刻（八時間）のちに揖斐川に洪水が発生、次の八刻後に長良川、十二刻後に木曽川に洪水が発生する。これらの洪水は、三川の河道が入り乱れていた当時、順次木曽川筋から揖斐川筋に流れ込み、揖斐川沿いの村々は長時間水に沈むことになった。洪水被害を受ける多くの村から、「下流域の木曽川と揖斐川の流れを分けないと、揖斐川周辺の村は常に水没する」と願いが出されていた。ついに幕府も井沢案の三川分流に目を向けざるを得なくなった。

三川の治水問題の一つとして長良川と揖斐川を繋いでいる大榑川の洪水制御問題

があった。洪水のたびに大榑川へ、濁流が奔流となって流れ込み、同川と揖斐川沿いの村々は多大な被害を被ってきた。大榑川の奔流に常に生活を脅かされていた農民たちは、喰違堰《くいちがいぜき》の建設を熱望した。

喰違堰とは、大榑川流入部の右岸側の大藪村側から長さ約一〇五m、左岸の勝村から約一五〇mの石堰を平常水位より五四cm高く築き、中央部で両岸からの石堰を幅約三・六m喰違わせて開けておくものである。この喰違堰の開口部は、これまでの舟運航路を確保するとともに、長良川から大榑川への流入量を少なくする構造である。

【喰違堰の建設へ】一七四七（延享四）年に磐代二本松藩が、三川分流工事計画に沿った最初のお手伝い普請の一部として、大榑川分派地点の護岸突堤工事を命じられた。

そののち、喰違堰建設への農民たちの切実な要望に動かされ、一七五〇（寛延三）年十月、美濃郡代の青木次郎九郎、本田《ほんでん》代官の川崎平右衛門、さらに高木三家と笠松堤方役らが大榑川の喰違堰建設地点を調査して、農民の費用つまり自普請による喰違堰の建設を許可した。

一七五一（宝暦元）年一月、堰建設に先立ち、まずは堰へ激突する水流の方向を変えるために、堰建設地点右岸上流側の一番猿尾と下流側の二番猿尾を継ぎ足す工事が始まった。ここで猿尾とは、岸への激流の衝突を防ぐために川中へ突き出した突堤状のもので、先端が猿の尾のように曲がり、流水を滑らかに流すように工夫されていた。

総工事費の見積もりは一五二二両あまりであったが、最終的に使用した金額は、予算よりほぼ一〇〇両多い一六〇九両あまりとなった。各村がこの膨大な工事費を負担するのであった。農民たちは気が遠くなるほどの莫大な費用を費やして喰違堰を建設した。しかし無残にも、この工事は川の勢いに負けた。堰は期待した効果を発揮しなかったのである。これ以来、明治改修まで、大榑川の堰は建設・改修・維持・管理の長い努力を農民たちに強いることになった。

【薩摩藩による洗堰建設】いよいよ宝暦治水工事の開始である。喰違堰建設二年後の一七五三年、幕府はついに「濃州（岐阜県）・勢州（三重県）の河口付近の治水工事調査」を決めた。同年十二月二十五日、治水工事は薩摩藩のお手伝い普請とされた。なお、宝暦治水に関する義士の苦悩などについては、既刊の『木曽川は語る』（木曽川文化研究会）で述べているので、ここでは、大榑川に関する工事だけを取り上げる。

一七五四（宝暦四）年二月から第一期工事が開始された。難工事として知られる油島締め切り工事と大榑川の洗堰《あらいぜき》工事の二つは、最初の計画には入っていなかった。しかし、工事開始直後の三月に本小屋会所で会議が開かれ、油島と大榑川の工事が追加されたのである。

九月二十二日からが第二期工事の開始である。油島で木曽川（長良川と合流）と揖斐川とを締め切るか中明けにするかが未決定のまま、二十四日から四ノ手工区で油島の工事が開始された。三ノ手工区の大榑川工事は、この油島の工事による各川へのその効果を見てからおこなう予定であった。

第二期工事の終了期日が迫るが、油島の工事方法は決定しなかった。ついに、油島工事の完成を待たずに、大榑川の洗堰工事が見切り発車で開始された。

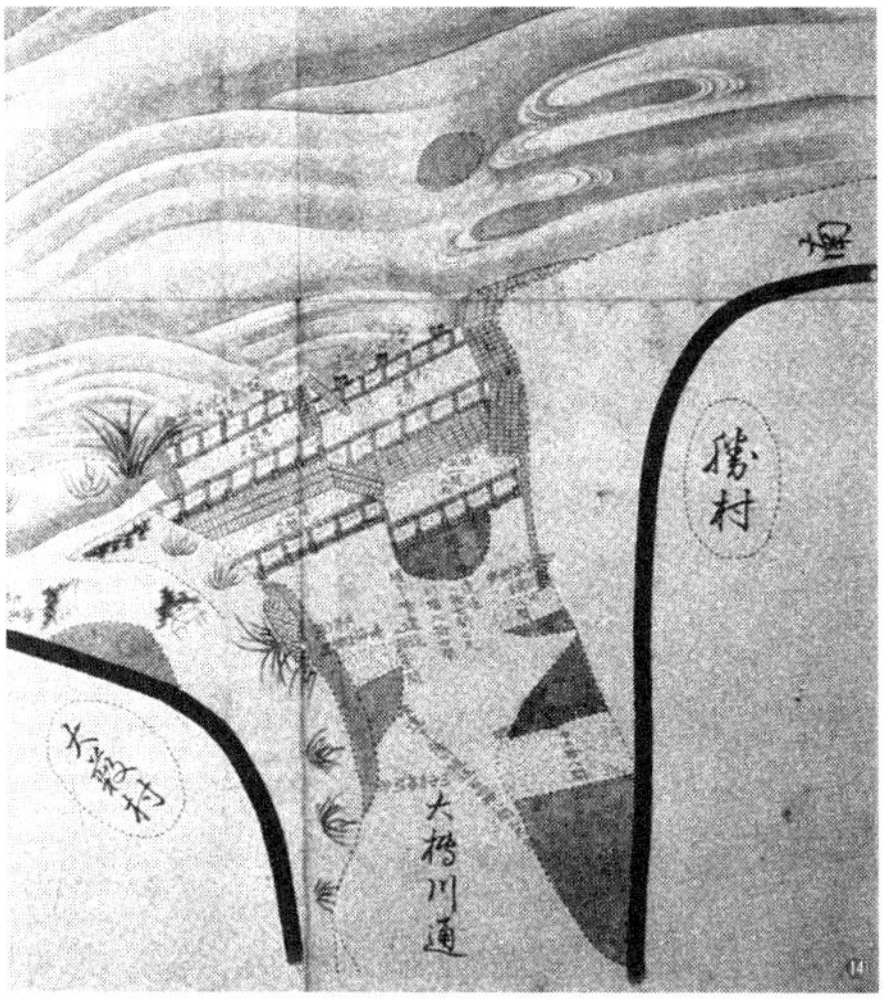

大榑川洗堰絵図（鹿児島県立図書館蔵）

建設場所は、一七五一に農民の自普請で喰違堰を建設した場所から二七〇mほど下流であった。まずは基礎工事が開始された。基礎工事は順調に進み、十二月には完了した。しかし、この工事もまた油島と同様、大榑川を締め切るか一定量以上の水を堰から越流させる洗堰にするかの方針が未定の見切り発車であった。ようやく一七五五（宝暦五）年一月末に、老中は洗堰にすることに決定した。

大榑川洗堰の当初の計画は、実に大規模な計画であり、基礎は工事最中に襲った出水にもビクともしなかった。そこで当初の計画を変更した。洗堰全体の幅約一一五mを約一八m短く、約九mで五段（計約四五m）の越流水の水叩き部を三段約二七mに計画変更した。

堰に使用した石は、約二万五〇〇〇㎥（東京ドームの容積の五〇分の一に相当）で、まさに石の要塞であった。一七五五年三月二十八日、ついに四九九九両あまりの巨費を費やして洗堰（薩摩堰）が完成した。

一方、一九八カ村の村々は洗堰工事開始と同時に洗堰自普請組合をつくり、洗堰によって損害を受けた場合の他村への補償と堰の維持・管理に備えた。

これで一安心と一息つく間もなく、治水工事総奉行の平田靱負《ゆきえ》が自刃してから四日後の五月二十九日、大出水が大榑川右岸大藪地点で起こり、石の巨大構造物・洗堰を挟む上下各約一六四m区間が決壊した。わずか二カ月で、薩摩藩の汗と血の結晶である石の要塞・薩摩堰が激流の猛威で潰えたのである。

【度重なる堰建設と維持・管理】一七五六（宝暦六）年七月、洗堰自普請組合が洗堰を再度建設する計画を立て、翌年の七月に幕府から工事許可が出た。フンドシを締め直しての挑戦である。設置場所は、薩摩堰から長良川上流約三八〇mであった。一七五八年三月に高さ一・八mの洗堰が、二〇六二両あまりで完成した。この費用のうち、一割弱の一九二両が幕府からの補助金で、九割以上が各村の負担であった。

こののち、当初は一九八カ村で結成された洗堰自普請組合も費用面で弱体化した。ついに、堰で多く利益を受ける三四カ村が、実質的に洗堰自普請組合を運営することになった。

自普請によるこの洗堰は、これ以降も洪水で常に痛めつけられた。堰完成後の一七五九（宝暦九）年から七年間で五回の工事を農民たちがおこない、急破自普請も数限りなくおこなってきた。一七六六年（明和三）年には、長州・岩国・小浜藩による明和のお手伝い普請で、岩国藩は、薩摩堰以上の総工費六〇〇〇両を費やして、全面改修をした。洗堰は、一九〇三（明治三十六）年、明治改修の一環として大榑川が締め切られるまでの一四五年間、農民たちの努力とお手伝い普請とによって、維持・管理・強化されてきたのである。

大榑川の締め切り工事と姿を見せた洗堰

【大榑川の締め切り】一八八九（明治二十二）年の地図には、長良川からの大榑川分派口で流水の印がとぎれて砂が堆積した図になっており、洗堰本体は明確には描かれていない。一方、デレーケの設計図には、締め切り工事を念頭においているので、洗堰は長方形でしっかりと書き込まれ、赤色（図では破線にした）で締め切り堤防の計画線も書き込んである。

一八九九（明治三十二）年、いよいよ近代的な土木技術による大榑川の締め切り工事が開始した。まずは締め切り堤防の土台づくりである。三本の木を三角錘状に組み立て、三角錘の底部に重石を載せる棚を備えた箕猪子《みのいのこ》が大榑川両岸から中央部に向かって次々と据え付けられた。川底には細木の枝を束ねて井桁に組んだ粗朶沈床《そだちんしょう》が沈められ、この上に石や蛇篭を重石に乗せ、杭を打って固定した。この締め切り堤防の土台中央部に水漏れを防ぐ粘土質の土を盛り、その上に土砂をかぶせて「たこ」で突き固めた。

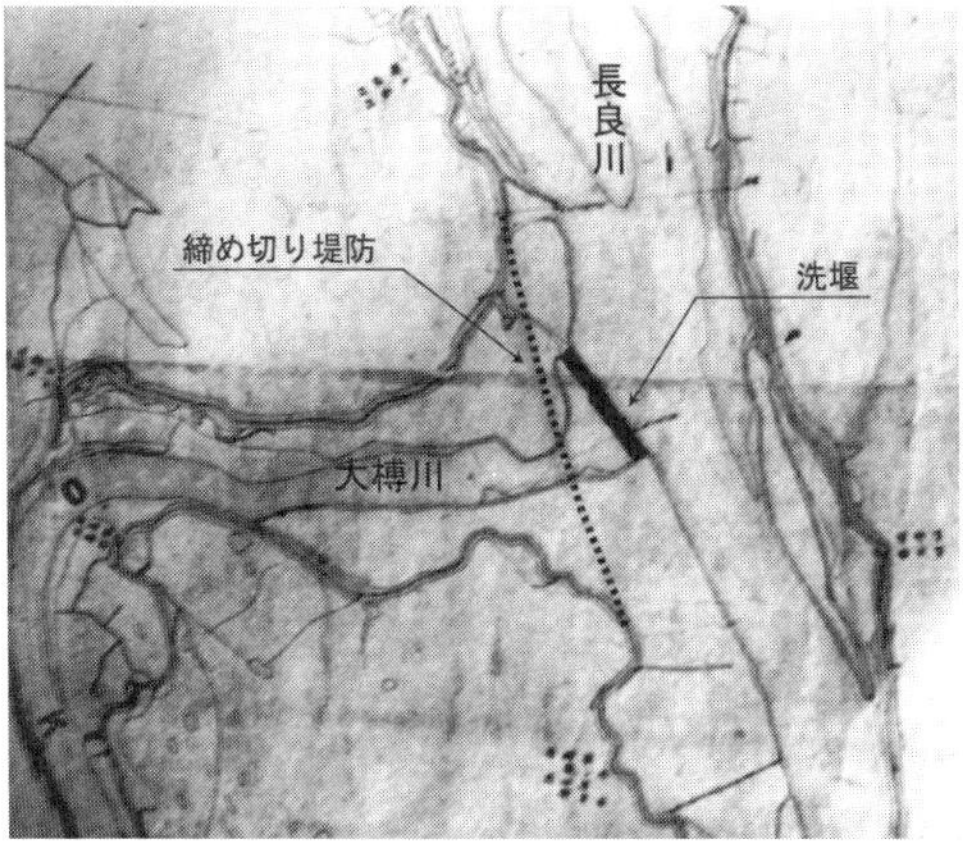

デレーケの締め切り計画図（木曽川文庫蔵）

ようやく翌年春に締め切り工事が終了した。洪水時に洗堰を流れ落ちる激流の恐ろしい轟音から農民たちは解放されたのである。なお、一七五八（宝暦八）年に百姓自普請でつくられ、多くの人びとの努力と汗で維持・管理されてきた洗堰は、一九〇五（明治三十八）年に取り壊された。

【姿を現した洗堰】一九九七（平成九）年九月二十六日の「中日新聞」に、「地中の薩摩堰確認」の見出しがおどった。レーダーや電気探査機で、平田町勝賀の田の中に埋まっている薩摩堰を、さらに長良川河川敷での試掘で、一七五八年に自普請で建設した堰を確認した記事であった。堰建設から約二四〇年経過した平成の時代に、薩摩藩や農民の汗と努力による洗堰が姿を現したのである。

薩摩堰付近での試掘では、一九四五（昭和二十）年頃に堰の膨大な石を

姿を現した洗堰

他の所に転用したため、残念なことに堰は崩れていた。しかし、自普請の堰は河川敷の地中で当時の勇姿を保っていたのである。

河川敷の地下二mから、一・八mの正方形に杭木と胴木で仕切られ、中に玉石が詰められた遺構が現れた。この遺構は洗堰を越流した水が大榑川に流れ込む流勢を弱める水叩き部分と考えられる。河川敷内のため、洗堰の遺構は調査後に埋め戻されたが、田に埋まっていることが確認された薩摩堰については、安八郡輪之内町が長良川河畔に薩摩藩士をしのぶ歴史公園を建設する計画がある。

建設後のわずかな期間で薩摩堰は破壊されたが、薩摩堰建設を嚆矢《こうし》として、その後の堰が明治時代まで大榑川と揖斐川の洪水制御に大きく役立ったのである。「薩摩堰に来て見やしゃんせ　残る石は血と肉よ」と、歌に唄われたほど多くの犠牲が払われた宝暦治水の難工事・薩摩堰がよみがえる日も近い。

【コラム】薩摩義士を伝えた西田喜兵衛

宝暦治水工事や薩摩義士の偉業は、多くの書籍で取り上げられている。だが、つい数十年ほど前までは、ほとんどの人が薩摩義士の辛苦・忍耐・自刃《じじん》さらに総奉行平田靭負《ゆきえ》の工事終了後の割腹について知らなかった。

桑名市多度町の西田家一一代目の喜兵衛は、宝暦治水工事の偉業を世に公表し、薩摩藩士らを顕彰するために人生の大半を費やした。ここでは、義士顕彰への長い道のりを、駆け足で見ていこう。

【義士顕彰へ】庄屋の西田喜兵衛は、桑名藩の桑名郡北部地方の代官職に就いており、宝暦治水の四之手工区の藩士、足軽、下人合わせて二十数名を宿泊させていた。西田は、土地不案内な平田総奉行のよき相談相手であった。

西田喜兵衛は、割腹した平田靭負や工事途中に自刃して果てた藩士たちの言動、自刃した原因の顛末を詳細に書き留めていた。記録の内容は、幕府への遠慮のため公表されず、「薩摩藩の恩忘れるべからず」と代々西田家に伝えられた。

一八四五（弘化二）年に生まれた一一代目西田喜兵衛は、西田家に伝えられてきた宝暦治水工事の書類、図面、帳簿類を引き継いだ。しかし、一八七六（明治九）年、地租改正に端を発した伊勢暴動の巻き添えを食い、西田の家は十二月二十日に焼かれ、貴重な治水工事の記録は焼失した。

後世に伝えるべき書類を亡くした喜兵衛は先祖へ詫び、それ以上に、薩摩義士の偉業を世に伝える術をなくした無念さに泣き、義士への慚愧《ざんき》の念に嘖《さいな》まれた。

「こうなったからには、……この偉業を公にして、天下に知らしめる一大記念碑を建設せん」と、義士の顕彰を生涯の仕事とした。時に一八八四（明治十七）年、喜兵衛四十歳の時であった。

西田がおこなった主な薩摩義士顕彰活動は、第一に千本松原での記念碑建立、第二に宝暦治水誌の編集、第三に治水神社の創建である。これらの顕彰運動は、西田が発意したものであるが、西田の周りの明治改修時の役人や岐阜県知事、大垣の熱血漢・金森吉次郎さらに自由民権運動家で教育者であった岩田徳義《のりよし》らの大いなる協力による。なお、岩田がそれまでの「義没者」の表現を「義士」と改めたのである。

【千本松原での記念碑建立】まずは記念碑建立の賛同者集めである。「腰の物にて怪我いたし……」と、薩摩義士の自刃の書を見つけた桑名海蔵寺の住職峙本《たつもと》、林、加藤の三住職と共に、西田は署名活動を開始した。西田は、上京して島津公爵家に行き、公爵の賛同記名を依頼した。この時、公爵家が宝暦治水関係の書類整理を完了した暁に、その写しをもらえるよう西田は頼んだ。この資料はのちに、治水碑建立を機として同好の士に配布された『濃尾勢三大川宝暦治水誌上下巻附記念碑関係』と題する書へと生かされるのである。この書が宝暦治水工事を最初に公表した書物であり、平田靭負の命日である一九〇七（明治四十）年五月二十五日に自費出版された。

さて本題に戻ると、賛同者は千数百人となったが、賛同者からの寄付金の募集と碑の設置場所の問題が残っている。一八九六（明治二十九）年、西田は三川分流工事を担当している名古屋の第四区土木監督署の佐伯敦崇《あつむね》に、記念碑建設の発起人と名古屋地方の寄付金募集を頼んだ。さらに佐伯と、記念碑の建設地点を決め、碑の維持・管理に関しても話し合った。しかし残念なことに、佐伯は翌年四十四歳の若さで亡くなった。住職たちの運動からの離脱、さらに佐伯の死去と、西田は心強い支援者を失ったが、熱い想いは変わらなかった。

一八九九年九月、三川分流成功式の会長である岐阜県知事野村政明と面談。碑の建設予算二六〇〇〇円のうち約六割を野村知事が募金することになった。さらに西田は、野村の紹介で金森吉次郎と明治改修開始時に内務省土木局長であった西村捨三《すてぞう》に会い、西田の計画は大きく前進することになった。

【盛大な建立式】一九〇〇年四月二十二日、西田が記念碑建設に立ち上がってから十六年目である。海津市成戸での三川分流成功式ののち、山県有朋《ありとも》内閣総理大臣を筆頭に、参列者は船で下って千本松原の南端に集まり、午後から宝暦治水之碑建立式がおこなわれた。

千本松原の宝暦治水碑

西田が熱望してきた記念碑が、多くの人の協力で誕生したのである。碑の石は神奈川県小田原市根府《ねぶ》川で採取した輝石《きせき》安山岩、碑の台石は大垣市赤坂町金生山の明星輪寺境内から切り出した大石で、重さは約二トンである。

石碑の篆額《てんがく》は山県有朋、撰文は愛知県知事の小牧昌業、揮毫は天竜川の天竜峡の岩壁に詩を刻んだ書家で詩人の日下部鳴鶴《めいかく》と、堂々たる顔ぶれである。建設費の総額は三一四四円五二銭（米価で換算して約一三二〇万円）、不足分の六八八円三〇銭は西田が寄付した。

千本松原の北端に薩摩義士を祀った義士堂が、その隣に平田靱負が祭神の治水神社、南端に宝暦治水碑が建立されている。残念ながら、西田は治水神社の完成を見ずに、一九二五（大正十四）年二月二十日に八十一歳で亡くなった。

第3章　橋ものがたり

江戸時代、大河には永久橋は架けられなかった。技術上の問題よりもむしろ政策的な面からである。しかし、橋がないと不便だ。そこで、貴人や外国からの使節の通行の際には船橋が架けられた。明治時代になると、イギリス人技術者の指導で近代的な橋が架けられた。その後、日本の技術者によって全国各地で膨大な数の橋が架けられたのである。ここでは、美濃路の船橋建設や象の渡河の大騒動からイギリス技術者による揖斐川鉄橋、さらに、五回目の橋の架け替えの際に起きた長良橋事件を紹介しよう。

1　美濃路の船橋

船橋の記録は、古くは『古事記』や『日本書紀』にも記されている。奈良時代（七一〇～七九四年）には、主に天皇などの貴人の通行の際に架けられたようだ。船橋が広く用いられるようになったのは近世からである。たとえば、一五七八（天正六）年に柴田勝家が福井県の九頭竜川に船橋を架けている。

江戸時代に美濃路以外で架けられた船橋は、東海道の天竜川、酒匂《さかわ》川、相模川などがあり、将軍の日光社参の際に利根川に、将軍の鷹狩りのために江戸川にも架けられた。

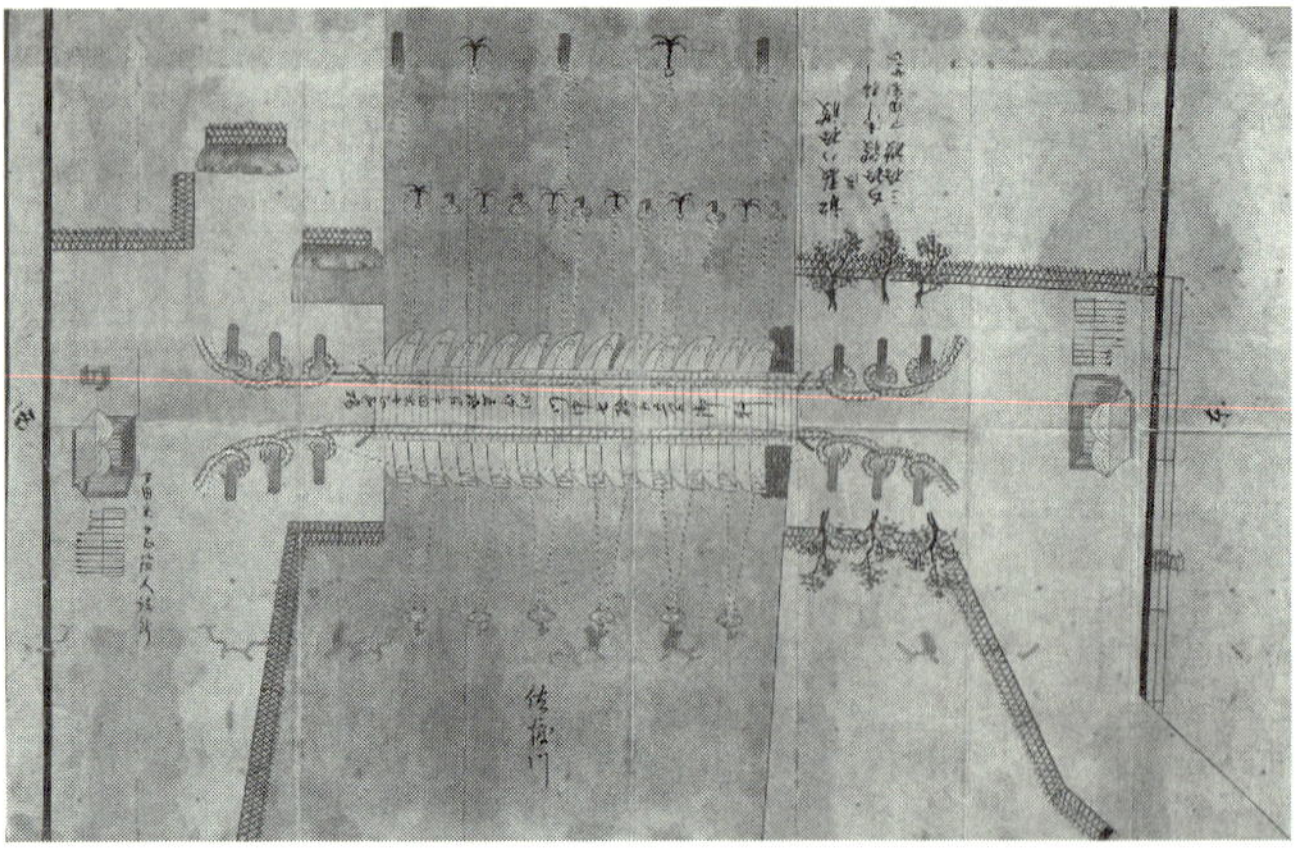

寛延元年美濃路佐渡川船橋絵図（岐阜県歴史資料館蔵）

美濃路の大垣から起《おこし》までの間には、佐渡川《さわたり》（揖斐川）、墨俣川（長良川）、小熊川《おぐま》（境川）、起川（木曽川）の四カ所に船橋が架けられた。将軍や朝鮮通信使さらに琉球使節の通行の際に設けられた美濃路の船橋と象の大輸送作戦について紹介していきたい。

佐渡の船橋――揖斐川

江戸時代になると、朝鮮国王から幕府への正式外交使節団・朝鮮通信使や将軍の通行などのたびに船橋が架けられた。朝鮮通信使の通過回数は、一六〇七（慶長十二）年から一七六四年までの間に一一回、貴人は一六一一年の家康から一七一八（享保三）年の吉宗の生母浄円院までの八回である。佐渡《さわたり》の渡しは、現大垣市東町と安八町町屋間（国道二十一号線の新揖斐川橋付近）の渡しで、一六二六（寛永三）年に三代徳川家光《いえみつ》と大御所秀忠《ひでただ》が上洛する際に、船橋を通過した記録がある。

一七一一（正徳元）年、六代将軍徳川家宣《いえのぶ》の襲職《しゅうしょく》を祝うために八回目の来日をした朝鮮通信使は、立派な船橋に出合ってかなり驚いている。この八回目の随員・金顕門《キムヒョンムン》は『東槎録《とうさろく》』に、「両岸には、大きな柱を立てて鉄索を繋ぎ、藁綱を鉄索と同様に繋いでいる。鉄索の太さは腕くらい。藁綱の太さは腿ほどもある。勇壮なつくりで揺れたり、切れたりする心配はない」と記している。

この船橋は、通信使一行三七一名を通過させるために、四代大垣藩主戸田氏定《うじさだ》が架けている。この船橋の絵図「正徳度美濃路佐渡川船橋絵図（縦七二㎝×横三四三㎝）」は、正確に使用した八〇艘の舟を描き、舟に取りつけた碇の状態もよくわかる。この絵図から船橋の構造を見てみよう。

船橋は全長約二一八mで、長さ約八m、幅約一三六㎝の舟八〇艘が、舟の舳先《へさき》を川上に向けて帯のように並び、隣り合う舟の間には約一艘分の空間がある。

舟一艘ごとが青竹に固定され、その竹に二本の太い藁綱を結び、舟を次々と連結する。これらの綱は、岸辺に打ち込まれた一六本の杭や立木にからめられ、水量によって長さを調節した。

舟の上下の動きを抑えるために、川上の舳先には石製と鉄製の碇《いかり》八〇個が交互に、川下には二七個の石碇が沈められた。なお右岸側からほぼ川の中央までは、上流に碇留めの石籠が沈められ、碇はこの石籠に取りつけられている。大垣領の右岸側は、流勢が強かったのだろうか。

碇で固定された舟を互いに綱で結び、舟の上にはずらりと横板を敷き、鉄鎖などで上から圧迫して、板のずれや上下の動きを防止している。さらに、橋の五カ所から綱をかけて岸や川中の大杭につないでいる。

一七四八（寛延元）年には、九代将軍家重《いえしげ》の襲職を祝うために一〇回目の来日をした通信使一行三九二人を通過させるため、六代大垣藩主氏英《うじひで》が船橋を架けている。この船橋を描いた笠松陣屋堤方文書の「寛延元年美濃路佐渡川船橋絵図（縦三〇㎝×横四七㎝）」には舟が一二艘描かれ、右岸側の大垣領が三〇艘、左岸の幕府直轄領は、笠松陣屋が五〇艘の舟を負担したと記している。

橋の両端には石籠や土俵を積み上げて高台が作られ、堤から橋へスムーズに行けるようになっており、橋の両岸には番小屋が建てられ、通行当日には、橋上に護衛が欄干のように立ち並んだという。

墨俣の船橋——長良川

墨俣の船橋は、鎌倉幕府（一一八〇〜一三三三年）が編集した『吾妻鑑《あずまかがみ》』に、墨俣町上宿と対岸の羽島市小熊町に架けられた記録がある。

一六一一（慶長十六）年の家康上洛の際、尾張藩は海舟五五艘、渡し舟四三艘、川舟七艘の計一〇五艘で船橋をつくった。一六三四（寛永十一）年に将軍家光が上洛する際には、尾張藩と加納藩が各五八艘の舟を使用して半分ずつ架橋した。

船橋の架設に必要な白口藤《しらくちふじ》縄、藁縄、竹や木材などの材料は、領主に命じて、各村々の石高に応じて提供された。

一六七六（延宝四）年の将軍上洛の際に使用した縄や白口藤などの量は、川幅約四二〇mに一六三四年と同じ一一六艘の舟数で、白口藤七六駄《だ》、藁縄一九七束あまりであった。一駄は馬一頭に負わす重量で、一駄を三六貫目とすると白口藤は約一〇トンと膨大な量である。なお、加納藩は断面一五cm×三六cmで長さ三・六mの土台用の木材七五〇本、幅約三〇cm、長さ三・六mの板九五〇枚を用意した。東海道通過最後となった一七六四（明和元）年の一一回目の朝鮮通信使の際には、船橋の架設を墨俣と名古屋の町人二名が請け負い、藁縄は四〇六束で一二八両あまり、白口藤は約一〇トンで二一両あまりであった。

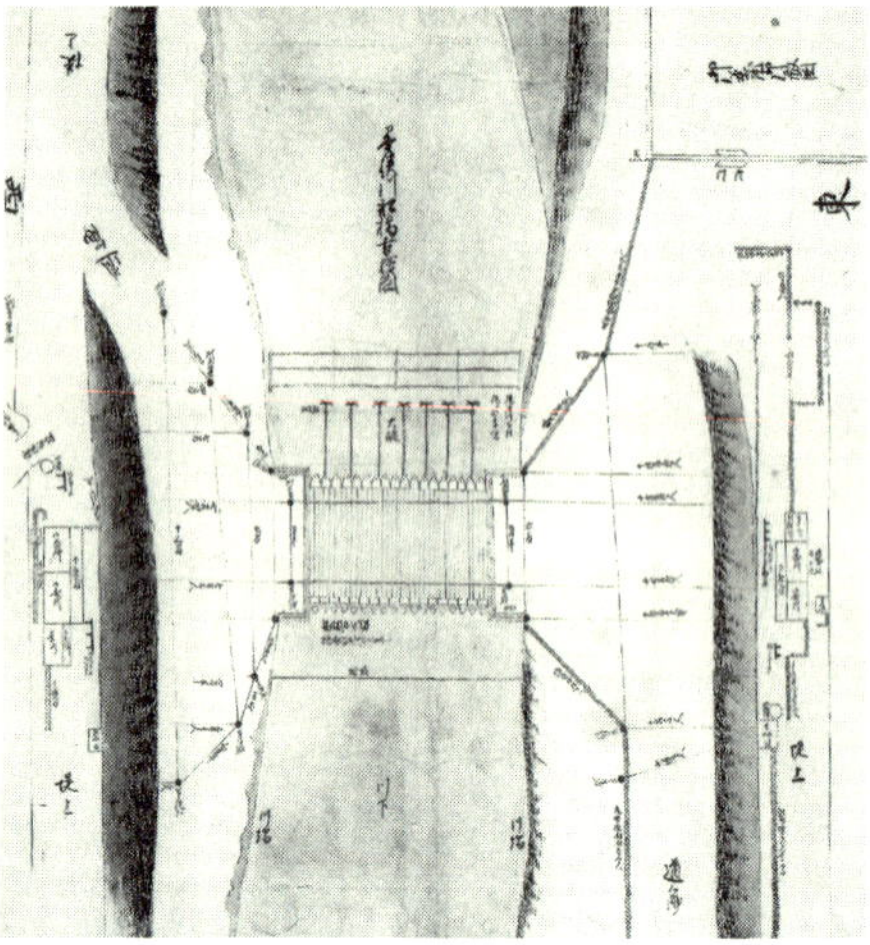

墨俣川船橋絵図・1862（文久2）年（岐阜県歴史資料館蔵）

各藩は多額の費用と労力をかけて船橋を架設したが、通信使が通行する宿場の町人にとっても予定外の出費がかかった。佐渡の船橋で述べた八回目（一七一一年）の通信使通行の際には、家屋が見苦しくないように、墨俣宿の全家屋が領主からの拝借金で家屋を修理し屋根をふき替え、壁の塗り替えもおこなっている。

最後となった一七六四年二月三日の通信使の通過記録がある。二月二日が通過の予定であったが、前日の大雨で水かさが増し船橋が少々痛んだ。両岸の土場にも水がつき、道路もよくない。そこで、予定より一日長く、一行四七二名と通信使に同行する対馬守や家来らが大垣で滞在、三日に無事船橋を通過している。なおこのとき墨俣宿では、通信使一行の接待に名古屋から饅頭三〇〇〇個の他、アワビや椎茸、卵にお茶なども用意した。余った饅頭三三七個は希望者に入札で売却している。

次が小熊川（境川）の船橋である。墨俣から一㎞ほど下流の長良川左岸に注いでいる境川は、現在はあまり大きな川ではない。しかし、この川は、一五八六（天正十四）年六月の「天正の洪水」までは木曽川の本流であり、美濃と尾張を分ける国境《くにざかい》の川であった。むろん、江戸時代には、川幅も広く深い淵のある川であった。

一七四八（寛延元）年の朝鮮通信使の際に小熊川に架橋した船橋の長さは南北約四十一m、船数は二十八艘であった。

起渡船場常夜灯

起の船橋――木曽川

木曽川の一宮市起《おこし》の船橋については、既刊の『木曽川は語る』の中の「船橋と象の川渡し」で述べた。ここでは船橋建設を取り上げてみたい。

木曽川の船橋は、一五九〇（天正十八）年の秀吉による小田原攻めに先立ち、前年の一五八九年に秀吉側の織田信雄《のぶかつ》（信長の次男）が架設し、物資の輸送をおこなったのが最初と言われている。

架設は船奉行の監督のもとで起宿の船役人があたった。その架橋方法は、舟の前後に碇《いかり》をつけて、約一m間隔に船を配列。舟の上には桁を渡して棕櫚《しゅろ》縄と白口藤縄で緊縛し、その上に長さ約三m、幅約三三㎝の板を敷いて固定。さらに太い鉄鎖と白口藤縄で両岸を結ぶ張縄をつくり、橋板をこれに強く結びつけた。重量の勝ったこの張縄が、船の前後の碇綱と呼応して橋の安定性を強化した。船橋が完成すると、川の両側に臨時番所が設けられ、藩の役人が警備に当たった。

架橋にかかる全費用は、尾張藩が負担した。近郷から延べ五〇〇〇人から一万人近くの人員が動員され、人足にはそれぞれ賃金が払われた。

使用された舟の数は川の状況で変わったが、一六八二（天保二）年の朝鮮通信使の場合、大舟四四艘と小舟二三三艘の計二七七艘を並べ、約二八〇〇枚の板を使用して、全長八五五ｍの船橋を架けている。

架橋と撤去に要する期間は、一七六四年に朝鮮通信使が通過するときには、前年の九月二十七日から工事が着手され、一月末に船橋工事が完了。船橋の建設に四カ月を費やしている。同年二月初旬に朝鮮通信使一行が往路として通過、三月末に復路として通過した。船橋の撤去作業は四月から始まり、約一カ月半を費やして五月中旬にすべての作業が終了している。橋の解体後、船以外の架橋材料は三棟の船橋蔵で収納保管された。

てんやわんやの象の通行

象は意外と早くから贈り物として来日している。一四〇八（応永十五）年、室町幕府四代将軍の足利義持《よしもち》は、現在のインドネシアにあった南蛮王からわが国初の象を送られた。一五九七（慶長二）年には、四回目の象がマニラ総督から豊臣秀吉に送られ、五回目の象は、一六〇二（慶長七）年に現ベトナムから家康に送られた。

一〇〇年以上経た一七二八（享保十三）年、現ベトナムから八代将軍吉宗に送られてきた今回の雌雄の象は、六回目の贈り物。象の輸送に関わる役人や宿場の人びとは大騒動となった。長崎に着いた雌雄の象のうち雌は死亡したが、雄象は翌年の三月十三日に、江戸に向けて長崎を出発した。四月二十六日に京都に到着。象は天皇との対面のために「広南従四位白象」の冠位をもらい、二十八日に中御門《なかみかど》天皇に会っている。冠位がないと象を見ることもできないとは、天皇も不便なことであった。

五月二日は中山道垂井宿に泊まり、翌三日に美濃路に入り大垣城下を通過した。ここから二七㎞弱の間に四つの川が横たわっている。象の渡河方法の通知は、直前に「象は船に乗るのが嫌いだから、川は浅瀬を渡す。浅瀬があれば一里（約四km）くらいならば迂回をさせる。浅瀬のない川は土橋で渡す。土橋が強化できない場合は船橋を用意する」と伝えてきた。

当初は馬を乗せる船二艘を繋いだ象船でよいと伝えていた。しかし、直前の船橋への変更は担当者を驚かせ慌てさせた。この変更は結局、船橋の架橋は時間的にも困難なので、象船で川を渡すことに決定された。

【象船のつくり】象は、高さ一八五cm、胴回り三四〇cm、鼻の長さ一mの堂々たるものであった。

象船のつくりはほぼ同じで、大きな馬が三頭乗れるほどの船を二艘繋ぎ、長さ約六m、幅約五mの空間を角材と板でつくり、その上に土を敷いた。さらに、水面が象から見えないように高さ約二・五mの筵《むしろ》で周りを覆った。

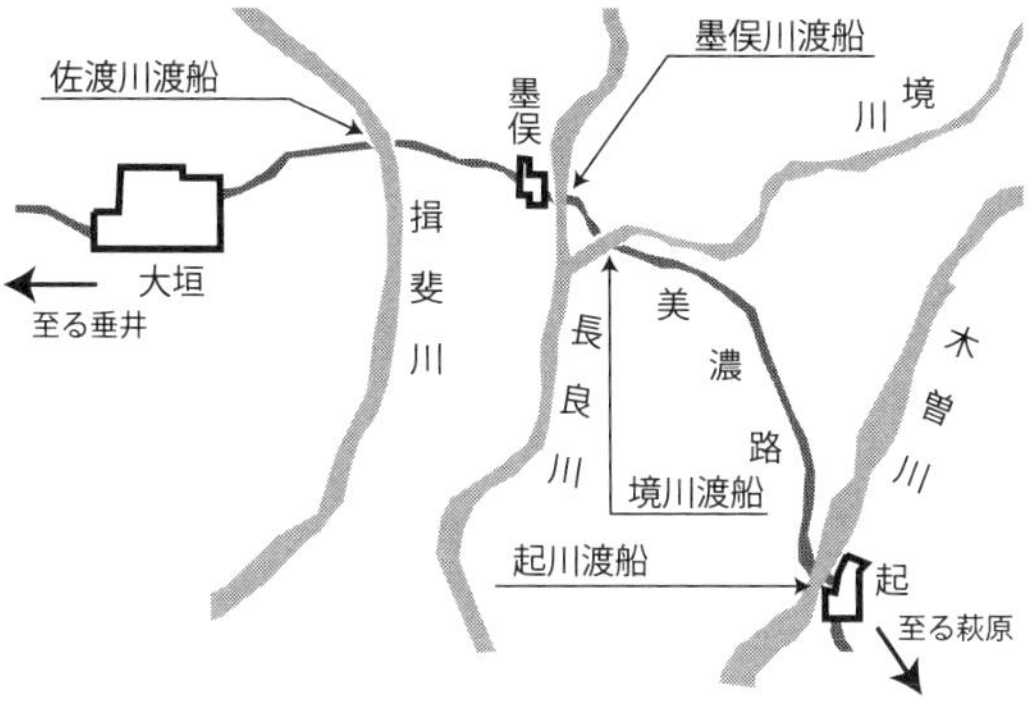

美濃路と渡船場

象船への乗り降りに際して、墨俣渡船場では、船と陸地とを区別できないように、長さ約九m、幅約七mの頑丈な土俵を造り、その上に厚さ約六cmの板を敷き、さらにその上に土を敷いた。

各渡船場で多くのエピソードが残っている。

【美濃路の川を渡る象】五月三日、最初の渡河は佐渡川（揖斐川）である。象船は用意されていたが、比較的浅かったので、象は歩いて渡り始めた。しかし、象は途中で深みに入り沈んだような状態となった。役人も象使いも驚き慌てたが、象は幸いにも流されず川を渡った。墨俣宿で昼休みとなった。

墨俣で象は、船に乗るのを嫌がった。そこで両足に縄を付けて一足に五人ずつの人足が引っ張ったが、象は鼻でこの縄を巻き取り、二〇人ほどの人足が四mほど引きずられ、「様々と難儀致し、漸々船に乗り申し候」、と述べている。

象船が対岸に着くと、役人も象使いも真っ青になる事件が起きた。対岸の堤防には見物人が黒山となって押し寄せていた。見物人は象がよく見えないと騒ぎ出した。この声に驚いた象は「見物人の中へかけ入り、茶屋新田の堤を越え、三寸竹の藪の中を無二無三に駆け」、新田村はずれまで逃げて、ようやく落ち着いた。象も役人も怪我をしなくて幸いだった。

さらにハプニングが起きた。日本人の象使いの一人惣助が、象が暴れたときに「懐中の鼻紙袋（財布）落とし申し候」と、路銀三両を落としてしまった。加納藩の役人たちは、金三分（一分は四分の一両）ずつをカンパして集め、惣助に渡している。大変なドタバタ騒動であった。

小熊川（境川）の通過の際には、象船が用意されていたが、川が浅く、佐渡川のように象が沈むほどの深みもなく、歩いて渡っている。めでたしめでたしである。次が最大の難所起川（木曽川）の通過である。

ここでは墨俣のように象が船を嫌うこともなく、象使いが「てんてん　ほんほん」と二、三度象に声を掛けると、おとなしく船に乗って対岸の起宿に着いた。

しかし象が到着する当日の昼、熱田の宮から美濃路を通り起宿に宿泊予定の大名と起の役人の間でトラブルが発生した。役人は、大名より象が大事である。象が起宿に泊まるので、大名の宿泊を拒否した。しかし、行列は起宿に向かってくる。象は牛馬の鳴き声に驚くので、役人たちは本陣の約五〇m前方に梯子《はしご》を並べて進入禁止にした。馬を通せ、通さぬと一悶着が発生したが、何とかこのトラブルはおさまった。

象が泊まる本陣敷地内の象小屋は、九日ほどかけてつくられた広さ約二〇㎡、高さは四m、四方が板囲いの小屋である。屋根には葦《よし》竹を葺《ふ》き、中には藁を五〇束ほど敷いた。

象は音に敏感だといわれていた。音の出る商売から家の普請の音、はては寺社から出る音も禁止され、宿場は驚くほど静かであった。見物人は道路から一〇m離れ、大声や高笑いは厳禁である。本陣に宿泊する役人も大変であった。火事を恐れ、食事の準備は裏の長屋でおこない、湯なども隣家から運ぶほどであった。

五月四日の朝、象は次の宿場萩原へ向けて出発した。五月二十五日には江戸に着き、二十七日に江戸城で将軍吉宗に謁見した。謁見後の象にまたエピソードがある。

象は浜離宮で飼育されたが、その費用が膨大にかかった。そこで、現瑞穂市の五六閘門建設で活躍することになる川崎平右衛門定孝と他の二村の名主らが象を預って飼育することになった。ここで川崎が一計を案じたのである。

この象や白牛の糞を丸めて乾燥させ、疱瘡《ほうそう》や麻疹《はしか》の薬として幕府お墨付きをつけて売り出したのである。これで元金を得ると、さらに金持ちに公金貸付の運営をした。川崎は、こうして得た利益を武蔵野新田台地の開拓資金にあてたという。

【コラム】船橋を渡る朝鮮通信使

朝鮮通信使（朝鮮来聘使《らいへいし》）の来日は、室町幕府三代将軍の足利義満《よしみつ》が朝鮮と対等な外交関係を開き、朝鮮からは通信使が、日本からは国王使が派遣されたことに始まる。ところが、秀吉による文禄と慶長の二度の朝鮮半島への侵略戦争によって、国交が断絶した。

【偽造国書で再開した使節】鎌倉時代から対馬を支配していた宗氏《そうし》は、長く朝鮮と交易を継続しており、国交回復による貿易を強く願っていた。なお宗氏は、対馬守として一〇万石の格式を持ち、朝鮮外交の実務と貿易を独占して、明治維新を迎えている。

朝鮮との長い交易の実績がある宗氏の尽力で、途絶えていた朝鮮との国交が一六〇五年（慶長十）に回復した。しかし、この国交回復は、宗氏が朝鮮通信使を来日させるため、朝鮮に送った偽造国書による来日である。一六〇七年、一回目の通信使が来日した。一六二四（寛永元）年の二回目の通信使も宗氏の偽造国書による来日であった。

一六三九（寛永十六）年からの鎖国政策の中で、独立国との外交関係は、宗氏を間において朝鮮だけと結ばれ、将軍の代替わりには、祝いの使節・朝鮮通信使が来日し、文化交流がおこなわれた。

朝鮮通信使の行列（中山道ミニ博物館蔵）

朝鮮通信使は、一六〇七年の最初の来日から一八一一（文化八）年の最後の通信使まで合計一二回来日している。一二回目の来日は、全国をおそった天明の飢饉《ききん》もあり、幕府は膨大な費用を出せずに延期、場所を対馬にしてようやく果たされた。その後は、財政難と外圧のためおこなわれなかった。

【通信使の経路と町の人びと】通信使の人数は、毎回増減はあるものの三〇〇人から五〇〇人と大規模であった。構成は、正使、副使、従事官の三使を中心に、通訳、漢学者、医師、画家、書家さらに曲馬乗りや楽師などの多彩な随員を含むメンバー構成となっていた。

行程は、ソウルから陸路釜山へ。そして通信使一行は釜山に迎えに来た対馬藩の一行と共に、船に分乗。まずは対馬に到着する。こののち、対馬藩が先導と警護にあたりながら、対馬から海路で壱岐、筑前を経て瀬戸内海に入り、大坂で船を下りる。ここからは幕府が用意した川御座船《ござふね》で、淀川を上り淀で上陸する。これから陸路である。東海道、中山道、垂井から美濃路を経て熱田の宮宿で再び東海道に入り、江戸に向かった。

出発から江戸到着まで三、四カ月を費やす通信使は、異国の文化や風俗を通行する街道にもたらし、多くの見物人がその異装の人を一目見ようと集まった。一方、通信使はその当時の日本の現状を記録することも仕事であった。通信使は沿道での様子を、「見物の男女は道の両側を埋め、舟に乗って望見しようとする者に至っては、川の上下をおおい、身分の高い家の女は轎《こし》（肩でかつぎあげるこし）に乗り、道を挟んでいる者が、まだどれだけか分からないくらいでまことに壮観であった」と記している。

各地で毎回多数の日本の知識人が通信使と詩文のやりとりをして交流を図り、その文化的影響は大きなものであった。

宿場や街道沿いは、遠国から集まった人びとで溢れ、先を争って一行に書画を書いてもらうことを望み、筆談で交流の機会をもとうとした。

使節は品川宿に迎えに来ている武士たちに警護されて江戸に入った。江戸城内では、大広間に諸大名が居並び、将軍に朝鮮国王国書が渡され、珍しい進物が送られた。将軍からも、鎧や兜をはじめ屏風など、当時の第一級の品々が渡された。

2　揖斐川橋と技術者たち

JR東海道線のすぐ上流側に架かる揖斐川橋は、現在、二輪車と人だけが通行可能である。この橋は、明治時代にイギリス人が設計して日本人が架橋、蒸気機関車が最初に揖斐川を渡った鉄道橋である。現在、線路は撤去され往時の面影は、橋の部材に取りつけられた英語による製造会社名と製造年の入ったプレートだけである。この揖斐川橋はどのように架橋されたのか、当時の技術者たちにも触れながら紹介したい。

イギリスの技術による鉄道建設

わが国最初の鉄道建設計画は、一八六五（慶応元）年に薩摩藩がベルギー資本と提携した京都・大坂間の敷設計画である。フランス、イギリスそしてアメリカも、幕府にしきりと鉄道建設を提案した。ついに、明治直前の一八六七（慶応三）年、幕府はアメリカに江戸・横浜間の鉄道建設の許可を与えた。しかし、この年の十月に大政奉還、翌年に明治政府ができ、幕府は消滅した。

明治政府は、アメリカとの鉄道建設の約束を反故《ほご》に、さらに、イギリス政府の影が見え隠れするイギリス民間人との鉄道共同開発案をも拒絶した。賢明な選択だったといえるだろう。もし外国の政府や企業に鉄道建設をゆだねてい

揖斐川橋

たら、日本人技術者は育たなかった。さらに、鉄道支配を通じて、日本は実質的な植民地になっていたかもしれなかったのである。

【お雇い技術者】明治政府の財布はピンチであったが、高給な鉄道技術者をイギリスから雇い入れた。鉄道支配役はカーギル、技師長はエドモンド・モレルである。モレルは、ニュージーランドで土木技師、オーストラリアで鉄道顧問技師を歴任した青年技術者である。一八七〇（明治三）年三月、二十九歳のモレルは一九人のイギリス人技師を引き連れて来日した。

モレルは人格者で、誠実な指導、公正な進言、自立重視の支援をおこなった。そのおかげで、鉄道関係の工業生産を除いて、短期間に日本人がほとんどの鉄道技術を習得・習熟することができた。モレルはレールの枕木に高価な輸入品ではなく日本の木材を使用するなど、鉄道建設用材に極力国産品を使用することにつとめた。さらに、鉄道技術を教える教育機関の設立を明治政府に進言した。

残念ながら、来日一年後の一八七一年九月、モレルは過労と肺結核の悪化のため亡くなった。翌日には、看病疲れか、日本女性モレル婦人・梅も亡くなった。モレルは来日一年で亡くなったが、「鉄道建設の父」と呼ばれた。モレル夫婦は横浜市山の手外人墓地に埋葬され、夫婦が愛した梅が墓の側に植えられている。

モレルの教育機関設立の進言は伊藤博文に受け入れられた。モレルが来日した一八七〇年、工部省が近代工業を育成・発展させる統括官庁として設立され、翌年、伊藤博文らの建議で早くも工学寮（一八七七年に工部大学校と改称）が教育機関として設置された。この工学寮や一八七七（明治十）年に大阪に設置された工部省鉄道局工技生養成所から、日本の鉄道建設を担《にな》う多くの人材が生まれたのである。養成所の教室は大阪駅構内の停車場二階で、後で述べる飯田俊徳《としのり》が教務主任格、教師にイギリス人建築技師長シャービントンらがあたった。

お雇い技術者は、一八七〇年にモレルが連れてきた一九人を皮切りに毎年増員され、四年後の一八七四年には一一九人になった。これらの人たちは、建設技術者だけではなく、鉄道の運転に必要なほとんどの職種にわたり、その出身国もイギリス、ドイツ、アメリカそれに中国も含めて一二カ国にもなった。

財政が苦しい明治政府にとって、お雇い外国人の月給を支払うことは大変だった。当時、国内最高の月給取りであった太政《だじょう》大臣の三条実美《さねとみ》が月八〇〇円の時代に、鉄道支配役カーギルは月二〇〇〇円、技師長モレルが八五〇円、建築師が四〇〇円前後であった。一般人の大工や石工は月一五円弱である。外人の月給がきわめて高額であることがわかる。ちなみに、一八七二（明治五）年に来日した河川関係のオランダ長工師ファン・ドールンの月給は五〇〇円、四等技師のデレーケは三〇〇円であった。

東海道ルートと中山道ルート

一八七〇（明治三）年、新橋（汐留）・横浜（桜木町）間の鉄道敷設区間で、建築副使ジョン・ダイアックと助手武者満歌《むしゃみつうた》らが汐留付近の測量を開始した。

【ちょんまげで二本差しの測量技術者】武者は、来日早々のモレルがおこなった数学の試験に合格して二十三歳で助手に採用され、一八七八年に鉄道局工技生養成所を第一期生として卒業した人物である。

彼の回顧談は当時の珍妙な測量風景を伝えている。日本人技術者は、広く緩やかな股引（だんぶくろ）に脚絆《きゃはん》を巻き、足は雪駄《せった》か草鞋《わらじ》、頭はちょんまげで腰に大小の刀を差した侍の装束であった。測量機器には方位を見るための磁石がついている。鉄の刀が磁石を狂わせ、正確な方位がわからない。水に浸かるところでの測量では、外人は長靴だが、雪駄や草鞋では大変だった。

この不都合を知った初代鉄道頭であった井上勝《まさる》は、工部省役人の服装は他の諸官省のような羽織袴ではなく、「筒袖股引勝手次第に着用し、工場（現場）のみならず、営中諸官省へもそのまま出頭苦しからずよう許可」を太政官に願いでた。それ以降、軽装で作業ができることになった。

ともかく、新橋・横浜間の鉄道は一八七二（明治五）年九月十二日（新暦の十月十四日で鉄道の日）に開業した。

【ルートについて】一八七七年には神戸・京都間が開通した。残るは京都・横浜間の幹線鉄道ルートである。東西二つの鉄道を結ぶ幹線鉄道のルートは、鉄道建設当初から議論されていたが、なかなか決まらなかった。中山道ルートと東海道ルートである。

中山道ルートは、距離が四〇二kmで東海道ルートより一五km長く、建設総工費もトンネルの数が多く、東海道ルートの倍の二〇〇〇万（米で換算して約一八〇〇億）円の試算であった。

江戸時代から交通の大動脈であった東海道に沿うルートが、地形も平坦で、工事費も安い。しかし、当時の軍部は、黒船襲来のトラウマか、万一外国から攻められると東海道ルートは攻撃され、敵の輸送手段となるのを恐れた。一方、中山道ルートは、有事の際にも線路は安全、さらに沿線地域の産業振興に役立つと考えた。ついに一八八三（明治十六）年、中山道ルートの建設が決定された。

モレルの跡を継いだイギリス人ボイルは、まだルートが決まらない一八七六年、群馬県松井田町と長野県軽井沢の境の碓氷《うすい》峠が立ちはだかる横川・軽井沢間の具体的なルートを検討して、提案書の行間に「やめた方が賢明」と建設反対を滲ませている。ボイルの予想は的中した。横川・軽井沢間の工事は難航した。一一kmあまりのこの区間の完成は、東海道ルートが一八八九年に全線開通してから四年後であった。

中山道ルートに決まった三年後の一八八六（明治十九）年、幹線ルートは東海道ルートにあっさり変更された。変更の理由は、中山道ルートは建設費と工期が多くかかり、鉄道の維持・管理費用も高額になるとの意見書によるとされる。しかし、これは最初からわかっていたことである。変更の背景には、一八九〇（明治二十三）年に開かれる第一回帝国議会開会前に全線を開通させて、議員の往復を便利にするためと、陸軍の方針転換があった。

中山道ルートの大垣・名古屋間の鉄道敷設

多くの人は、東海道線が熱田・草津間で昔の東海道から離れ、岐阜・大垣・米原経由になっていることを不思議に思っているだろう。

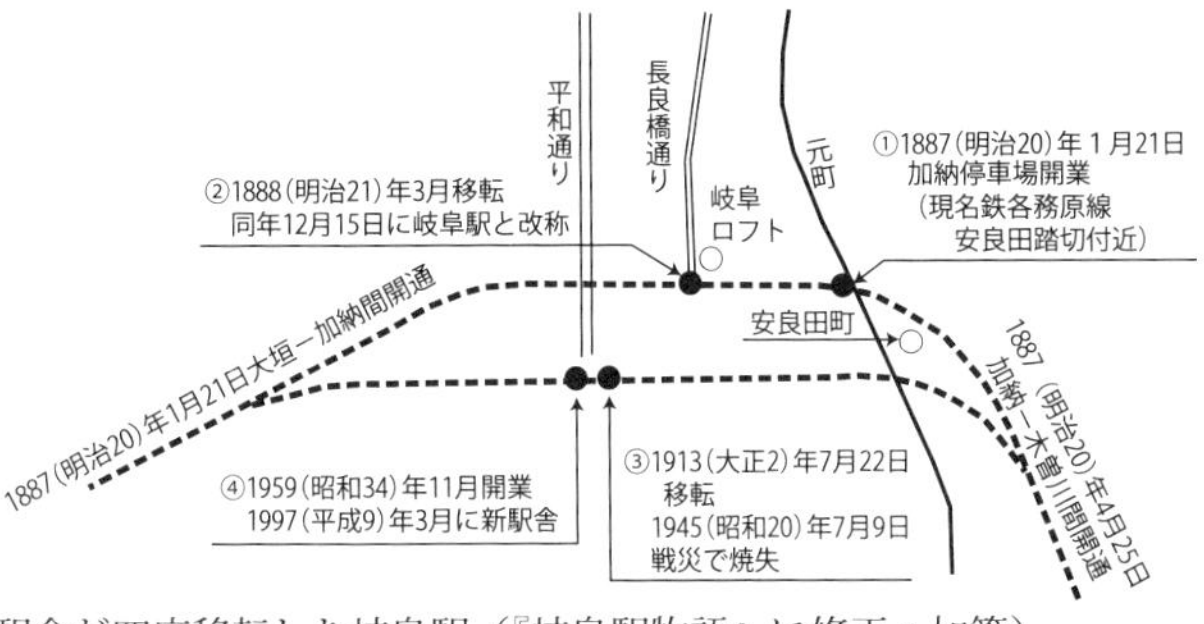

駅舎が四度移転した岐阜駅（『岐阜駅物語』に修正・加筆）

神戸・京都間が開通した翌年の一八七八年には京都・大津間の工事が始まり、西から東へ米原・大垣・岐阜・木曽（旧木曽福島）とルートが延びて行くはずであった。だから、旧東海道とルートが違うのである。

関ヶ原・大垣間は一八八三（明治十六）年十一月に着工、一年後の五月から開業した。次は、加納（岐阜）に向けての工事である。この時期は中山道ルートの計画であり、鉄道は加納宿場町から東に延びて行くはずであった。一方、名古屋から加納へは、中山道ルート建設用資材輸送の目的をかねて支線・尾張線が考えられていた。しかし、この工事最中の一八八六年七月、基本計画が東海道ルートに変更され、尾張線が幹線ルートになったのである。

関ヶ原・大垣間が開業した一八八四年五月、大垣・加納（現岐阜）間の工事が着工され、三年後の一月に開通した。つまり岐阜駅が中山道ルートの最終駅といえる。駅名は当初「加納停車場」であったが、開業一年後に駅舎を西に移転して、岐阜駅と改称された。

大垣・加納間の工事は、飯田俊徳が総監督、揖斐川と長良川の橋梁工事は、一等技師長谷川謹介《きんすけ》が担当した。長谷川は、一八七四（明治七）年に工部省鉄道局に入り、お雇い外国人の通訳や測量に従事して土木技術を学び、工技生養成所を第一回生として卒業した人物である。

ここで、一八八四年当時の日本技術者について触れておこう。井上勝《まさる》は、一八六三（文久三）、伊藤博文や井上肇らとイギリスへ密出国し、ロンドン大学で鉱山・鉄道・造幣を学んだ。一八六八（明治元）年に帰国後、一八七一年に二十八歳で初代鉄道頭になった。

飯田は、長州藩の留学生として一八六七（慶応三）年からオランダ工科大学で土木工学を学び、一八七三（明治六）年に帰国すると直ちに工部省に入り鉄道の仕事に関わった。飯田がわが国で最初に大学で土木工学を学んだ人物であろう。しかし、井上や飯田は例外と言うべきで、明治十年代の多くの日本人技術者は、まだ橋の設計に関して揺籃期にあった。

【外人による橋梁設計】橋梁の設計と架設工事は一八七一（明治四）年に来日したセオドール・シャンやその二年後に来日したトーマス・R・シャービントンらが担当した。その後、一八八二（明治十五）年に来日したチャールズ・A・W・ポーナルが木曽・長良・揖斐川の橋梁を設計したのである。

ポーナルは、木曽三川の主径間に架ける桁を径間二〇〇フィート（正確には二〇八フィートで六三・四m）の錬鉄《れんてつ》製ダブルワーレン型トラスで設計した。その設計書を一八八一年に帰国したシャービントンに送り修正を受けた後、イギリスのパテントシャフト社の工場で製作した。なお、錬鉄とは、鉄鉱石を完全に溶融させて精錬する銑鉄《せんてつ》ではなく、大量の鉄鉱石と木炭を燃やしてつくられた軟らかい鉄を、ハンマーなどで叩いて不純物を取り除いたもので、銑鉄に比べて軟らかい。

揖斐川橋の架橋

揖斐川橋は、長良川の橋とともに一八八六年十二月に完成、木曽川の橋は翌年四月に完成した。

【揖斐川橋の下部工事】揖斐川橋の下部工事は、架設地点の地盤が軟弱のため、当初計画した鋳鉄柱方式を変更して、直径約四ｍの円形井筒で橋脚基礎を建設した。

井筒工法とは、内部が空洞で底部が開いている筒状の構造物を川中に構築。川底に接している部分を掘削し、荷重を加えて井筒を所定の深さまで沈下させ、そののち、空洞部にコンクリートを打設する工法である。

揖斐川橋梁の橋脚は、レンガで外装された二本の橋脚が水面から現れて、途中で一体化している。まるで、両足で踏ん張って、ポーナルが設計してイギリスで製造された橋を支えているようである。

【ポーナルと日本人技術者の成長】古川晴一《せいいち》は、一八八一（明治十四）年に工技生養成所を最後に卒業した技術者である。古川は、鉄道庁建築技師ポーナルの指導を受け、ポーナルが一八九五（明治二十八）年に帰国するまで、その助手として鉄道橋の設計と架設に従事した。

ポーナルと古川は、中山道ルートに立ちはだかった碓氷峠にも挑戦している。川底から橋面まで三一ｍのわが国最大のレンガアーチ橋、重要文化財に指定されている碓氷第三橋梁通称めがね橋も彼らの設計による。

余部鉄橋

ポーナルの帰国後、古川に橋梁設計の舞台が回ってきた。古川は大井川、天竜川、東北線荒川など、数多くの鉄道橋を設計しているが、山陰線の兵庫県香住《かすみ》町の高さ約四一ｍの余部《あまるべ》鉄橋の設計者として知られている。

ポーナルの帰国後、イギリス人技術者から橋梁設計と架設の技術を学んだ日本人技術者が自立したのである。

濃尾震災後の揖斐川橋

東海道全線開通わずか二年後の一八九一（明治二十四）年十月二十八日午前六時三十九分、岐阜県本巣郡根尾村水鳥《みどり》を震源

とする大地震が発生した。この地震で、長良川の鉄橋は落橋したが、木曽川と揖斐川の橋は辛くも落橋しなかった。

【揖斐川橋のその後】明治四十年代の東海道本線複線化に際して、揖斐川では、初代鉄橋の下流一五ｍの位置に、レンガと井筒基礎の複線橋脚四基とパーカー型二〇〇フィート五径間の鉄橋が完成した。アメリカ製の桁が使用された。

橋脚基礎は、旧式の井筒工法ではない。地上で構築した鉄筋コンクリート製のケーソン（中空の函）を河床に設置後、ケーソン下部の気密な作業室に地下水圧に見合った圧縮空気を送り込み、作業室内で深さ二〇ｍまで土砂を掘削してケーソンを沈下させた。ケーソンの沈下速度は一日あたり二七㎝で、ケーソン全六基の沈下に五カ月を費やした。一九〇八（明治四十一）年四月に大垣・穂積間の複線化が終了した。

一九六一（昭和三十六）年には、鉄道の電化のため、二代目の鉄道橋に平行して、国産のトラス橋が架けられた。現在この橋は、ＪＲ東海道線の鉄道橋として活躍している。なお、二代目揖斐川橋は一九八五（昭和六十）年に解体されたが、赤煉瓦造りの橋台は川岸に残っている。

３　長良橋事件

長良橋は、長良川右岸の長良地区と左岸の岐阜中心街とを南北に結んでいる。橋から上流を見ると、左岸側には岐阜城が聳える金華山、右岸側は観光旅館が林立し、日暮れともなると鵜飼がおこなわれる風光明媚な場所である。

現在架かっている長良橋は五代目である。まずは初代からのこの橋の歴史を掘り出してみよう。

長良橋の変遷

【木橋と船橋の初代明七橋】橋が架かる以前は渡船で往来していた。一八七四（明治七）年六月、岐阜市の堀田九郎三ら一五名が長良川船橋会社を設立。県に船橋架橋の申請をした。架橋の計画は、長良川の常水幅約一〇〇ｍのうち、左岸側から約四四ｍを木橋で、残りの約五六ｍを船橋で右岸側に結ぶものである。この船橋の幅は約四・五ｍ、大綱を南北両岸に通して控え杭に繋ぎ、中綱で橋船一二艘（図は一〇艘）を繋いでいた。

早くも同年九月には工事に着工、同年十一月一日に賃取り橋の明七橋《めいしちばし》が竣工した。橋名は完成した年の明治七年にちなんでいる。

舟運のために、川中の木橋の橋脚間を七・三ｍに広げ、常水時の水面から木橋下までの高さが二・七ｍの開口部が設けてあった。また右岸側と開口部橋脚部分に、「ガラス灯」が取りつけられた。ガラス灯は火屋《ほや》がガラスで中にロウソクを灯したが、庶民は横浜の「ガス灯」を伝え聞き、このガラス灯をガス灯と誤解したという。

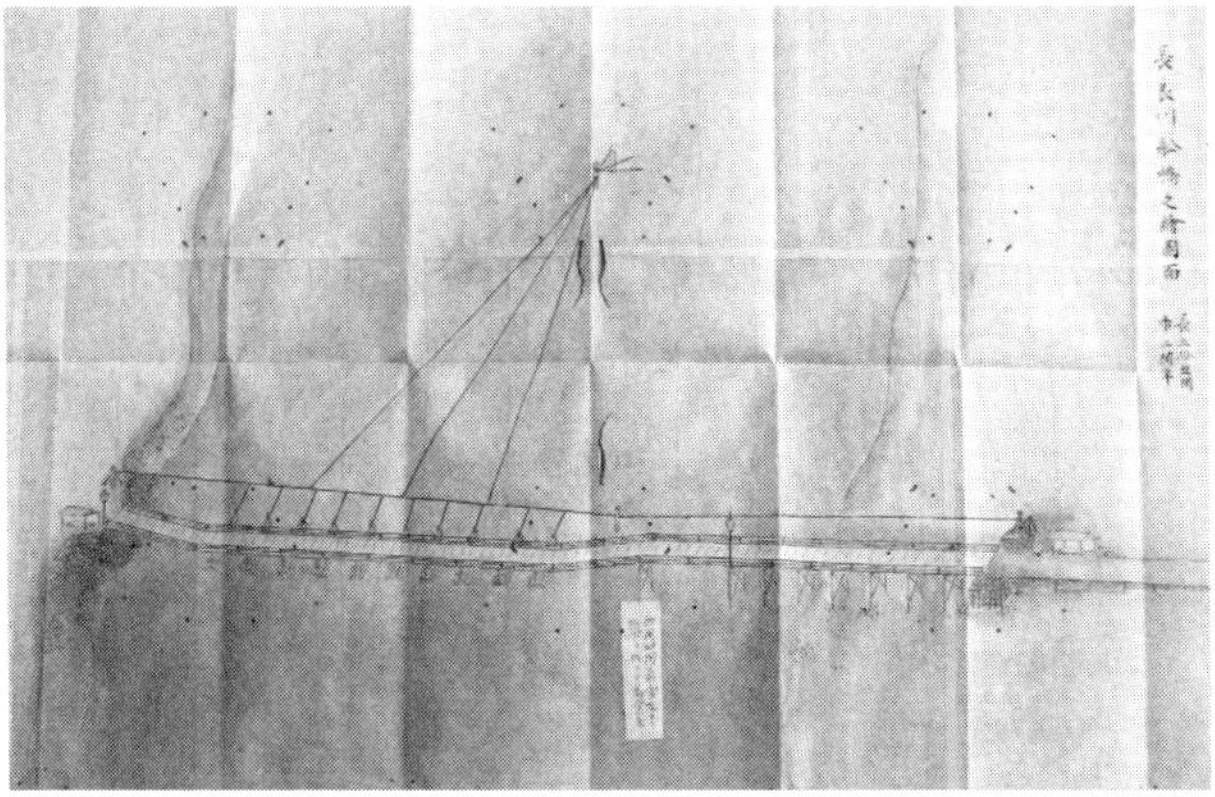
長良川船橋之図・明七橋（岐阜県歴史資料館蔵）

通行料は、人が四厘、馬九厘であった。当時の米一俵の値段は三円ほどである。現在の米一俵を二万円として渡し賃を換算すると、一人の通行料は約二七円となる。
架橋費一五六七円あまりで年間純益二九一円あまりを見込んだ。五年で架橋費を返済できる計画であったが、実際の架橋費は二七四三円あまりと、計画の二倍弱を費やした。
この橋は頻繁に出水の被害を受けている。例えば、翌年五月の出水で船張り綱が中程で切れるなど、通行止めが多かった。この明七橋は架橋から四年目の明治天皇の岐阜巡幸（明治十一年）までは確かに存在していたが、これ以降の橋の状況は不明である。
【二代と三代目の橋】二代目の木橋が県の計画で架橋されたのは一八八四（明治十七）年。この橋は、長さ二八四ｍ、幅三・六ｍだったが、残念なことに、

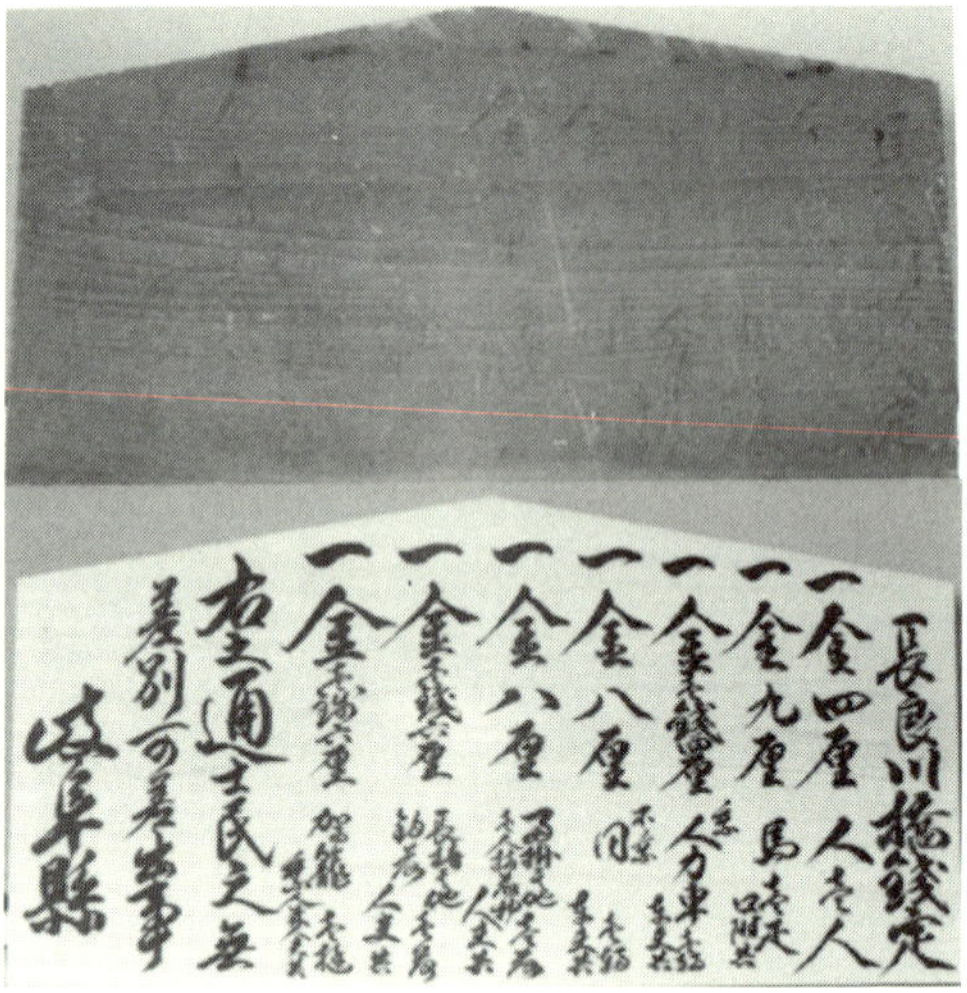

明七橋の運賃表とそのレプリカ（金華小学校蔵）

建設の経緯や詳細な構造についての記録はない。

この橋は、竣工後直ちに個人に払い下げられ、のちに株式会社組織となり銭橋として管理・運営され、賃取り事業は元利償却のために一九〇〇（明治三十三）年十二月まで継続されることになった。県が税金で架橋して、会社が橋銭を徴収して維持・管理をおこなう。これでは税金の二重払いのようで、納得できない。

明治三十年代になると、橋の腐朽《ふきゅう》がすすみ、出水のたびに人馬の往来制限をするほど危険な状態となった。会社は新たに橋を架け替えて、賃取り事業の継続を願った。しかし、時の県知事は、「橋梁は道路の一部であり、賃取り橋の存在はまことに奇怪である」と述べ、県が橋を建設・管理することになった。

まずは二代目長良橋の県管理への移行が第一歩である。賃取り許可期限が切れた一九〇〇年十二月三十日に、県は橋を三万一〇〇〇円で買い上げて県管理とした。ここに、長良橋の賃取りは終了した。

三代目の橋は、一九〇一年に木造トラス構造で架橋された。

この橋は難産の末に誕生した。県知事は、この三代目長良橋と益田街道（現国道四一号線）の渚橋の二橋の架け替えを議会に提案した。ところが、銭橋の既得権益擁護のために県費支出を阻止する私利派と反知事派が議員の多数を占めていた。議会での架橋採決前日、多数派は自派議員への切り崩しを恐れ、全員が料亭に集合した。このことを知った建設賛成派の一部の人たちが、篝火《かがりび》を焚いて料亭を囲み、反対派の封じ込め作戦に出た。

警察の出動で、料亭の包囲網が解かれた。多数派は直ちに議場に走り、一気呵成に二橋の架け替え原案を不採決に

三代目長良橋

した。こののち、県は内務大臣の指揮を仰ぎ、三代目長良橋架け替えの原案が執行されたのである。

新長良橋の完成で、銭橋はようやくなくなり、皇族の来遊や外国人の来県に際しても、県の体面が保たれることになった。

【木造長良橋の廃材で】ところで金華山山頂の岐阜城（模擬城）と山麓の三重塔が、木造長良橋の廃材でつくられたことをご存じだろうか。

一九四三（昭和十八）年二月十七日午前三時頃、金華山山頂が赤々と燃えていた。一九一〇（明治四十三）年五月に完成した岐阜城（模擬城）が炎上したのである。

岐阜城は、鎌倉時代初期に二階堂行政《ゆきまさ》が金華山山頂に築いた砦が最初である。室町時代中期には土岐氏の執権《しっけん》であった斎藤氏が修築して七代住み、戦国時代の一五三〇（享禄三）年に斎藤氏の配下斎藤道三がこの城を奪った。その後、織田信長が城を改修して岐阜城と改名した。関ヶ原の戦い後に取り壊され、天守閣は加納城の一角に移されたが、落雷で焼失した。歴史の大波に飲み込まれながら、四〇〇年以上も金華山の山頂から岐阜の人びとの生活を眺めてきた岐阜城が姿を消したのである。

西洋文化の影響で金華山への登山が盛んになった。一八九三（明治二十六）年五月、登山者に飲料水を提供する目的で、山頂

岐阜城と三重塔

の井戸浚いがおこなわれるなど、金華山の環境整備が進むにつれ、多くの市民が山頂に聳える岐阜城の再現を願った。

一九〇九（明治四十二）年、岐阜城を再現する目的で、岐阜建築組合と観光協会の前身岐阜市保勝会は、二代目木造長良橋の廃材を役所の許可を得て入手した。険しい山道を人力で材料を担ぎ上げ、組合員の大工が組み立て、翌年五月十五日に落成式がおこなわれた。

この城は建坪約六〇坪、壁は白く塗った板張り、屋根はトタン葺きの三階建てで、五〇〇（米価で換算して一九〇〇万）円で建設したようである。近くで見ると貧弱で、一人前の城とは見なされず模擬城と呼ばれたが、山麓から見上げれば立派な天守閣であった。

建物は岐阜市保勝会が管理、完成後の翌六月から管理人が常駐して、たばこや土産物を販売した。登山者は続々と増え、完成した年の六月から翌年四月までで、四万三九〇〇人あまりと一日平均約一四〇人という多さであった。

火災の原因は、若者が寒いので城の北側でたき火をしたところ、火が城の板壁に燃え移ったのである。あっけなく模擬城は燃え落ちた。内部に陳列してあった江戸時代の刀剣、兜や考古品など約一〇〇点が焼失、模擬城三十四年間の幕が閉じられた。

現在の鉄筋コンクリート製の岐阜城は、一九五六（昭和三十一）年に三層四階で建てられた。一九九七（平成九）

年に大改装がおこなわれ、岐阜のシンボルとして金華山山頂に聳えている。

鋼橋の四代目長良橋が完成する一九一五（大正四）年頃、岐阜市は岐阜公園の整備を計画した。その一つが、市民の寄付も募り三代目木造長良橋の廃材も利用して、三重塔を金華山山麓に建設することであった。

八歳の頃から岐阜に移り住んだ日本画家の河合玉堂は、三重塔の建設地について岐阜市から相談を受け、建設地を探して一九一七年一月の大雪の中を歩いていた。疲れて一服しながら金華山を眺めた時、塔が山によくとけ込む現在の地を見いだした、と伝わっている。

設計は京都の平安神宮などを設計した東京帝国大学教授の伊東忠太であった。三重塔は一九一七年二月に起工、総工費五五〇〇円で、早くも同年十一月に完成した。装飾を用いない古風で調和のとれた設計である。この三重塔は、石づくりの二重基壇の上に建ち、各層とも三間四方のつくりである。中央の心柱は鎖でつり下げて礎石から浮かした懸垂式と呼ばれるもので、全国でもわずかしか例のないものであった。

高野山恵光院から弘法太師像が送られ、十一月下旬に、市長をはじめ多数の市民が参加して盛大に落慶法要がおこなわれた。町内では、稚児行列、もち投げ、芝居に相撲大会、さらに花火の打ち上げや花神輿《みこし》などで連日賑わった。

建設から約八十五年を経過して、三重塔の老朽化も激しく、庇《ひさし》や屋根が危険な状態となった。一九九九（平成十一）年十月から五カ月かけて大改修がおこなわれた。一新した三重塔は金華山山麓に美しい景観をつくりだしている。

それにしても、金華山の山頂と山麓に、二代目と三代目の木造長良橋の木材で模擬城と三重塔がつくられたとは、意外である。

【四代目の鋼橋】三代目は木造だから傷みも早い。三代目架橋からほぼ十年後の一九一二（大正元）年、長良橋の架け替えが計画された。今回の橋は耐久性のある鋼橋である。この橋に電車を通すか否かで議論が発生したが、電鉄会社が金を寄付することでようやく解決した。プラットトラス式の鋼構造の電車単線併用橋が工費一七万二〇〇〇円で一九一五年に完成した。

この橋は、長さ二七三m、幅八・六mの五連鋼橋であるが、設計者と施工者は不明である。しかし、修繕時や解体時の調査によって、鋼材の表示から英国製であること、橋の下部の部材も当時英国で製作されたものであることがわかっている。

三代目の木造時代、自家用自動車はわずか二台であったが、荷馬車や荷車が二七五七台もあり、朝夕はこれらの通行によって渋滞が慢性化していた。しかし、渋滞は電車併用橋の完成で解決され、長良川右岸側の長良方面と岐阜中心街との通行量が飛躍的に増大した。

この鋼橋は、戦中での維持・管理の不徹底と部材の老朽化で、一九四五（昭和二十）年代になると、「ガタガタ橋」、「シロホン橋」と呼ばれた。橋板の隙間から水面が見え、自動車が通るたびに橋板が踊るように鳴ったという。

五代目の長良橋事件

一九五二（昭和二十七）年二月に着工された五代目長良橋は、橋台壁面間での橋長が二七二m、有効幅員一八mで、両側に三mの歩道がついた五径間連続鋼鉄橋である。

【五代目長良橋の建設計画】一九五〇年夏ごろには、新聞記事などで長良橋架橋計画が巷に伝わっていた。翌年の四月、武藤嘉門知事が新長良橋計画を記者発表した。その八カ月後、平野増吉が架橋反対運動の代表者となり、「新橋計画の橋面が高すぎる。現橋と同じ高さにせよ」と、武藤知事に陳情書を提出した。「長良橋事件」の幕開けである。

この問題の論点を理解するには、長良橋周辺の両岸堤防と周辺住民との関係を理解しておく必要がある。

岐阜公園前の信号交差点側に、土蔵のような建物が建っている。この信号から橋への取りつけ道路を一五〇mほど上ると長良橋である。橋を渡り一〇〇mほど右岸側の取りつけ道路を下った信号の側にも、またもや細長い倉庫のようなものが現れる。

この長良橋両端にある細長い建物は、開放してある県道部分の堤防を洪水の際に閉じる遮水ゲートの倉庫である。

この部分は交通のために堤防が開けてある陸閘《りっこう》で、ここが長良川本堤なのである。長良川左岸の本堤は金華山に接続したいわゆる山付け堤で、右岸側の本堤は長良川に面した旅館街の後にある。この陸閘間は長良川の堤外地、つまり「川の中」である。現在、長良橋の両岸にある陸閘は、長良橋左岸側に三〇基、右岸に五基と極めて多い。

堤外地に構造物は建てられない。戦前の内務省（現国土交通省）時代、左岸は金華山の下から、右岸は長良橋上流の雄総《おぶさ》山の下から長良橋の下流約二〇〇ｍまでの区間は、洪水の際に水を貯留する遊水地として取り扱われていた。遊水地帯の規制は厳しく、新築はむろん、仮小屋一つも土台のしっかりしたものは建てられなかった。ただ例外として、一九三四（昭和九）年に岐阜市の水道施設として左岸側に鏡岩水源地が、戦時にはその隣に護国神社がつくられた。

長良橋左岸の陸閘とゲートの倉庫

長良橋左岸側のこの「川の中」には江戸時代、長良川役所や川湊があり、問屋や商店などが軒を連ねていた。戦後、鵜飼見物の観光客が増えるにつれ、遊水地帯の不文律が崩れはじめ、両岸近くに料亭、旅館、飲食店や土産物店などが増加した。長良橋事件の頃には左岸側一九六戸、右岸側二五七戸で、その人口は約二三〇〇人となっていた。むろん、住人たちは、この土地を買いあるいは借りて固定資産税や各種税金を納めている市民である。

反対の旗手平野（第5章の「長良川本川の発電所」を参照）は、一九四五年三月の空襲で東京麹町の家を焼かれ、長良川左岸のいわゆる堤外地に位置する上材木町に疎開していた。

新長良橋の高さは、旧長良橋より二・六五ｍ高い計画であった。この高さだと、幅二七ｍの取りつけ道路の終端路面は周囲の家の二階の窓を半分以上ふさぐ。また、取りつけ道路の両端に幅八ｍ前後の副道路がつくられる計画で、さらに立ち退き家屋数が多くなる。

平野の最大の危惧は、取りつけ道路が両岸の本堤から大きく川中に延び、この「突起物」が洪水の流下を妨げて、濁流を堰上げ、堤防決壊を招くことであった。この危惧を軽減するには、「突起物」の高さを旧橋の高さと同じにして、「堤外地」が今まで通りの遊水地の機能を果たし、洪水時の濁流を岐阜市中に溢流させないことであった。一方県側は、計画高水位《こうすいい》を根拠に橋の高さを低くはしなかった。

【強制代執行へ】岐阜県政史上最大の政治闘争となった長良橋事件には、多くの政治家が顔を揃えた。

自民党副総裁の大野伴睦が円満解決に動き、岐阜市長就任間もない松尾吾策と名市長として評判が高かった実父の松尾国松も、橋の再考を望みつつ仲裁に入った。さらに、当時県会議長の松野幸康も絡み、架橋問題は終盤になるにつれ、県議会と市議会との抗争の様相を呈した。

道下淳は、この問題の根本原因を、公共性をかざす武藤知事と水害と生活権など地元の利害を主張する平野の対立であった、と述べている。

長良橋左岸側の橋台

旧長良橋下流二〇mの所に架橋する新長良橋は、一九五三（昭和二十八）年に橋脚部分が、その二年後の三月に本体部分が完成した。残るは、左岸取りつけ道路反対住民の家屋立ち退きの代執行だけである。立ち退き予定者は、当初は左岸側二五世帯一一一名、右岸側三四世帯一五六名の計五九世帯であったが、代執行直前には一四世帯となっていた。

一九五五年五月、平野は竹山祐太郎建設大臣に、土地収用法適用に関する意見書を提出した。そのなかで平野は、「一八九六（明治二十九）年の大洪水の際にも出水水位は標高一九・六五三mで、その後の長良川上流改修工事（大正改修）で川幅が拡張され、河床も相当低下しており、（この計画は）改修の効果を全然考慮していない」、「高架と延長を必要とする取りつけ道路は、左右両岸の本堤防から、川敷内にあたかも巨大な堰堤を突出させるのと同様で、洪水の際に流水を堰き止めることになり、両岸の本堤防を決壊させ、岐阜市の大部分に水害を及ぼす」と、述べている。

土地収用は意見書を提出した同年十月に告示された。翌年の一九五六年十月、長良橋左岸の取りつけ道路予定地の反対者一三人に代執行の告知がおこなわれた。家屋の強制取り壊しが強行され、長良橋事件は終わった。ちなみに、平野は六年間におよぶこの闘争に、約三〇〇〇万円の巨費を費やしている。

橋梁の寿命は、六十年程度と考えられている。すでに五代目長良橋は五十年以上を経過しており、近い将来、六代目長良橋架橋が議論される日も近いであろう。

【コラム】現存する最古の近代吊り橋・美濃橋

上有知《こうずち》(現美濃市)は、水陸交通の要所であった。水運は上有知湊である。陸路は六つの街道が上有知から延びていた。南へ岐阜街道と関街道さらに金森長近がひらいた津保(飛騨)街道、西へ武儀街道、北へ郡上街道と牧谷街道である。

北に延びた牧谷街道は、美濃橋の少し下流の前野の渡しで対岸に渡り、安毛《あたげ》から安毛坂を越えて長瀬渡しで長良川右支川の板取川を越え、板取川に沿って北上し美濃紙の主生産地牧谷の村々を通り洞戸村に達する道であった。

【牧谷の美濃紙】牧谷街道は「紙の道」であった。まだ紙の生産量が少ない一六二三(元和九)年頃、すでに牧谷街道沿いの多くの村が製紙の税金を納めていた。江戸中期(一七九〇年)以降、紙を生産する村はさらに増え、板取川沿いのほとんどの村が紙の生産に従事した。

江戸時代の代表的な美濃紙は障子紙である。亨保年間(一七一六〜三五年)には、「おおよそ障子紙の類、美濃を最上とす」と、当時日本一と折り紙がつけられた。その最上の障子紙の生産地は牧谷の村々であった。

牧谷の紙にまつわる話がある。牧谷の紙が名古屋城内の書院の明り障子に適した。そこで、尾張藩主が「書院紙」と命

右岸側から見た美濃橋

名したと伝えられている。さらに牧谷の紙は江戸幕府と「縁起」で結ばれていた。関ヶ原の戦いの時、軍勢を指揮する采配に使用する紙が牧谷に命じられ、家康が牧谷の紙でつくった采配を振るって大勝した。以後、采配紙はむろん、障子紙の御用もつとめていた。ともかく、牧谷の紙は幕府も尾張藩も重宝にした。

【前野渡しと美濃橋】牧谷の美濃紙は牧谷街道を通って上有知に運ばれた。前野渡しの渡船は一艘、船頭二人が従事し、前野村が運営した。

一八五二（嘉永五）年、新造渡船の分担金について前野村と牧谷の村々とで話し合いがもたれ、牧谷の村々は新造船負担金と渡船運賃として各一五両、さらに三年間の渡船賃の不足分も支払っている。つまり、牧谷の村々にとって前野渡しは紙の輸送に大切な渡しで、渡船を維持するために船の新造費用を各村が分担した。さらに渡船を村の公共交通機関として位置づけたのか、村人の渡船賃は村負担で、個々には支払わなくてもよかったのである。明治になってからは、前野村船頭たちが渡船運賃と村からの補助金で渡船を運営した。

一九一一（明治四十四）年、岐阜から美濃町へ電車が開通した。これで物資の輸送に拍車が掛かったが、牧谷からの紙は前野渡しを渡る必要があった。

長良橋より上流に橋がまったく架かっていなかった一九一二（大正元）年、この渡船場に橋を架ける要望が強くなった。美濃町議会は「工費は県費の補助を除きすべて本町費を以て負担」と、架橋への熱意を記した申請書を岐阜県に提出した。しかし県の許可は下りなかった。再度、二年後に同文の申請書を提出し、架橋が許可された。

建設場所は、前野渡船場の上流である。一九一五年八月に起工、総工費二万六五〇〇円のうち約四割を町費で負担して、翌年八月に吊り橋の美濃橋が完成した。鋼トラスで補剛《ほごう》された橋長一一三m、支間一一六m、幅三・一mの吊り橋は、高さ一一・五mの鉄筋コンクリート製の主塔からの吊りケーブルで支持されている。

美濃橋が完成した翌年の一九一七（大正六）年に、美濃町・郡上八幡間に乗合自動車が開業。ついで一九二三年には、牧谷街道を通る牧谷バスが美濃町・洞戸間を運行した。当時の自動車は、幌型の黒い自動車で定員は六名、回数も少なく輸送能力も低かったが、歩くより仕方のなかった牧谷街道では、画期的な交通手段となった。

美濃橋は、昭和四十年代まで木の床板上を小型の乗り合いバスが通っていた。今は、人と二輪車の専用橋となったが、東海地方に残された最古の吊り橋で、二〇〇三年に国の指定重要文化財に指定された。

第4章　川が牙をむくとき

川は限りない恩恵を人びとに与えてきた。しかし、ひとたび荒れ狂うと、輪中の住民にとっては、なす術がない脅威であった。また、川の脅威とともに、自分たちの輪中だけは助かりたいと願う「素朴なエゴ」とも、人びとは闘ってきたのである。ここでは、輪中内への取水と輪中外への排水の苦労、畔を繋いだ堤防の建設などを紹介したのち、郡上を襲った伊勢湾台風、さらに長良川の決壊などを語っていく。

1　輪中――水の脅威との戦い

三川下流域の輪中では、灌漑用水と生活用水の確保が大変であった。しかし、輪中内で使用された水が排水されると、排水は輪中内の低位部に集まり水腐れを起こす。低位部に生活する農民にとって、輪中内の水は厄介な代物で、一刻も早く排水する必要があった。

輪中住民は輪中内の水にどのように対処してきたのだろうか。岐阜県最南端の海津市の高須輪中とその北隣の安八郡輪之内町の福束輪中の株井戸について触れながら、排水に苦労した歴史を追ってみたい。

株井戸からの水の攻防

取水口は、標高の比較的高い輪中先端部に設置されることが多い。したがって、この取水口が破壊されると輪中の低位部は水に沈む。かつて、生活用水と灌漑用水を取水する取水口（圦樋《いりひ》）の破壊による浸水が、現安八郡輪之内町の福東輪中で発生している。

一七二二（享保七）年、上郷《かみごう》（高位部）に設置されている用水圦樋《いりひ》が出水で破壊（吹き抜け）、福東輪中全体が水に浸ってしまう事態が起きた。上郷の村々は圦樋の設置を強く望んだが、下郷《しもごう》（低位部）の村々は強く反対。約五十年後の一七七三（安永二）年になってようやく新しい圦樋一艘の建設が認められたという。懸け廻し堤で周囲を囲まれた輪中では、用水を輪中内に取水する圦樋は、必要不可欠なものであったが、一歩間違うと浸水を招く諸刃《もろは》の刃であった。

危険な圦樋よりも井戸を掘って、井戸水で灌漑と生活用水を得る方が安全である。しかし、この掘り抜き井戸が新たな問題を起こすことになった。

自噴井養老町・1962（昭和37）年、（河合孝撮影）

【下郷を襲う福東輪中の井戸水】地下水層（帯水層）まで掘り抜くと、地下水が自然噴出する。福東輪中の掘り抜き井戸は、寛政年間（一七八九〜一八〇〇）頃からつくり始めたようである。井戸の深さは南に位置する高須輪中よりは浅く、約六m、一三m、四四mの井戸が多かった。一番深い約四四mの井戸一本で、二町歩（約二万m²）の田と数軒分の飲用水をまかなうことができた。

一七八二（天明二）年頃、大垣市岐阜町の蒟蒻屋《こんにゃく》文七が掘り抜き井戸を完成して以来、大垣以南の地で掘り抜き井戸が使われ始めた。その結果どうなったか。井戸の余り水が上郷（高位部）から下郷（低位部）へ流れ込んだのである。下郷では稲の水腐れが発生。余り水を巡って、水争いが頻発するようになった。そこで江戸時代後期に、井戸の本数に関して厳しい管理と約束の「株井戸制」がつくられた。

輪之内町には「嫁の在所と義絶になろが、株井戸ゆえに是非はない」という歌が伝わっている。この歌のように、井戸水は上・下郷に住む親戚間にも不協和音をもたらしたのである。

一八〇一（享和元）年、輪之内町楡俣《にれまた》の六カ所ある井戸の各所有者に対して、下郷の村々の農民、数百人が掘り抜き井戸の使用禁止を要求した。仲裁に入った庄屋は、「今後、掘り抜き井戸から不必要に水を出さない」と、下郷の村々に誓約書を差し出し、井戸主六名は、下郷村の庄屋、年寄り宛に井戸水使用に関する証文を出した。しかし、こんな誓約書や証文で水が止まるはずはない。

誓約書問題から十一年経た一八一二（文化九）年には、楡俣村の掘り抜き井戸は六カ所から一一カ所に、福束輪中全体では一二三カ所に増えていた。下郷の村々は大垣の役所へ掘り抜き井戸の使用禁止を訴えた。

大垣の役所への訴えが功を奏して、井戸の本数や井戸水の使用方法について次のような規定がつくられた。①井戸一本につき下郷へ米五斗を出す、②この米の売り払い代金（井戸の株金）は悪水対策費に充てる、③井戸の掘削は高一〇〇石に二カ所まで、④悪水吐樋《はけひ》（排水口）を締めた時や下郷の田が余り水で困っている時には井戸を錠締《じょうじ》めするなど、細かい取り決めがなされた。この取り決めは珍しくも守られた。六十年以上経た一八七三（明治六）年の上郷の井戸数は、一八一二年に取り決めた本数と大差なかった。

【輪中全体で六七五本となった井戸】下郷では井戸水と雨水の滞留による稲の水腐れ被害、さらに、下郷の汚れた井戸から伝染病が発生する事態となり、一八七六（明治九）年に紛争が再燃した。この三年間に井戸が急増したのである。

岐阜県令小崎利準《こざきりじゅん》の仲介で、上郷で三九五本、下郷で一〇〇本と割り当て本数を決め、井戸の取得者には「株井検査」と焼き印を押した標柱を建てることになった。また、井戸を隠していた者への罰則や隠し井戸発見者への褒美など、厳しい協定が定められた。

井戸を掘り換える際には、上郷と下郷の役員が立ち会い、古井戸には「埋めて良し」の意で、梅と葦《よし》、小砂利とホンダワラ類の海藻・アラメをしっかり詰めるのを見届けた。しかし、いつの時代にも不心得者はいる。「昼はかくして夜水出して、下から庄屋へつめかけた」と歌にもあるように、わからないように夜に井戸水を田へ流した農民も数知れずいただろう。

掘り抜き井戸からの噴出量は、深さや新旧、季節によって異なるが、前岐阜市長の松尾国松は、一本の掘り抜き井戸の噴出量を牛乳瓶四本弱の毎秒七〇〇㎤としている。この算定に従うと、上郷の井戸三九五本の全湧出量は、毎秒〇・二八㎥となる。この湧出量を川の大きさに換算すると、勾配が一万分の一の緩い土地に、幅二・五m、水深約五〇㎝の小川が出現したことになる。これでは下郷はたまったものではない。

株井戸一本の値段は、一八七七（明治十）年で米四・五俵に相当する一〇円、一八八三年には水田一反（約一〇〇〇㎡）一六円に対して一四円、一八九八（明治三十一）年頃には三〇円と極めて高く、株井戸の持ち主は村長、副村長などの地主であった。たとえば、ある村の一八七八年の井戸の総数三六本のうち、村長が過半数の二〇本、副村長が六本所有していた。

しかし、何と言っても井戸は便利であった。紛争再燃から十五年後の一八九〇（明治二十三）年には、上郷の井戸本数は一本あたりの平均戸数が二・一戸で五

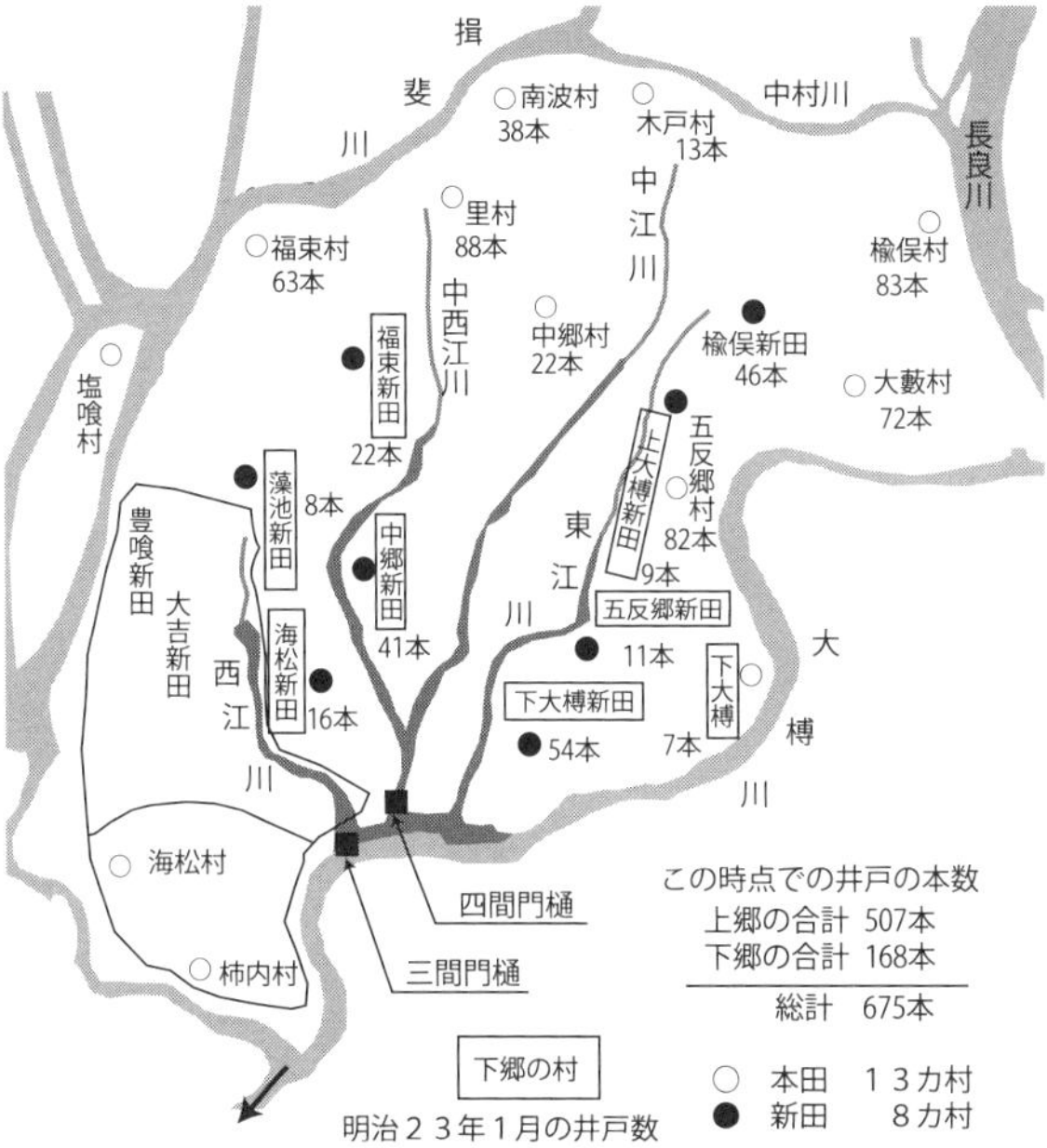

福東輪中の株井戸分布（『揖斐川改修百年誌』に加筆）

〇七本に増えた。下郷も平均三・四戸で一六八本と、福束輪中全体で六七五本もの数になる有様であった（図中の長方形は下郷で、数字は井戸の数である）。

　しかし、明治改修に伴って取水口と用水路が完備されるにつれて、輪中内で不協和音をもたらした掘り抜き井戸は、徐々に輪中から消えていった。


【高須輪中の掘り井戸】福束輪中の南側、つまり大榑《おおぐれ》川左岸側が高須輪中である。掘り抜き井戸の記述が享和年間（一八〇一～〇三年）の高須藩の書類に見られ、すでにこの頃普及していたようである。

　この輪中の井戸の深さは、北に位置する福束輪中より深かった。約五五mの井戸を浅井戸、約一八〇m前後を深井戸と呼んだ。深井戸の水温は通年一八度ぐらいの良質な水だったが、掘削費用が高く、せいぜい集落に一、二本であった。一方、ほとんどの浅井戸の水質は悪くて、鉄分を多く含み、布で濾過してから飲用に使用しなければならなかったという。

　高須輪中の標高は、北東部が三から二m、南西部が一から〇mと北高南低の地形である。井戸のほとんどは、標高一mの等高線に沿う木曽川右岸の日原（三川分流前で、現在は長良川右岸）から揖斐川左岸の今尾を結ぶ、北側に集中していた。この標高一m以上の北東部が上郷である。

　むろん高須輪中でも、井戸水に関して常に争いが起きていた。川からの「外水」に対しては一致団結する運命共同体の輪中も、輪中内の「内水」に関しては大きく利害が反していたのである。

『海津町史』によると、安政年間（一八五四～五九年）の上郷と下郷の協定では、下郷が悪水で難渋したときはいつでも井戸の水を止める。水を出した者は五両の罰金を払う。さらに、上郷の村々から下郷の村々に水腐れ補償費用として五〇〇両を支払う取り決めなどが決められていた。しかし、井戸水使用の協定は違約と和議の繰り返しであった。ついに、一八六二（文久二）年、上郷と下郷で再度協定が定められ、掘り抜き井戸の全数を三八六本ときめた。この年が高須輪中での株井戸の始まりである。

しかし、明治になると井戸の本数は増え続けた。一八七三（明治六）年には四〇六本、二年後には八〇六本、その八年後の一八八三（明治十六）年に「新旧掘り抜き井戸取り締まり規則」が成立したときには、実に一四二一本にまで増えていた。

「取り締まり規則」の協約書によると、新株井戸は一千本で井戸一本につき二一円、古株井戸は四二一本で一本につき六円、計二万三五二六円を支払っている。この金のほぼ半分は排水用の新樋購入資金、残りは排水幹線の修繕費、被害村への補償金さらに樋の購入や修繕の積立金に使用されている。

高須輪中の株井戸数は新・古合計で一四二一本に限定された。不正使用の場合は井戸一本につき三〇円を支払い、無許可で井戸を掘った場合は三〇〇円（米価で換算して二四〇万円）の罰金、本人に支払い能力がない場合は、その村が支払うことに決まった。この村による代弁済は、村人相互による監視も狙いだったのだろう。

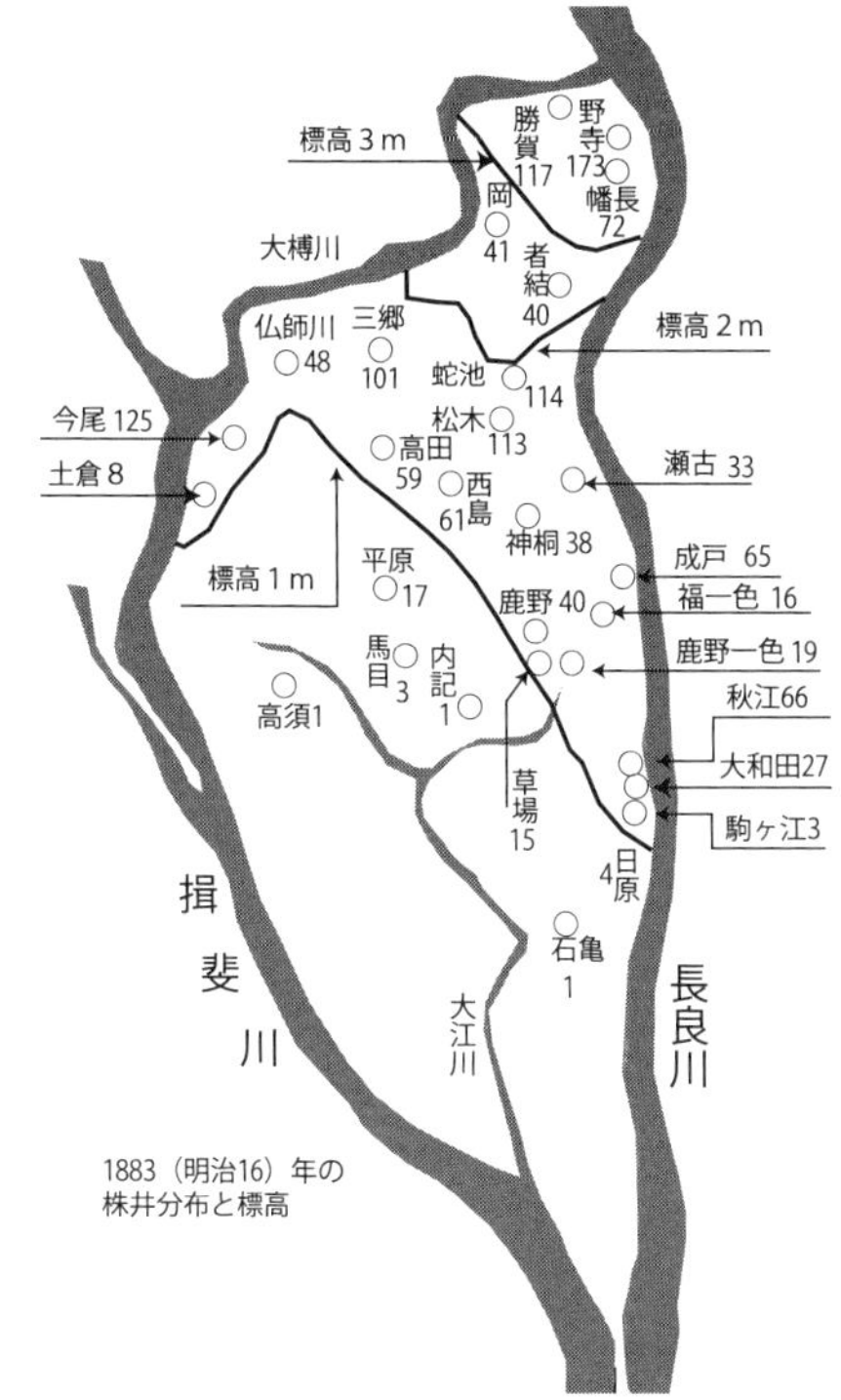

1883（明治16）年の株井戸分布と標高

輪中内への取水問題を株井戸からみてきたが、輪中内に滞留した悪水の排水もまた大変な仕事であった。以下では、福東輪中での排水樋門の絶え間ない修復とつけ替え、さらに高須輪中の低湿地開発に伴う膨大な排水樋門の設置とそのつけ替えを語り、輪中の水との戦いの一端に触れよう。

福東輪中での悪水の排除――四間門樋建設へ

悪水を自然流下で排水させるため、排出口付近が土砂の堆積で高くなると、排出口を下流部

中江川の四間門樋跡に架かる四間橋

へ移動（江下げ）した。その際、江下《えさ》げの計画流路上に川や支川がある場合には、伏越し（逆サイホン）でその川底を潜らせた。この伏越し樋はむろん木造であり、二十年ほど経つと全面的に取り替える必要がある。なおこの当時の水路は、用水と排水が同じ水路であった。

【吐樋の設置と破壊】輪中南部の低湿地を、一六二一（元和七）年前後から三年間ほどかけて、岡田将監《しょうげん》善政《よしまさ》が農民を指揮して新田を開発した。この開発で、本田一三カ村（○印、一二七ページの図を参照）の村高総計六二九〇石あまりに対して、八つの新田（●印）の合計五〇六〇石あまりと著しい石高の増加となった。しかし、この地は北高南低で、新田の多くは輪中の南端部に位置している。輪中内の水が押し寄せる地であり、掘り抜き井戸の余り水も流れてくる。しかも、雨が降り続いて大榑川の水かさが増えると、大榑川の濁流が支川の西江川や中江川などに流れ込み堤防を破壊、この付近の田畑は常に水没した。

この被害を食い止めるため、大榑川の水位が低い時に開き、高いときに閉じる門樋《もんぴ》が必要であった。

一八三八（天保九）年、西江川と中江川が大榑川に注ぐ七カ所の位置に、悪水吐樋《はけひ》（二間門樋）が埋設されていた。

ところが一八五七（安政四）年の大洪水で、七艘の吐樋のうち二艘が破壊された。改修に際してその規模拡大を希望したが、他の輪中との調整が難航、やむを得ず従来の規模通りの改修をおこなった。そののち、修理が大変なので、吐樋の合計幅一四間を、西江川に三間門樋一艘と中江川に二間門樋二艘の計七間に縮小した。が、幅が狭くなった分だけ排水が悪くなった。

【萬右衛門の四間門樋の設置】一八七六（明治九）年に発生した株井戸騒動再燃の翌年、小崎知事と輪中の門樋建設について取り決めがなされていた。つまり、門樋等は株井戸金で改良をする、西江川の三間門樋はそのまま中江川の二艘の二間門樋を取り壊し、新たに一艘の四間門樋を県の補助金と株井戸金で建設・維持・管理する条項を、掘り井戸規則の約定に書き加えていたのである。

翌一八七八年、輪中代表の片野萬右衛門が四間門樋（構造については、第五章の「掘り出された四間門樋」を参照）を設計した。翌年、中江川の流末で工事が始まり、一八八〇年には完成したようで、紀州流の系統でつくられた。

この工事費は七四九三円あまりであったが、県からの補助はわずか一割にも満たない六〇〇円であった。片野は工事後も農民から工事負担金を徴収する一方、不足金を自費で補い、関連水路の拡幅や堤防のかさ上げ工事をおこなった。これら一連の工事によって、輪中内の排水は大きく前進した。

その後、明治改修での大榑川の締め切りと大榑川が揖斐川に注ぐ位置に水閘門《う》が建設され、門樋の役割は薄れた。一九二二（大正十一）年に西江川の三間門樋と中江川の四間門樋が撤去された。村人が旧門樋の木材を購入して、住宅を建てたという。現在、二つの川が大榑川に合流する旧門樋跡に、三間橋と四間橋が架かっている。

高須輪中での絶え間ない排水口（吐樋）の建設

高須輪中は、いくつかの小輪中が大きな連続堤防でさらに囲まれた複合輪中である。

北東部の比較的土地が高い古高須輪中の南端には、木曽川が大きく川筋を変えた天正の洪水（一五八六年）以後、木曽川筋（三川分流後は長良川）の森下村から揖斐川筋の西小島村を結ぶ潮除け堤がつくられ、この地域南端の金廻《かなまわり》輪中とともに比較的早くから開発された。しかし、潮除け堤北側の古高須輪中と南端の金廻輪中の間は浅海のようで、潮の干満の影響を受ける滞水域であった。

一六三一（寛永八）年、北に位置する古高須輪中の悪水を排水する吐樋が新設・改修され、潮除け堤の大江川筋に一二艘（図中の印は大江川筋の吐樋概略位置）、中江川に二艘設けられて悪水を排出していた。その後、開発は徐々に低地の南側へ進んでいった。

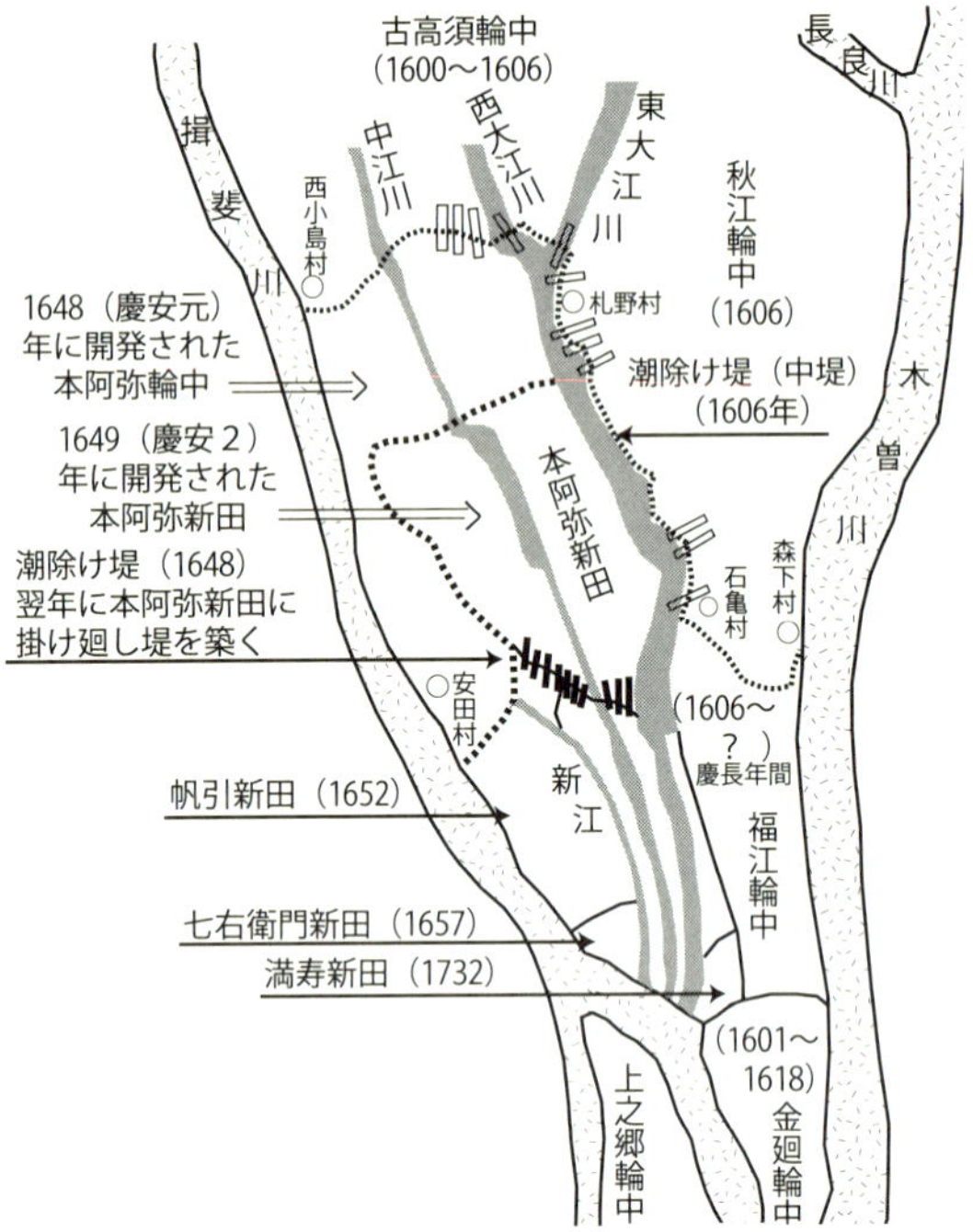

高須輪中の開発

【低湿地帯での新田開発と膨大な吐樋】一六四九（慶安二）年、京都の豪商本阿弥《ほんあみ》家の佐野三郎左衛門招益《しょうえき》が新しい潮除け堤（懸け廻し堤）をつくり、本阿弥新田を開発した。合計一〇艘の吐樋《はけひ》（図中の吐樋は概略位置）が懸け廻し堤につくられ、この吐樋から輪中内の悪水を排水した。
帆引《ほびき》新田がこの南に完成して、五艘の吐樋を設置した。さらにその南に七右衛門新田が一艘の吐樋を揖斐川に設けて完成した。すなわち、一六四九年からのほぼ十年間で、高須輪中南部の低地は、急速に開発された。なお、図中のこれらの吐樋以外にも無数の吐樋が『海津町史』に描かれており、この付近一帯は吐樋から流れ出る悪水排水路が網の目のよう

に張り巡らされていた。

　このように次々と低地部の南部で輪中が形成されたが、新田の維持は大変であった。たとえば、本阿弥新田の状況を述べると、この新田は、一六五六（明暦二）年の検地で石高二三〇〇石、面積二三二〇町歩（約二・三㎢）であった。しかし、そののちの度重なる洪水で、耕地は三分の一に減少。堀田《ほりた》にしてようやく新田経営を維持しているのである。なお、堀田とは、土地の一部を掘り下げた土で水田の植え付け面を高くした堀上げ田と、掘った部分はクリーク状の短冊型した沼池となった堀潰《ほりつぶ》れ、の総称である。堀田は、耕地の三から四割を堀潰してしまう。残る開発地は金廻輪中の北側である。この地域には古揖斐川の古い入り江であった満中《まんじゅう》池があった。この池には、

高須輪中高位部や輪中東部の悪水排水路である大江川、主として本阿弥輪中の排水路である中江川、帆引新田の排水路である新江、さらに、他の排水路も流れ込んでいた。一七二二（享保七）年に満中池に流れ込む各排水路に吐樋を埋め込み、一応万寿新田は開発された。

しかし、排水路から流れ込む土砂が満中池に堆積し、悪水を一時貯留する機能がなくなってきた。そこで、笠松郡代は満中池を埋めて新田をつくり、新用水路で大江川筋や各排水路を揖斐川筋に導き、合計一八艘の吐樋ですべての悪水を揖斐川に排水することにした。十年の歳月を掛けて、懸け廻し堤の建設と悪水を排水する吐樋の埋設がおこなわれ、一七三二（享保十七）年に万寿新田が完成した。これで、高須輪中は堤防ですべて囲まれ、輪中の悪水は万寿新田地先から揖斐川に排出されることになった。

それにしても膨大な吐樋が新田開発とともにつくられたものである。吐樋につながる水路は、下流部には排水路であるが、上流部には用水路であり、速やかなる排水と潤沢な用水を供給する水路そのものが、矛盾に満ちた施設であった。

【吐樋が破壊した万寿騒動】一八三五（天保六）年四月三日、揖斐川の出水があまり多くもないのに、現海津市の高須輪中一帯は濁流の渦に飲み込まれた。大江川へ排水する万寿新田の吐樋三門が破壊、さらに五門の吐樋が埋め込んである揖斐川の堤防が決壊したのである。濁水は大江川を逆流して、石亀村（現海津市石亀）にある潮除け堤や吐樋も破壊して、高須輪中は濁流に沈んだ。

原因は、万寿新田の農民が苗代用水を引こうとして樋口を開けておいたために、洪水が逆流したといわれている。しかし真相はまったく違うようだ。吐樋普請金が役人や村の有力者に横領されたのである。輪中民の吐樋普請金五〇〇両のうち、なんと三〇〇両を笠松郡代とその家臣のほか、臨時の堤方役人となった万寿新田やその他四つの新田の役職者が適当に配分した。残金二〇〇両で万寿新田の吐樋工事をおこない、工事をした吐樋だけが破壊したと伝わっている。

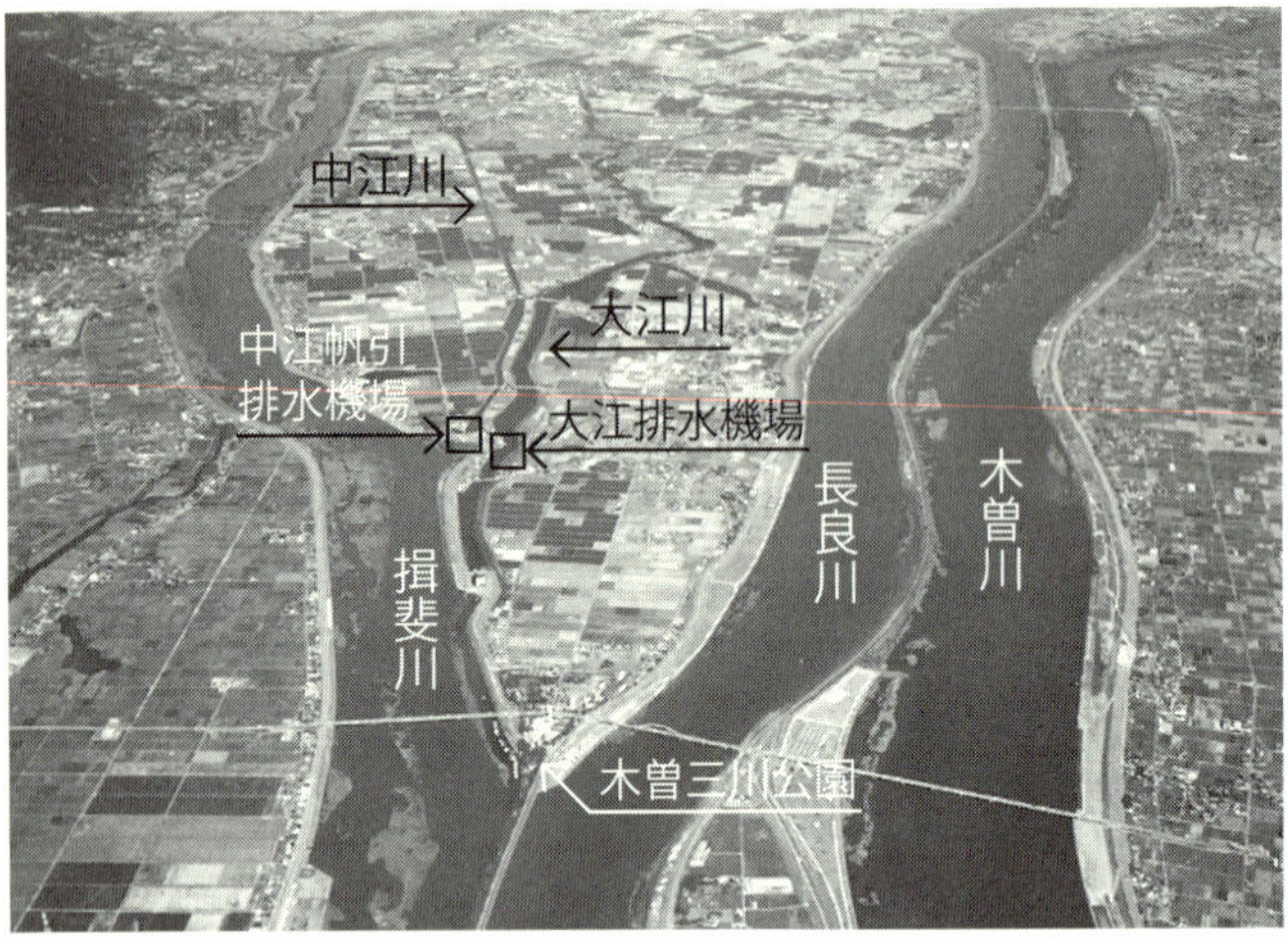

木曽三川と大江川下流の排水機場（木曽川下流河川事務所蔵）

不正工事に怒った六一カ村四〇〇〇余人（一説には二〇〇〇人）の農民たちは、十四日朝、打ち鳴らされる早鐘と怒りを込めて吹かれる法螺《ほら》貝の音を合図に、万寿新田や他の新田の工事関係者宅に押し入り、家財を壊した。

郡代の要請で、大垣藩や高須藩から計三五〇人が出動、一揆は二十四日頃ようやく沈静した。大垣本陣の白州で八十日に及ぶ吟味がおこなわれた。最終的に、「輪中の者が心得違いをして、米が高値だから米屋を打ち壊したに過ぎない」との判決で、八月下旬に首謀者一三人が江戸送りとなった。

江戸での取調中に一二名が獄中で病死した。翌年七月二日、獄中死の一二名には「存命に候《そう》らはば」と、獄門・磔などの罪名が申し渡された。ただ一人存命していた者は、流木を拾い上げた罪で庄屋宅に預けられた。なお郡代は五十日の「押し込め」に処せられたが、一説には江戸へ下る途中に、自害したとも病死したとも、伝えられている。

ともかく、各輪中の下郷は掘り抜き井戸から流される悪水との争いを明治末まで続け、さらに低地ゆえに排水問題に常に悩まされてきた。

輪中からの排水問題は、明治末から徐々に改善され始めた。たとえば高須輪中では、本格的な排水施設として、一九〇三（明治三十六）年に低位部の海津市西江万寿新田に中江排水機場とその東に福江排水機場が設置された。さらに、一九〇六年までに帆引新田排水機場を含め三基の排水機場が設置され、輪中低位部の排水対策が軌道に乗り始め、ようやく浸水被害が少なくなっていった。なお、現在、中江川流末に中江帆引排水機場が、その隣には、高須排水機場が設置されている。

一方、取水施設は一九五〇（昭和二十五）年、平田町勝賀の長良川から灌漑用水を取水する勝賀揚水場が設置された。その六年後の一九五六年までに、用水の幹線・支線の新設と耕地整理・区画整理がおこなわれた。これらの工事で、農民はようやく取水による脅威と排水の苦労から解き放たれたのである。

【コラム】江戸時代の谷替跡

平成の大合併の際に大垣市に合併しなかった現養老郡養老町沢田は、上石津から北東に流れてきた牧田川が北西からの今須川を合流後、南東に大きく流れを変える右岸側に位置している。

【土石流扇状地帯北端の沢田村】　養老山地は約六〇〇〇万年前に起きた地殻変動でできあがり、東側の南濃側は断層で陥没したため、西側に比べて急傾斜地になっている。

この急傾斜地にできた大小合わせて四二の谷の扇状地は、山地最南端の多度山を源流とする境谷から最北端の沢田村で牧田川に注ぐ吉谷川まで、土石流によって形成された土石流扇状地である。なお、吉谷川の南に位置する堂谷と宮谷は谷の終端部が沢田村耕地につながる「尻無し谷」で、耕作地を土砂で潰れ地に変えていった。

【江戸時代の谷替跡】　一七八九（寛政元）年の「沢田村普請所絵図」には、牧田川に流れ込む吉谷川と堂谷に各二基、宮谷には左右に流れ下る土砂を止めるためか、「コの字型」に三基の堰堤が描かれている。しかし、どのような経緯で沢田村にこれらの砂防堰堤が造られたのかは不明である。

普請所絵図からほぼ五十年後の一八三七（天保八）年、谷からの土砂流出を防止する抜本的工事がおこなわれた。この工事は、村内耕作地に土砂が押し出す堂谷の上流部で山を切り開き、堂谷の土石流を吉谷川に流下させる「谷替《たにかえ》」である。

延べ四二〇〇人あまりの人足を投入して、約二三二mの「谷替山切抜」と約一二三mの「岩切」工事をおこなった。

地元の郷土史家長井生《いきる》の案内で吉谷川右岸の堤防沿いを登った。途中に、吉谷川右岸にほぼ直角に注ぎ込む、高さ二m前後、幅三m前後の階段工が現れた。ここが、昭和の時代に補修された堂谷の「谷替」の終端部であった。山肌に沿って掘削された谷替跡へ入ると、近年補強された部分は、幅二mほどのあたかも用水路のようであるが、岩盤地帯は岩がむきだしで当時の様相を呈している。

この谷替流路の最上流端が堂谷の終端部で、一九七五（昭和五十）年に建設された高さ一〇m、幅四二mの砂防堰堤が聳えている。流路はこの堰堤から左に曲がり谷替流路へ接続している。堰堤直下の急斜面がかっての堂谷である。なお、この谷替工事から二十年後の一八五六（安政三）年には、同じ養老山地の海津市駒野の羽根谷でも谷筋を変える谷替がおこなわれている。

堂谷の谷替跡

【明治時代の堰堤と主任吏福久源三郎】谷替から五十年ほど経た一八九二（明治二十五）年、濃尾地震復旧工事の一環として、植林と大規模砂防堰堤工事がおこなわれた。工事開始翌年四月に建立された沢田村の「防砂工紀年碑」には、「主任吏　福久源三郎……昨年十月二十五日、官、吏を派《つかわ》し大いに工事を起こさしむ。幸いと謂《い》うべき也。屼地《こつち》（禿げ地の意味）を修し、且、苗樹を植え以て其崩壊を扞《ふせ》ぐ。谷川に石堰を築き、以て砂礫の流出を止む。……」と記されている。

デレーケ研究者である中村稔は、碑文に説明がない福久源三郎について語ってくれた。中村は、長野県更埴市の伴月楼《ばんげつろう》記念館学芸員関章の千曲川支川佐野川の砂防に関する論文が、松本砂防事務所のホームページに紹介されていることを見つけた。その一節に「事業主体側で担当したのは内務省技手河村義雄と内務省土木局出張員桑原村受務官福久源三郎と記されている」、と書かれていた。

中村は、この記述より、両名を内務省職員録で調べた。河村義雄については、「河村」と「河上」と一文字違うが、「河上義雄」は一八八〇（明治十三）年に十等属として職員録に名が記されていた。一方、福久源三郎は職員録にその名を見つけることはできなかった。しかし、もし、福久が同一人物ならば、明治二十年頃におこなわれた佐野川砂防堰堤建設技術が、長野県から岐阜県に移入されたことになる。なお、沢田村での堰堤建設の一年前には、すでに羽根谷にデレーケの指導による巨石堰堤が完成していた。

江戸時代につくられた吉谷川の堰堤はすでに土砂に埋没している。しかし、吉谷川の上流に、昭和時代に建設したと思われる砂防堰堤と前後して、明治時代に建設された二基の砂防堰堤が現存している。これらの堰堤や谷替跡は沢田村の先人たちが土砂と闘った貴重な証である。

2　江戸時代から内水排除に苦労した村々

瑞穂《みずほ》市は二〇〇三（平成十五）年に本巣郡穂積町と巣南町とが合併した市で、揖斐川と長良川に挟まれている。この地域の地形は、たとえて言えば、縁《ふち》の一部が欠けた細長いU字形の浅い皿状の地形である。瑞穂市の南端分で皿の縁にあたる墨俣は、長良川と揖斐川が東西から幅約三km弱に近接する地域である。両大河で挟まれたこの南部地域に、東から順に天王川、糸貫《いとぬき》川、中川、五六《ごろく》川、犀《さい》川が縁の欠けた北から南流して、墨俣で長良川に注いでいる。まさに墨俣はボトルネックで、一時に多量の水が集まると溢れる。さらに、長良川の洪水時の濁流は、この地域の各川に逆流して濁水がしばしば田畑に溢れた。特に、五六《ごろく》川は最も低位部を流下する川であり、水害を頻発させた。

かつてこの地に、農民たちと共に苦労して五六川の内水排除問題の解決に奔走した代官がいた。代官川崎である。代官の知恵でこの地域の内水問題は大きく改善された。しかし、完全に内水被害から解き放たれるには、昭和の時代まで待たなければならなかった。

人造石閘門への改築竣工時の新旧五六閘門・1907年（瑞穂市蔵）

五六輪中と川崎平右衛門定孝

瑞穂市のほぼ中央を、長良川の支流五六川が南流している。川の名前の由来は、中山道の出発地・江戸日本橋から数えて五六番目の宿である美江寺《みえじ》宿の入り口付近を流れていたため、五六川と名づけられたようだ。

この川の下流部に城門を思わせる石造りの重厚な樋門がある。この樋門が五六閘門《こうもん》、別名を牛牧《うしまき》閘門と呼ばれる石造りの樋門である。今の樋門は、建設当時の木造樋門が数回にわたって建て替えられ、一九〇七（明治四十）年の改修時につくられた。「閘門」とは、水位が異なる川を船などが行き来する場合、水位の異なる一方の扉を閉め、他方から船などを入れて扉間を閉じ、樋門間（閘室《こうしつ》）の水位調整をして船を通す機能がある施設であり、五六閘門は正確には水門である。

五六閘門のある五六輪中は、明治十年代以前は牛牧輪中と呼ばれ、常に長良川からの逆水による水害を受け、水との戦いを余儀なくされてきた。

五六閘門建設に大きく貢献し、さらに時代を先取りして犀川排水路を計画した川崎平右衛門とはどんな人物だったのだろうか。

【農民の目線で】川崎平右衛門定孝は一六九四（元禄七）年に北多摩郡押立（現府中市）の名主の子、辰之助として生まれた。

享保年間（一七一六〜三五）、川崎は三十代の頃に新田世話役を命ぜられた。多摩川の中・下流部の村々に新田を開き、一方で、多摩川中流部左岸の府中市押立に水害防備林の竹林をつくり、水防強化を図った。この功績によって一七三九（元文四）年、農民出身だった川崎平右衛門は大岡越前守忠相《ただすけ》の口添えで武蔵野新田世話役に登用された。

幕府は威信をかけて関東平野西部の荒川と多摩川に挟まれた武蔵野新田台地の開拓をおこなった。しかし、大凶作が新田の検地を受けた二年後の一七三八年に襲い、新田百姓一三二〇戸のうちわずか三〇戸が辛うじて農業を続ける悲惨な状態となった。

この新田の再生に川崎が登用されたのである。まずはこの地域から逃げ出した農民を呼び戻し、生活を安定させるために土木事業に彼らを投入した。その村づくりでは、工事現場で鍬《くわ》を取る屈強な男へ麦三升の日当を与えるだけでなく、子守をする娘に一升、赤ん坊にまで五合と、能力別に五段階に分け、工事現場に来たすべての人に食料をその日の夕方には配布した。

さらに、新田開発後の肥料についても考えた。田の肥料とする共有の草刈り場を耕地にし、その耕地からの収入で、金肥の干鰯《ほしか》や油粕《あぶらかす》を購入した。田に入れる草による肥料よりも金肥の方がはるかに収穫を増したのである。川崎は農民の苦労を知り尽くしていた。

一七四九（寛延二）年に二度目の普請奉行を命じられたとき、川崎は三〇人扶持の関東三万石支配勘定格の代官に任じられ、大岡越前守配下におかれた。これは越前守一代の特例で、正規の勘定奉行配下の代官とは別であった。川崎が有能な証である。

輪中へ押し寄せる水

江戸時代に入ると、瑞穂市南部の新田開発は、五六川や中川流域の海抜六m前後のこれまで遊水地的働きをした低湿地に向けられた。この結果、川幅は狭められ、これまで以上に、洪水による氾濫や湛水を招くこととなった。

一六九六（元禄九）年、牛牧村などが、出水時に水が引かず新田も旧田も冠水して被害を受けるので、五六川両岸に築堤したいと笠松代官所に願い出た。しかし、北に位置する美江寺村などの反対で実現しなかった。その後、一七〇〇（元禄十三）年からの三十八年間に、五回も堤防建設を願い出たが、許可は下りなかった。

【美濃路と中山道と輪中の排水】五六輪中は上流側に堤防がないU字形の輪中で、上流からの取水が容易というメリットはあった。しかしこれも程度問題である。上流側に位置する村々からの排水が下流側に流れ込んでくる。さらに、輪中の南端は墨俣宿を通る美濃路が墨俣輪中北堤として横たわり、水はけが悪かった。

丸山幸太郎によれば、美濃路が海抜一一mあまりと高いのは、重要道路としての機能を果たすために、冠水しにくいように道路のかさ上げをおこない、その結果、堤防の機能も有するようになったと述べている。つまり、美濃路は上流からの水の浸入を防ぐ横堤《よこづつみ》（横土手）の機能を果たしていたのである。

横堤的働きをした道路としては、五六輪中のほぼ北端を通っている中山道もそうであった。つまり、中山道より北に位置する村々は、中山道によって水はけが悪い。そのうえ、五六川に新堤ができあがると、五六川の水は五六輪中内の田畑へ越流せず、その分余計に水位が高くなり、さらに水はけが悪くなるのは目に見えていた。

具体的な水損の程度を、五六輪中牛牧村での村高と水損分を差し引いた実収穫高の割合から見ておこう。なおこの『穂積町史』の資料は水害のひどい年を集めた資料ではない。六年分の資料から実収穫割合の低い年を三年分取り出すと、一六五八（万治元）年は八％弱、一六七九（延宝七）年はなんと〇％、一六八五（貞享二）年は二七％である。水損がほとんどなかったのは六年分の資料で僅かに一年分（一回）だけである。これでは、農民は生きていけない。

一七四九（寛延二）年、この地を治める美濃幕府領本田《ほんでん》代官所に五十五歳の川崎平右衛門定孝が就任した。川崎は、長良川からの逆流による浸水、上流域の輪中からの排水による冠水と、外水と内水に痛めつけられている農民の窮状を救うためには、逆流を止めさらに内水を排除する排水路を建設する必要があると考えた。その第一歩として、五六川下流の祖父江に逆水樋門を構築するために奔走したのである。

五六閘門の建設に向けて

【閘門設置への説得】川崎が赴任した一年後の一七五〇年、牛牧村ら一一カ村は長良川からの逆水を留める門樋建設願いを本田役所に提出した。この願書提出については、川崎自身が樋門普請願いの作成を指導したと、いわれている。

翌年、長良川の派川・大榑《おおぐれ》川に喰違堰《くいちがいぜき》が完成、洪水時に大榑川に流れ込む水量が制限された。このため、水位を増した長良川の濁流がこの地域に襲いかかった。牛牧村らは、再度、翌一七五二（宝暦二）年にも樋門建設願いを提出している。

一七五三年、美濃地方一円は大洪水に襲われ、農民は「お情け米」などで露命を繋いだ。翌年も大洪水で、収穫は皆無。多くの農民が飢えに苦しんだ。さらにこの年、大榑川に薩摩藩による洗堰《あらいぜき》が完成した。翌年に発生した長良川からの逆流はさらにひどくなり、稲の収穫はほぼ皆無の状態となった。

もう一刻の猶予もない。川崎は笠松郡代や多良《たら》高木家、さらに江戸表の幕閣にも懸命に働きかけた。ようやく、江戸評定所が新堤と樋門建設について検討する段階になった。しかし、尾張藩領の墨俣村など五六輪中以南の村々は、樋門を設置すると五六川への逆流の遡上が止められ、その分だけ下流の水かさが増すと大反対。ついに、尾張藩の北方代官から美濃郡代に、「その工事まかりならん」と強い申し入れがあり、工事許可は棚上げとなった。

このままでは農民の生活は成り立たない。川崎はさらに力を振り絞った。尾張北方代官所はもとより、墨俣以南の村々へも自ら足を運んで説得にあたったのである。この川崎の熱意が各村の有力者たちを動かした。墨俣村や墾意であった上橋本村の錦見《にしきみ》など五六輪中内の尾張領各村の豪農は、親交のある墨俣村の有力者に働きかけた。ようやく川崎が赴任して七年目の一七五六（宝暦六）年十月、領主から木材をもらい、祖父江村の五六川に、長さ約一二m、幅と高さ約五mの樋門（五六閘門）の建設が開始されたのである。

【付帯工事の堤防かさ上げ】しかし、逆水樋門の建設だけでは逆流防止の機能は充分ではない。洪水時に逆水樋門が閉じた際、樋門上流の五六川に流入してくる洪水に耐える堤防が必要不可欠であった。ところが、新堤建設は過去六十年、上流に位置する美江寺村などから反対され続けてきた。

そこで川崎は一計を企てた。堤防補強工事を樋門建設の付帯工事としておこなうよう暗に指揮し、五六川両岸の堤防補強のかさ上げ工事をおこなったのである。新堤防の長さは約四〇〇〇m強である。堤頂と水面との高低差は樋門

犀川左岸穂積市興禅寺の川崎平右衛門供養塔

近くで約五m、上流の中山道側で約三mと、洪水が押し寄せても安全である。一七五七（宝暦七）年、樋門と新堤工事が完了した。

　牛牧村ら一一カ村が予期したように、堤防建設の一年後、美江寺村を含む上流の五カ村は笠松郡代役所に堤防の撤去を申し出た。ところが、訴えはしたものの、恐れていた冠水被害は発生しなかった。また牛牧村らは年貢増納の実績を上げており、この新堤建設の争論は、翌年、これ以上堤防を高くしない、との話し合いで決着した。

　現在の逆水樋門（五六閘門）の位置は、寛政年間（一七八九～一八〇〇）に祖父江村から移動したのである。その後、この逆水樋門は一九〇七（明治四十）年までの一五三年間に木造で四、五回ほど建て替えられ、一九〇七年に「人造石工法」、つまり「三和土《たたき》工法」による永久的な水門として建設された。

　この水門は、二連アーチ状水門の下流側に二組の観音開きの鉄扉を計四枚備え、蝶番《ちょうつがい》を支点にして自由に開閉する。鉄扉は上流から水が流れているときは開いているが、下流側からの逆流による増水の際、その上下流の水位差で鉄扉が自動的に閉まり、逆流を止める仕組みである。一九七六（昭和五十一）年九月十二日の大水害の折にも、この鉄扉が閉じて逆流を防いでいる。

　川崎は一七六七（明和四）年に七十四歳で江戸の役宅で病没した。このことを伝え聞いた農民たちは江戸へ行き、形見に川崎の刀を貰ってきた。瑞穂市の興禅寺には、貰い受けた太刀を埋めて石碑が建てられ、川崎の二人の手代が彼を守るように両側に奉られている。また、野白新田や別府花塚など四カ所の川崎神社に、川崎平右衛門が祀られている。

輪中内の内水排除へ（犀川事件の序曲）

本田代官川崎は、五六閘門と新堤を建設した当初から、五六川の新排水路計画を練っていたようである。上橋本村の豪農錦見家と野白新田の豪農森家は、親交のある墨俣村の豪農や尾張藩に排水路建設を願い出ており、錦見家は排水路計画図面も作成している。

伊藤安男は、錦見家と同一の計画絵図が笠松郡代陣屋堤方役所文書の絵図にあることを根拠に、川崎は懇意であった豪農錦見と共に排水路計画をおこなったと述べている。さらに、絵図が描かれた年代を、絵図に描かれた大榑川の洗堰などから、「一七五七（宝暦七）年から川崎が勘定吟味役に昇進した一七六二（宝暦十二）年の間」と推測している。

絵図は、五六閘門から新川を掘り割り、犀川を伏越し、墨俣輪中を通り中須川、中村川を伏越し、福束輪中を掘り割って大榑川に排水する大規模な計画図である。伊藤は、「昭和初期の犀川切落としの当初案に酷似する計画であり、五六川と犀川との相違があるだけである」と述べている。

この画期的な排水路計画は実現しなかった。川崎が亡くなって八十年程過ぎた嘉永年間（一八四八〜五三）、排水幹線が五六川から犀川に計画変更され、犀川の悪水を排水する新排水路は、墨俣輪中の真ん中を通し中村川に排水する案が提出された。さらに、一八六六（慶応二）年には墨俣輪中の南側を流れている中須川に排水する案が願い出された。しかし、墨俣をはじめ下流側の強い反対でいずれも実現しなかった。

【デレーケも支持する川崎らの排水路計画】まずは、明治時代の犀川の河道について触れておこう。

一八九二（明治二十五）年までの犀川の河道は、現在の河道と大きく異なっていた。南流してきた犀川は野白新田で五六川を合流して、墨俣の一夜城跡の城之越の西岸に沿って北上。ここで南流してきた中川を合流して長良川に注いでいた。つまり、犀川は「し」の字型に跳ね上がるように北上し、この釣り針型の部分のために水はけが悪かった。

一八九一年の濃尾地震で、犀川が沿って流れる城之越の堤防が崩れ、犀川の水を堰き止めるほどであった。ときの県知事小崎は「城之越を掘割って新水路で犀川を長良川に接続する」案を、内務省（現国土交通省）や内閣へ進言し

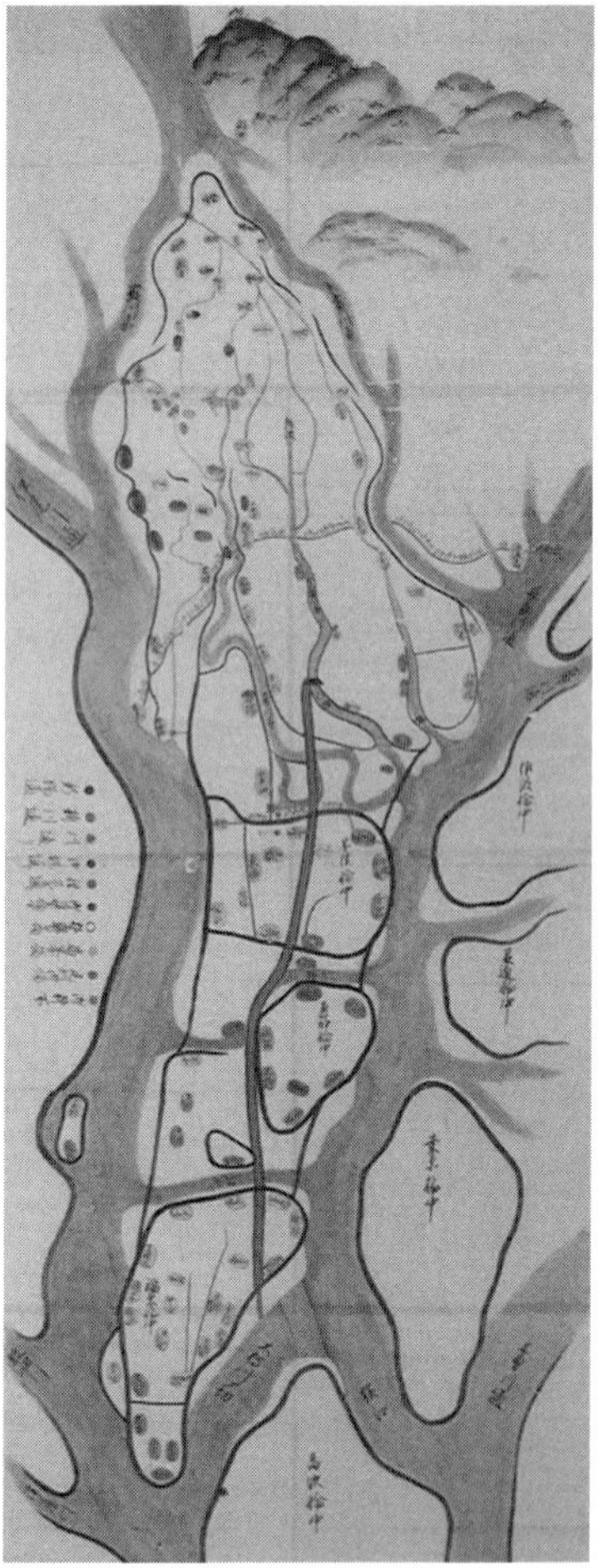

排水路計画図面（笠松陣屋堤方役所文書、岐阜県歴史資料館蔵）

た。翌年に「犀川を城之越で排水する」案が許可され、一八九三年に新水路工事は竣工した。

デレーケは、犀川から長良川へ排水するこの工事について意見を求められた。デレーケは、長良川の河床高を考慮すると、「この計画では十分な悪水排水とはならない。墨俣より下流で長良川に合流させて、その効果が出る」と述べている。まさに、経験による技術しかなかった江戸時代に、川崎らは近代技術を修得したデレーケと同じ考えで、五六川の排水路を計画しており、川に対する川崎の洞察の深さを認識させる計画図である。

犀川切り落としの大騒乱事件——犀川事件

大垣城の天守閣をも水に沈めた一八九六（明治二十九）年の大洪水は、揖斐川と長良川に挟まれた五六輪中や墨俣以南の村々の田畑を飲み込んだ。これまでも、墨俣以北の村々は、上流部からの悪水の排水に苦労してきた。そこでこれらの村は、新川を掘削して犀川の水を下流域へ流す「犀川切落とし」を強く願ってきた。この洪水を契機に、幕末以来の「犀川切落とし」運動が再燃した。

制水樋門と新犀川

一方、墨俣以南の下流側の二町五カ村は、この運動を察知すると、水害予防組合を急遽結成して「絶対反対」を強く表明した。推進派と絶対反対派は、相手の運動の高まりに呼応するかのように互いの運動を強めていった。

【犀川事件発生】一九二二（大正十一）年頃から、下流側の村々の反対運動はますます熾烈になった。一方、上流側の墨俣以北の本巣郡諸村は再三にわたって県へ工事の実施を求めた。農林省がこの事業をおこなうことになり、国は一九二五年に技師を実地調査に差し向けた。しかし、強硬な反対運動に遭い、農林省はこの工事から手を引いた。ところが、大垣城も沈めた大洪水から三十年以上経過した一九二八（昭和三）年、ついに犀川切落とし案件が国会を通過した。

犀川の切落とし計画は四案あった。この四案のうち、第二案（A—B—Dの路線）の海津郡幡長《はたおさ》付近で長良川に放流する案が有力であった。

翌年には、県側の方針に不満を持つ二町五カ村の町・村長や町村役場の職員一四四〇余名が辞表を提出、七町村の住民約一八〇〇名が県へ反対陳情に押しかけた。県当局は、職員不在となった町村役場の事務処理に事務担当者を派遣するとともに警官を非常召集して取り締まりにあたった。

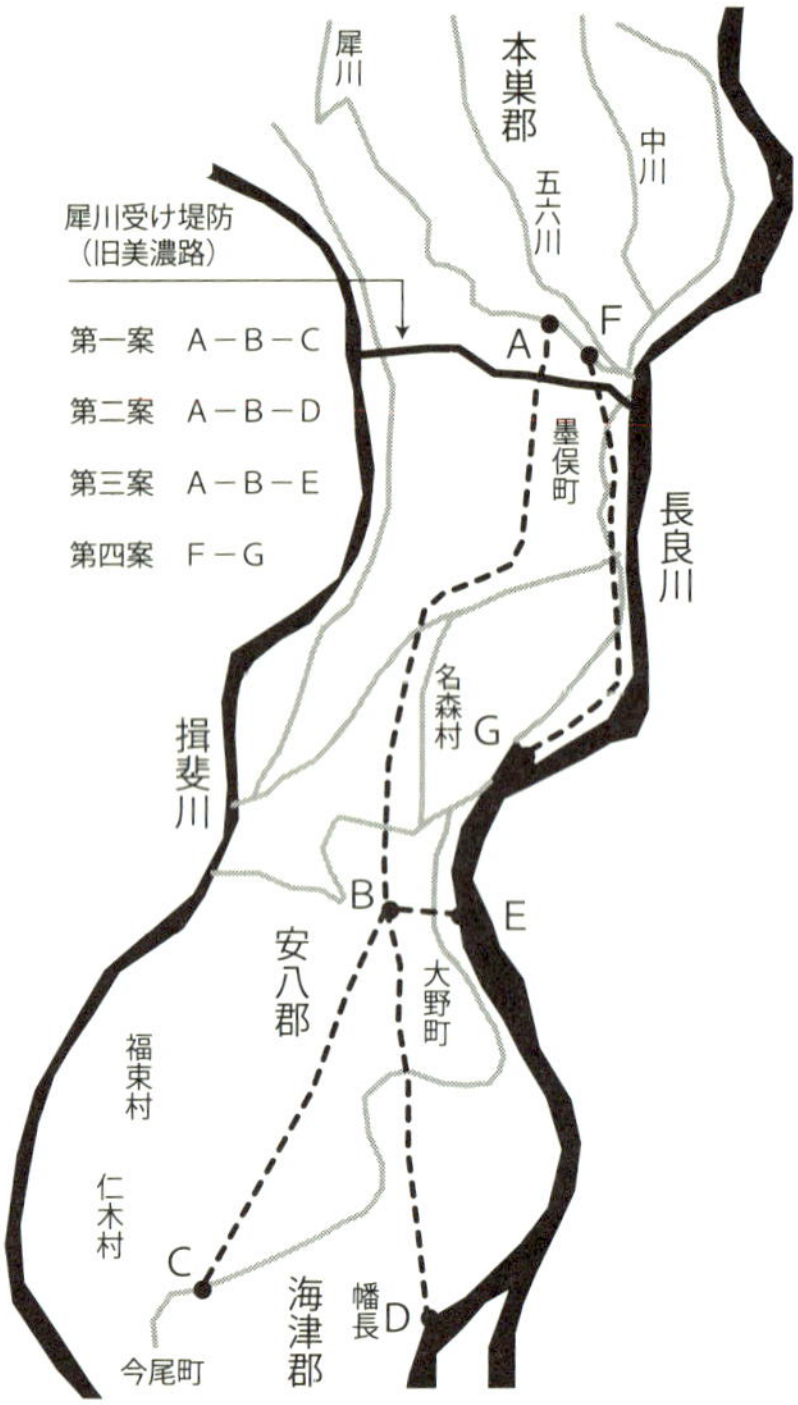

犀川の切り落とし計画の四案

意見の対立は、思わぬ些細なことから大騒動となった。役場に残って火鉢で暖をとっていた警官と役場から警官を排除しようとする村人とが乱闘を起こした。警官は警笛を吹きつつ役場から逃げ、この警笛を聞いた村人は半鐘や寺の鐘を鳴らし、流血の騒乱事件が始まった。

この対立に県は、隣県の警察にも応援を求めた。多数の警察官の派遣が反対派の群集心理を駆り立て、「犀川事件」へと突き進んでいったのである。ようやく事件が終結した翌年、第四案（F—Gの路線）の現JR新幹線下流で長良川に排水する新犀川掘削案が了承された。一九三六（昭和十一）年に長良川右岸沿いの堤内水路三〇〇〇m、堤外水路二七〇〇mの新犀川が完成した。

【第二犀川事件の発生】しかしこれで終わりではなかった。「第二次犀川事件」が発生した。新犀川が完成した二年後の一九三八年七月の一日から五日にかけて集中豪雨が襲い、長良川も揖斐川も大洪水となった。瑞穂市沿いの長良川では、警戒水位九・五mをはるかに超えた一三mの出水となり、瑞穂市穂積付近は完全に水没。濁流は新犀川に激流となって流れ込もうとした。

長良川の水位が高く、新犀川が長良川へ流れ出る下流側森部の逆水樋門も、一夜城側の新犀川入り口の制水樋門も閉じられている。上流側の人びとは犀川の水位を低くするために制水樋門を開けようとした。一方、下流側の人びとは新犀川の堤防決壊を恐れて樋門を閉じたままにした。制水樋門を挟んで一触即発のにらみ合いとなった。

六日にようやく長良川が減水を始め、森部の逆水樋門が開かれた。制水樋門の扉は国や県の仲裁でようやく開けることになった。しかしこの時、思いも寄らない事故が発生した。樋門上流に溢れた水の圧力で制水樋門の扉の鎖が切れ、開扉が不可能になったのである。

豊田穣は小説『長良川』で、「犀川流域は増水が激しく、水が堤防を越えそうになった。上流の農民は、水門を爆破しろと言う。しかし、これだけの水を一度に下流に流されてはたまらぬというので、下流の農民は反対する。双方の農民が水門をはさんで争った」と、その時の状況を描写している。新たに、新犀川の排水がクローズアップされたのである。

旧名森村役場跡の犀川事件の碑（安八町氷取）

第二次犀川事件後の排水施設と遊水地計画

新犀川に排水機場を建設することになったが、その建設場所で揉めた。下流の人びとは、なるべく上流側で早く新犀川の水を排水することを望んだ。新犀川の河道内に危険な水を貯めたくないのである。

新犀川排水機場の設置場所は決まらず、時間だけが経過した。そこでまずは、犀川流域に流れ込んでいる天王川と中川の水を長良川へ排水する犀川排水機場が完成した。これで、新犀川に流れ込む水量が減少した。

数年後ようやく、新犀川排水機場の設置場所が揖斐川以東と五六川輪中の各水害予防組合に了解された。場所は、新犀川が長良川の堤外地に出る森部逆水樋門の所である。一九五五年に、最大排水量が毎秒約二〇㎥の新犀川排水機場が建設された。ちなみにこの排水量は、小学校の二五mプールを約十五秒で空にする量である。

【さらなる排水機場と遊水地の設置】「昭和三十六年梅雨前線豪雨（三六災《さぶろくさい》とも

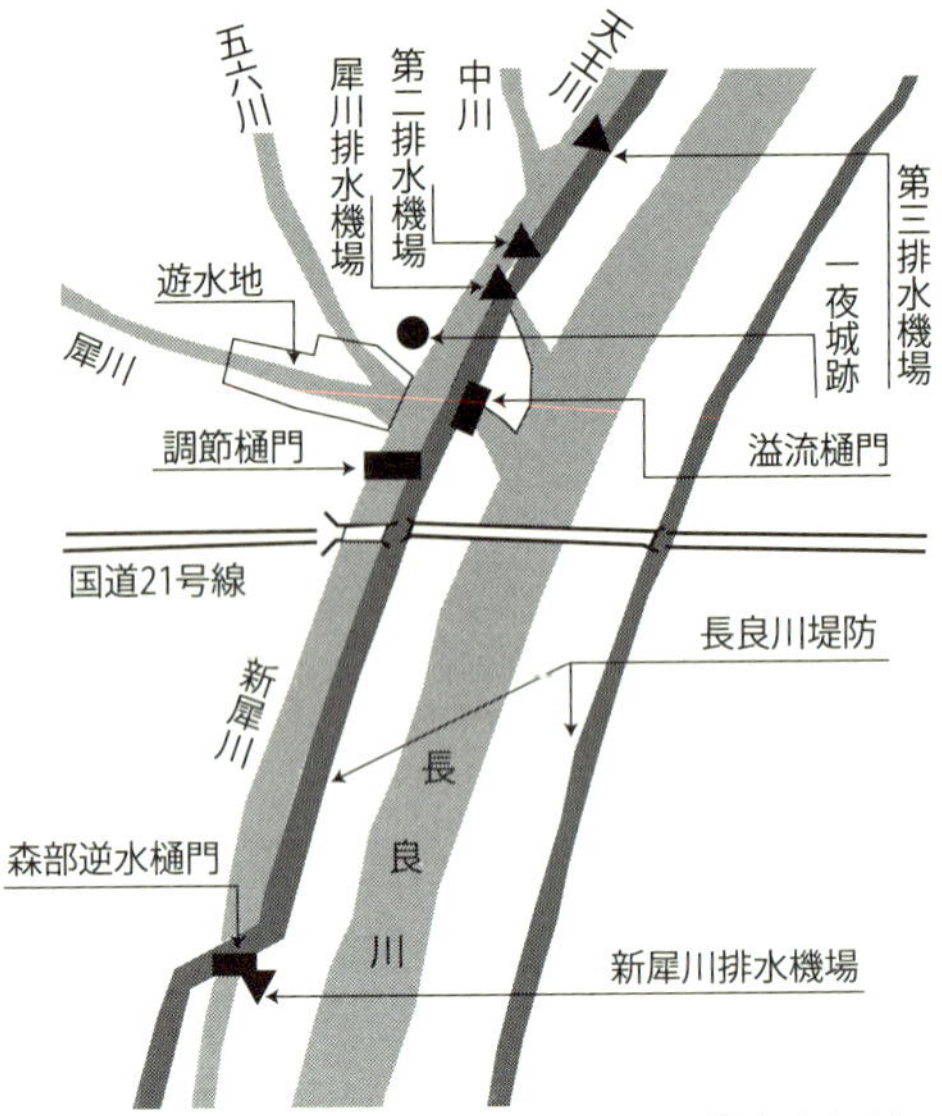

犀川沿いの排水機場分布（『木曽三川の治水史を語る』に加筆）

呼ばれる）」と命名された一九六一年六月二十四日から三十日の豪雨は、二十六日から二十七日にかけて、東海地方全域に豪雨をもたらした。

通常の洪水波形とは異なり、長良川のこのときの洪水波形は平坦で長時間にわたって高い水位を維持。小支川に溢れかえった濁水は本川に排水できない。小支川はすべて溢水、氾濫。低地部では広い地域にわたって一面湖水のようになり、各地の被害は甚大となった。

この災害を契機に、国は内水問題を重点対策に取り上げた。翌年の一九六二年、国が直接おこなう直轄内水対策事業が全国で三カ所採択された。一つは四国の吉野川の支川、他の二カ所は中部地区の水門川と犀川である。

一九六八年、この事業で犀川第二排水機場が完成した。これで、森部の新犀川排水機場を入れると三カ所の排水機場が設置された。しかし、まだ内水被害の恐れは去らない。一九七二年、天王川と糸貫川からの排水をする糸貫・天王川排水機場が完成した。

さらに、一九七六年災害での「昭和五十一年激特事業（河川激甚災害対策特別緊急事業の略称）」で、犀川第三排水機場が建設された。これで糸貫・天王川排水機場も加えると、合計五カ所の排水機場からの排水量は毎秒約八八㎥となった。二五mプールを四秒弱で空にする能力である。

これと同時に、ポンプ排水だけに頼らず、犀川の流末つまり一夜城付近に調整能力が東京ドーム（一二四万㎥）の約二倍に相当する二三〇万㎥の遊水地が建設された。

江戸時代から昭和の中頃まで、内水問題で上下流の村々が厳しく対立してきた地域も、ようやく安全な地域となったのである。

3　畑をつないだ堤防

長良川から分派して揖斐川に流れ込む大榑《おおぐれ》川分派地点で一七五五（宝暦五）年に薩摩藩が、その二年のちに自普請で農民が、長良川の洪水の際に一定量を越流させる洗堰《あらいぜき》を完成させた。

ところが、この洗堰の完成は、前節の墨俣地域だけではなく、他の地域にも思わぬ禍《わざわい》をもたらすことになったのである。河道が入り乱れていた時代では、一カ所を改良すると他の地域にその影響が及ぶことが多い。遠く離れた地域で新たな水との戦いが始まるのである。

大榑川の洗堰で水位を増した長良川の逆流から逃れるために、新たな堤防建設への住民たちの必死の努力と知恵がかたむけられた。ここでは、尾張藩上層部の冷たい仕打ちに抵抗した勇気と知恵ある代官の水との闘いを紹介したい。

洗堰建設以後の松枝輪中

旧木曽川の流路・境川は、墨俣の一夜城跡の対岸下流の羽島市西小熊で長良川左岸に合流している。その境川左岸中流部の現岐阜市柳津《やないづ》町と笠松町を含む尾張領の松枝輪中は、天明年間（一七八一～八八）まで、輪中の一部が堤防で囲まれていない不完全輪中であった。

柳津町には、境川左岸に沿って東から「東塚」、「北塚」、「南塚」と下流に向かって地名が残っている。この「塚」の地名が示すように、この付近は洪水の際にも冠水しない微高地であった。このような地形の有利性がある一方で、周囲の輪中との話し合いが困難だったこともあって、松枝輪中には、木曽川沿いに連続堤があったものの、境川沿い

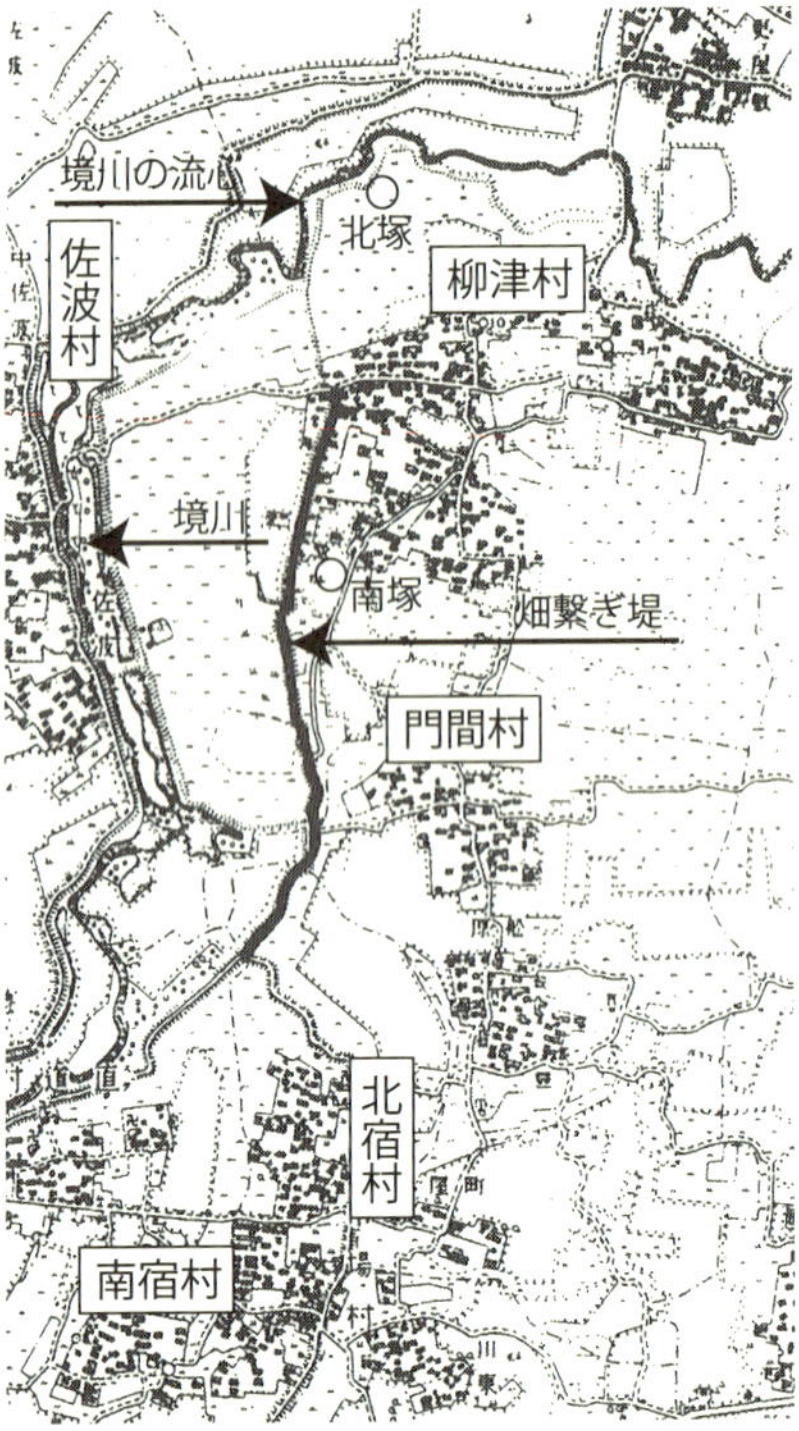

畑繋ぎ堤の分布図（『ふるさと笠松』に加筆）

には堤防がなかったのである。つまり、これまでは境川沿いの微高地が、堤防のない境川からの濁水の流入を防いできたのであった。一方、境川対岸の笠松輪中には、すでに宝永年間（一七〇四～一〇）に懸け廻し堤ができあがっていた。

大榑川の分派地点に完成した洗堰は、大榑川への濁流の流入を制限した。行き場をなくした濁流は、堰から七km以上も上流の旧木曽川の境川の水位を増し、笠松付近の水位をも押し上げた。

皮肉なことに、幕府の三川下流域の治水改良工事が、比較的これまで下流からの濁流の影響がなかった松枝輪中に新たな水禍を招くことになったのである。

境川からの濁水の浸入で、松枝輪中内は田畑の作物が腐る水腐れ場となり、作物の収穫が激減した。輪中の住民は生活を守るため、堤防の開口部つまり境川左岸の柳津から北宿《きたじゅく》（現羽島市足近《あぢか》）を結ぶ地点に堤防を築き、輪中を懸け廻し堤で囲むことを考えた。

堤防の建設

一七六七（明和四）年、松枝輪中の一〇カ村は境川沿いに堤防を建設する普請願いを現一宮市北方にあった尾張藩北方代官役所へ提出した。

【無届け堤防工事の開始】この願いに、周囲の輪中は猛然と反対した。周囲の輪中にとっては、松枝輪中へ濁水が流入するからこそ、自分たちの輪中が安全であった。ところが、新たに堤防が建設されると、境川を遡上してきた濁流が自分たちの輪中堤を襲う恐れが生じる。この時代、他の輪中の人びとの生活を考える前に、まずは自分たちが生きなければばならない。笠松郡代は堤防の必要性を認め、翌一七六八年の徳島藩らによるお手伝い普請の際に工事をするよう計画した。しかし、なぜか工事はおこなわれなかった。

松枝の農民は、度重なる災害に耐えきれない。ついに一七八三（天明三）年、役所に堤防新設の届けを出さずに工事を開始した。許可が出ていない堤防工事である。畑地に盛り土して畦《あぜ》道を繋ぎ、長さ約四五〇mの堤《つつみ》（畑繋ぎ堤）を築いた。しかしこの堤は、一部は出水で流され、残った堤もとり払いを命じられた。

この無届け工事による堤防取り払い命令の際、柳津村の奥村・渡辺・伊藤と北宿村の野田ら庄屋四人が、強く堤防建設を懇願した。しかし、聞き届けられず投獄された。庄屋四人のうち三人は投獄から八年の間に獄死した。庄屋たちの死因は不明である。『ふるさと笠松』は、「彼らは毒殺されたのだといわれている」と述べている。

【酒井代官の登場と堤の建設】最初の無届け工事から二十二年を経た一八〇五（文化二）年、再び農民たちは無届け工事をおこなった。今回も堤の一部は出水で流され、残りはまたも取り払いを命じられた。

この年の八月に、酒井七左衛門が北方代官所に川並奉行兼代官として赴任したのであった。農民たちの堤建設と獄死した庄屋たちへの熱い想いが、財務、民政畑を一貫して歩んできた「地方《じかた》巧者」酒井との運命的な出会いをつくりだしたのかもしれない。

松枝輪中を支配する北方役所の酒井代官の承認を得たのか、農民たちは堤の取り払いをせず、同年九月に、美濃郡代の笠松役所に堤の普請願いを提出した。しかし、この願書は堤建設に反対する村々のために差し戻しとなった。輪中の農民は、堤の取り払い延期の願いを出しつつ工事を続けた。再度の無届け工事から二年後の一八〇七（文化四）年、境川と平行して柳津から北宿を経て足近輪中の懸け廻し堤に接続する堤防約四八〇〇mが完成した。奇しくもこの年は、牢にただ一人生き残っていた庄屋の伊藤が獄死した年であった。

当時、木曽三川の流水に影響を及ぼす工事は、笠松郡代と多良の水行奉行高木家の承認が必要であった。さらに最も厄介なことは、新工事の影響を受けると考えられる村々の同意が条件となっていた。提出した普請願いの却下にもかかわらず畑繋ぎ堤をつくったのは、明らかにルール違反である。代官酒井の暗黙の了解があったと思われる。

この年、出水があった。加納輪中の北に位置する現岐阜市と柳津町佐波《さば》一帯の加納藩の加納輪中は排水不良で、田畑は水に浸かった。加納輪中は畑繋ぎ堤に猛反発した。むろん、周囲の輪中も黙ってはいない。「新堤を取りつぶせ」と役所に訴え出た。一方、松枝輪中は、「畑の土が流されたので、元通りにするために土を置いた」と主張した。通常ならば、このような詭弁《きべん》が通るはずもない。しかし、勇気と知恵のある代官によって、この主張は驚くことに聞き入れられ、畑繋ぎ堤は取りつぶされなかったのである。

北方代官・酒井七左衛門の苦悩

酒井の通称「七左衛門」と酒井への尾張藩の処遇について、林薫一は興味ある指摘をしている。まずその通称について、各町史によって、七右衛門あるいは七左衛門と、「右・左」の文字が異なっているのである。林はこの違いについて明快に、尾張藩の藩政史資料より、諱《いみな》が正照で通称七左衛門であると述べている。また林によれば、酒井の北方代官から大番組与頭《くみがしら》への栄転が、じつは尾張藩の冷酷な仕打ちであったという。これについては後で触れたい。

酒井は、一七六三（宝暦十三）年に浪人から尾張九代藩主徳川宗睦《むねちか》の勘定方並手代に仕官がかなった。文官の酒井はその才能を発揮して順調に出世、一八〇五年に川並奉行兼北方代官に就任したのである。その後、一八一一（文化八）年に大番組与頭に転じるまで在任した。

【評定所での酒井の答弁】猛烈な笠松輪中の申し入れに対し、酒井代官は全面的に柳津と北宿二カ村の言い分を認めた。笠松輪中からの訴えに対する代官所の返答は、「田畑に土を入れたのならば、すぐ取り払うよう申しつける」と述べつつ、松枝輪中の「畑の流失土を補充した」との詭弁を認めたのである。

この返答ののち、笠松役所の勧《すす》めもあり、一八一一年、畑繋ぎ堤はつくってよいが、「美濃郡代が加納側の堤を丈夫にする工事などの普請費用を江戸勘定所より借金をする」案でまとまった。しかし、「お沙汰に及ばされ難い」と、普請費用を江戸勘定所で拝借することに失敗。加納輪中は酒井の非を江戸評定所に訴え出た。

訴えを受けた江戸評定所は尾張藩に質問を投げかけ、その返答として、尾張藩は酒井を一八一三（文化十）年に江戸評定所へ向かわせた。

この年にはすでに酒井は大番組に転身していたが、酒井にとって、時期があまりにも悪かった。当時の尾張藩は宗睦亡き後の養子・斉朝《なりとも》が徳川吉宗の曾孫、奥方は一一代将軍徳川家斉《いえなり》の娘であった。このような尾張藩の状況をふまえ、林は、「藩政府の中枢は、幕領はもとより、他藩領とのトラブルを避けたいとの空気が醸成されていたとしてもふしぎでない」と述べている。さらに、「彼は藩の高官から白眼視され、次第に孤立し、苦境に陥っていたのではないか」、「冷ややかな雰囲気の中を確固たる信念と強烈な闘志を胸に秘め、江戸に向かった」と述べている。

酒井は江戸評定所で、「独り加納領の民のみ天下の民にしてその他は天下の民に非ざるの理《ことわり》なし」と、両輪中の村民は徳川家の大切な人民であると、前置きで述べてから、「水を治めるための堤だから両岸にあってこそ、水は治まる」と、酒井自身の「治水に関する限り、人は平等である」との考えを吐露した。さらに酒井は、「上司から見て、もしこの判断が誤っているならば、罰せられてもよい」と、強い信念を示した。

【尾張藩の冷たい仕打ち】林は、酒井が江戸に向かった年の尾張藩の冷たい仕打ちを尾張藩の書類で明らかにしている。酒井の拝領屋敷は名古屋城下東南部の西新町にあり、大番組への転身に際して名古屋の屋敷へ移る必要があった。しかし酒井は、畑繋ぎ堤の残務処理のために北方陣屋を引き払えなかった。「一八一三（文化十）年二月になっても、北方陣屋に詰めたままで延引し、不都合である。よって屋敷を公納し、差し控えを命じる」と、藩主脳分はきわめて冷たい処分をおこなっている。

想像を膨らますと、尾張藩は幕府や加納藩とのトラブルを避けるために、酒井を畑繋ぎ堤問題が解決の糸口につい

畑繋ぎ太神宮に残る堤防跡

た一八一一年に川並奉行の上級職である大番組与頭《くみがしら》に「栄転」させ、民衆と親しく接する職から酒井を遠ざけたと、考えられる。そのため、二年近くも北方陣屋で残務処理にかかり切りとなったのだろう。

畑繋ぎ堤問題は、一八一四（文化十一）年に示談が成立した。その内容は、堤の高さを約一・二mとする、境川が長良川に合流する付近の狭い川幅を拡幅する、拡幅工事費用は松枝輪中と加納領が均等に負担し、年一割五分の利息で五年間の複利で倍額にして工事費用に充てる、堤の影響を受ける村々に計六〇〇両あまりを支払う、というものであった。工事は五年後の一八一九（文政二）年に完成した。この年に、酒井七左衛門は病死した。

酒井が北方代官所にいつまで滞在していたか不明である。しかし尾張藩の書類で、一八一三年には滞在していたことが明らかであり、翌年の示談交渉にも、酒井は関わっていたのだろう。

酒井が亡くなってから十五年後の一八三四年（天保五）年、念願の懸け廻し堤の願いが入れられ、境川沿いの懸け廻し堤が完成したのである。実に、無届けで堤防建設を始めてから五十年以上の歳月を費やして、松枝輪中は懸け廻し堤で守られることになった。

畑繋ぎ太神宮

柳津町が紡績工場を誘致した際、畑繋ぎ堤は埋め立て用の土として削り取られた。現在この工場跡地には、大規模なショッピングセンターが建っている。畑繋ぎ堤の面影を町内で探すのは難しくなったが、畑繋ぎ太神宮（神明神社）

内には、高さ一mほどの畑繋ぎ堤が一部残されている。

一八一九年に酒井は七十三歳で病死した。輪中の農民はその遺骨をもらい受けて南船原村慈眼寺境内に碑を建立した。翌年、獄死した四人の庄屋と輪中の大恩人・酒井七左衛門の墓前で法要がおこなわれた。慈眼寺での追悼供養はそれ以後十年ごとにおこなわれている。

四人の庄屋の身を捨てた強訴と獄死が輪中住民の怒りを堤防建設へと駆り立て、酒井の治水への信念と輪中住民への想いによって、畑繋ぎ堤が完成したのである。輪中の人びとは、庄屋たちと酒井の行動に感謝し、彼ら先人の偉業を代々子孫に伝えてきた。

柳津町丸野二丁目の畑繋ぎ太神宮に、松枝輪中の守護神として五人が祀られ、毎年春と秋の二回祭礼がおこなわれている。

4　高木家の農民一揆

水行奉行の高木三家は、現大垣市上石津《かみいしづ》町時《とき》と多良《たら》の地を支配した。この地は、高木家の河川の維持・管理技術が集積した地であり、他の地域に比べて洪水被害が少なかったと、考えられがちである。しかし、高木家は河川改修や維持技術に秀でた技術者集団というより河川行政官であった。つまり、高木家の支配地も他の地域と同様、洪水被害を常に受けていたのである。さらに、支配地の石高の低さと参勤交代の費用などで、家計は火の車であった。一揆も発生している。

蛇行する牧田川と高木家

【大きく蛇行する牧田川】時と多良の地を貫流する牧田川は、大垣市上石津町南西部の滋賀との県境が源流部である。

源流谷の幾里谷は藪谷を合流して、三重県境に沿って東流する。その後、養老山地の西山麓に沿って北流した後、養老山地の北端部をほぼ一八〇度回り込み、養老で濃尾平野に出る。そののち、揖斐川右岸側の輪之内町塩喰《しおばみ》で杭瀬川を合流して、揖斐川に注ぎ込んでいる。牧田川は、源流部から濃尾平野に流れ出るまでの距離約二七㎞を平均こう配約四〇分の一の急勾配で、東・北・南と大きく流れの方向を変えながら流れ下っている。

多良上流部には、小さな蛇行部はいたるところにある。そのなかで、見事な蛇行部が多良峡で見られる。牧田川沿いの一之瀬と下多良の間が、水遊びやキャンプなどが楽しめ、紅葉も美しい多良峡である。

国道三六五号線で一之瀬に向かう。上石津トンネル直前の川西の交差点を左折して川沿いの旧道に入ると、多良峡林間広場の標識が出てくる。ここに架かっている吊り橋の付近では、まだ川幅が大きくない牧田川が、一八〇度流れの方向を変えている。前にも後ろにも川が流れ、一瞬、二本の別の川かと思うほどである。

西高木家の表門

牧田川は、大小の蛇行を繰り返している。蛇行部では水の流れが妨げられて水位が上昇、一方、減水時にはなかなか水が減らない。また、湾曲部に激突する濁流が堤防を破壊することもある。さらに、揖斐川の水位が洪水で上昇すると、支川である牧田川は揖斐川の高い水位の影響を受けてさらに流れにくくなり、ついに堤防が決壊する。牧田川周辺は洪水の常襲地帯であり、この上流域が高木家の知行地である。

【参勤交代のある旗本・高木三家】木曽三川の治水に尽くした高木家は、上総《かずさ》（千葉県中部）・武蔵（埼玉県、東京都と神奈川県東部の一部）・相模《さがみ》国（神奈川県中部）を与えられていたが、一六〇〇（慶長五）年の関ケ原の戦で、徳川勢の先導役として軍功を挙げた。そこで翌年の八月、旗本高木家は、徳川方の先鋒として西軍に備える役目を担い、美濃国石津郡（現大垣市上石津町）の時・多良に移された。旗本高木三家は西家が二三〇〇石、東・北家がそれぞれ一〇〇〇石で、明治維新までこの地を治めるのである。

幕府による分轄統治はこの地も例外ではなかった。牧田川の最上流部に位置する時郷だけは、のちに高木家だけの知行地になるが、多良郷二四カ村は幕府領、尾張領、旗本領、大垣藩、寺社領それに高木三家で治める複雑な支配関係であった。

支配関係が錯綜すると、当然、堤防などの維持・管理さらに補修に関しても、支配者間での話し合いが必要となる。現代のマンションを想像すればよい。建物に何か故障が発生しても、全住民の意志が決まらないとマンションの修復工事に取りかかれないのと同じだ。

当時の旗本の多くは江戸に在住し、知行地に陣屋を設けて代官などに支配させていた。しかし高木家は、大名に準じて常時知行地の多良屋敷に居住した。江戸屋敷には留守居役を置き、西家と東・北家で隔年に参勤交代をする。江戸屋敷の維持費や参勤交代に金がかかる。

入府以来、高木家は木曽川水系の普請奉行をつとめ、水争いや境界地争いの調停にあたってきた。一七〇四（宝永元）年から翌年にかけて、川の流れの障害になる草・木・竹藪から小屋までも取り払う「宝永の大取り払い」が三川流域でおこなわれた。高木家は翌年の一七〇五年から、毎年の恒例となった取り払いが規則通りおこなわれているか巡視する、美濃・尾張・伊勢の川通《かわどおり》係（水行奉行）も命じられた。以来、幕末まで一貫して諸河川の巡視をおこなってきた。

以下に、高木三家の知行地での洪水をめぐる顛末を紹介したい。

暴れまわる牧田川

当時の堤防建設技術は未熟で、さらに堤防は上流から下流まで一貫して維持・管理されていない。その地の支配領主ごとに管理している。堤防工事はお互いに利害が反する。一方の堤防が強固になると、他方の堤防が弱くなる道理である。濁流は容赦なく堤防の弱い部分を破壊する。破堤した周辺の田畑は流失、美田は石が散乱する荒野と変貌した。

【洪水に襲われる高木家知行地】牧田川の川筋は一五六六（永禄九）年の大洪水で大きく変わったが、これ以降も、川筋が変化するほどの洪水が何度も発生している。

高木家が時・多良に移る五年前の一五九六（慶長元）年七月、源流部に近い時郷の山が大雨で崩壊した。山から押し出した土石流は牧田川を塞いで天然ダムを築き、上流からの濁流を堰き止め、時郷は三十日以上も水に沈んだ。そののち、天然ダムは堰き止めた膨大な濁水の水圧で決壊した。天然ダムの決壊で土石流と化した激流は、下流の多良郷の家屋を押しつぶし、田畑を土石で埋め、川筋をも変えた。

多良峡の牧田川

この大土石流発生から七年後、高木家が入府して二年後の一六〇三年七月、雨が十一日間も降り続けた。牧田川の水位は増え続け、さらに川の蛇行部で流れが滞り、堤防から溢れた濁水で、あちこちが小湖水のようになった。木曽三川の普請奉行をつとめる高木家は、皮肉にも常に洪水に見舞われる土地に入府したのである。

一六一〇（慶長十五）年と一六五〇（慶安三）年の洪水でも、田畑が流失した。特に、一六五〇年の洪水では、岐阜と養老間が舟で往来できるほどであった。大垣城二之丸御殿は一m以上も水に浸かり、大垣領内だけで流失家屋三五〇二軒、死者一五〇〇人以上に達したと、大垣藩主戸田氏鉄が記しているほどである。この洪水は、「濃州大洪水」、「寅《とら》の洪水」、「枝広《えだひろ》の洪水」などと呼ばれ、後々まで語られた。この洪水の際にも、高木三家は自分の領地の災害復旧に後ろ髪を引かれつつ、美濃国奉行の岡田善政と共に普請奉行を命じられ、日夜、各地の復旧につとめた。

一方、時郷の村人はこの洪水で流失した田畑を元に戻す努力を長年おこなってきた。しかし、どうしても八反（約八〇〇〇㎡）の田を元に戻すことができなかった。なんと洪水から約一一〇年後の一七五九（宝暦九）年、高木家は毎年金二分（〇・五両）と人足二〇人を村に援助、村は自普請で約二〇〇m決壊した堤防跡に刎《は》ね篭などを設置して新堤をつくり、六年後にようやく流失した八反の田を元に戻した。ところが、同年八月にまたしても、ようやく築いた堤防までも破壊される大洪水に襲われている。

【高木三家の普請費割合】富士山の「宝永噴火」の翌年、一七〇八（宝永五）年の六月と七月に大雨が降った。高木家が治める源流部に近い時郷の幾里谷と藪谷は大洪水となった。山肌の沢からの出水も極めて多く、谷は溢れ、山崩れも発生した。堤防一二一カ所、護岸施設二二カ所が全壊、半壊は一四九カ所にもおよぶ大災害となり、高木三家の知行地での田畑は、三家それぞれ二割前後も荒地になった。

同年十二月、高木三家は、自力での普請が困難だから、幕府が工事費の一部を負担する「国役普請にしてほしい」旨の書類を幕府に提出した。美濃郡代は復旧に要する人足数を一五万二七七〇人と見積もった。しかし国役普請ではなく、「領主普請」や「自普請」で工事をしたようである。

ここで「国役普請」とは、幕府が公私領の区別なく徴発人夫によっておこなう普請である。のちには普請費用が一定以上になると、一〇分の一を幕府が負担し、残りを関係した村々から公私領の別なく徴収した税（国役金）で工事をおこなった。なお工事をおこなう場合、よく採用された三家の配分は、各家の知行地の石高にほぼ比例させ、二（西家）対一（東家）対一（北家）であった。

しかし、一八四四（弘化元）年のときには、十一・五（西）対五（東）対五（北）の「二十一半割」と、石高を正確に反映した分担割合にしている。このような分担割合も、各家の財政が厳しくなったためと考えられる。

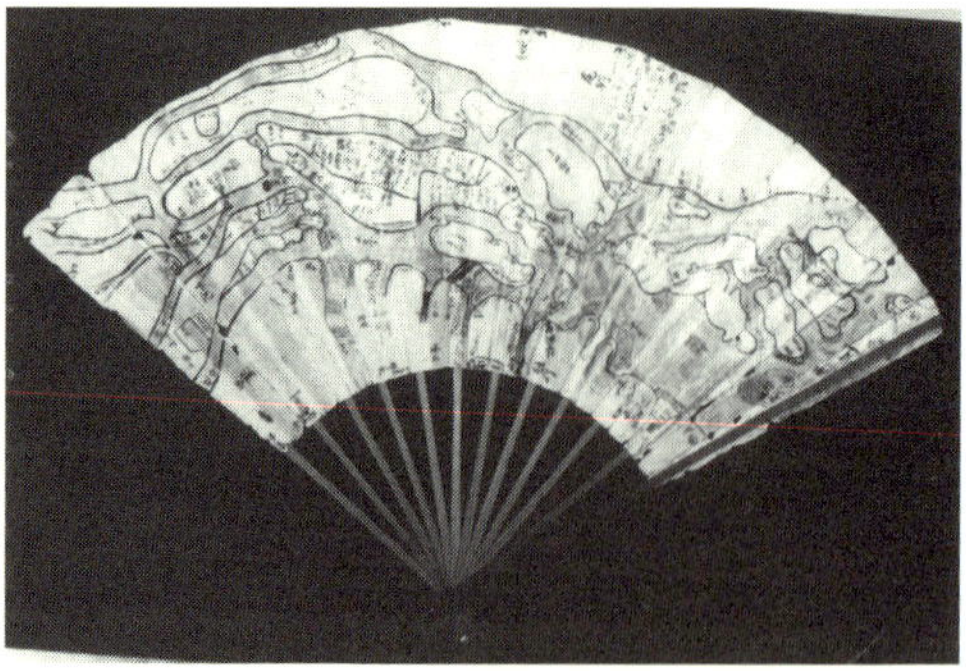

宝暦治水の担当者高木新兵衛が使用した扇(木曽川文庫蔵)

水行奉行高木家の農民一揆

【火の車の高木家】高木家は、木曽三川の普請見回りをつとめた年とその翌年は、約二〇〇両は費やす参勤交代が「参府御免」となっていた。しかし、たとえ参勤交代が免除されても、諸役のため相当に経費がかかる。一方収入は、西高木家の知行高は多良郷九カ村・時郷七カ村の二三〇〇石であるが、一六一七(元和三)年の実質石高は約一八三〇石で、各年の平均石高は約二割減の収入が常であった。高木家の財政は、時・多良に入府以来、常に逼迫していた。

一六二六(寛永三)年、時山村は不作で六石(米一五俵)あまりの納税を拒否、その影響は時郷のすべての村に波及した。幸いこの騒動は、美濃国奉行岡田将監善同《しょうげんよしあつ》の裁定によって事態が収拾されたが、農民は生産性の低い土地での生活にやっとで、納税する余裕は完全になかった。

幕府や藩は、幕藩体制の維持に懸命であった。しかし、外交問題に絡んで、幕府の無力化に拍車をかけ、ついに幕藩体制の崩壊、明治維新へと大きく歯車が動き出していた時期に、農民一揆が発生した。

西高木家は、引き続き財政不足であった。ついに、一八二五(文政八)年と一八三三(天保四)年に家政の改革を断行した。

天保年間(一八三〇~四三)の石高は約一七三〇石と三割近くに減収、西高木家の財政は入府以来の火の車となっていた。一八三三年の家政改革は、一年前に館が類焼し、借財は合計約三七九〇両と西高木家の年間収入の五年分近くになり、財政再建の「人減らし」、今で言う「リストラ策」を打ち出した。また、時・多良郷の各村に対して三〇〇両の献金と、両郷が他からも三〇〇両借りて献金する案もこの財政再建計画に含まれていた。米一五俵を納めれなかった村人に酷な要求である。

ちなみに返済額を見ると、一八三一（天保二）年の借入金二一三一両の返済金が元金二二七両に対して利息分二四六両と利息の方が多い。これでは、現代の「多重債務」状態。元金は減らずますます火の車になるのが当たり前である。

【村名義で借りた高木家の借金】ついに西高木家は、一八四五（弘化二）年、紀州藩志賀谷《しがたに》の貸しつけ金役所から八○○両の大金を借りた。この金の借り方が多良村騒動とも言われる弘化一揆の始まりであった。

金は、借金の抵当とした領主所有の山を領内の村に払い下げる名目で、領内の村の名義で借用したのである。これでは山の払い下げではなく借金の払い下げである。

返済のめどもなく借用人にされた多良の庄屋たちは、貸付先の役所へ返済期日の延期を願い出た。しかし、相手は期日までの返済を強硬に迫った。返済期日は七月二十日である。七月六日、返済金や路銀の一部にでもと、せっぱ詰まった多良領内の農民は払い下げられる約束の山に入り、木を切り倒し始めた。この事を知った高木家の役人は伐採の中止を必死に説き伏せ、ようやく村人は実力行使を止めた。翌日、館の白州で首謀者とされた三名の庄屋は、木を伐採する正当性は認められたが、「無届けで伐採した」罪を問われ、謹慎処分でこの件は落着した。

矢のような返済の催促が、時・多良の庄屋たちに来る。そこで、庄屋たちは、領主側からも返済期日の延長を紀州藩の役所に願い出ることを希望した。しかし、逆に領主側は、利息だけでも村が期日までに支払うことを強要した。これでは話にならない。

【一揆の結末】二十一日、時郷の庄屋は、貸付先の役所へ返済期日を八月十日まで延ばすよう延納願いに向かった。一方、多良郷の庄屋は、「理不尽な金の貸借関係をつくり出した張本人は、家政を任されている役人である」と結論し、お台所算用方《さんようがた》の森勝右衛門をはじめ五名の役職を解く「訴状」を下書きし、筆跡を知られていない者が清書して館の門内に投じた。時を同じくして、多良郷の数百人の農民が森勝右衛門宅の打ち壊しに向かったのである。

二十一日の夜からの騒動は、高木家の役人の打ち壊し中止の説得も届かない。農民たちの怒りは治まらず、さらに翌日の炎天下での疲れも加わり、よけいに殺気立った。ついに二十三日午前七時、訴状の内容がすべて認められた。

高木家からの返答は、志賀谷からの借用金については、領主側が平穏に済むように嘆願する、罷免を要求されている役人を願い通り処置する、勝手方取り締まりの件は商人を入れて解決する、という内容であった。農民たちはこれを了承。二十一日から引き続いてきた集合を解散して、農民は村ごとに引き上げていった。農民が徒党を組み強訴した処分については、九月二十四日から十二月二十七日までに全員呼び出され、庄屋役取り上げ、代官取り上げ、入牢、追放などの処分がなされたが、二十七日以降は順次御免（お許し）となった。

村への借金の「払い下げ」はまずかった。しかし、暴れる牧田川が田畑を押し流し、農民を困窮させ、その地を支配する高木家の財政をも逼迫させたのである。

5 長良川の洪水

上流域での水害は、下流域とは被害の様相が大きく異なる。上流域での豪雨は土石流を発生させ、流下した石礫と樹木が家屋を押しつぶし、田畑を荒野に変えて川に押しだす。さらに、堤防を乗り越えた濁流は巨石や樹木とともに下流の家屋や田畑を埋め尽くし、さながら原始の河原を再現する。

ここでは、これまで長良川で発生した洪水災害のいくつかを振り返っていこう。

郡上八幡の慈恩禅寺裏山の崩壊

郡上八幡の慈恩禅寺《じおんぜんじ》は、一六〇六（慶長十一）年、八幡城主遠藤康隆が京都妙心寺の半山禅師を迎えて創建した寺である。

一八九三（明治二十六）年八月二十三日午前五時頃、慈恩禅寺の裏山が豪雨で崩壊、寺が土砂で埋まった。『郡上八幡町史』によれば、十九日から二十三日までの降雨量は約九四〇㎜に達し、この降雨量は八幡の年間降雨量の三分の一にも相当する量である。

　この年の八月は十六日まで雨が降らず、田畑の作物は枯れ死寸前であった。十七日頃から待望の雨がシトシトと降り始めたが、今度は一転して止まず、連日降り続けた。二十一日の午後四時頃には、吉田川の宮ヶ瀬橋下流に架かっていた仮橋は、吉田川の激流で今にも流される寸前。同年一月に落成したばかりの吊り橋の宮ヶ瀬橋も警戒態勢となった。二十二日の午後から再び豪雨になった。夜に入って濁流の激しさはさらに増し、各家は吊り提灯《ちょうちん》を軒先に出して警戒出動する人びとの往来に便宜を与えた。

【氾濫する川】二十二日午後一〇時頃に仮橋と付近の別荘、さらに沿岸の水車場二三戸が流された。午後一二時頃には、宮ヶ瀬橋も流され、付近の製糸工場三棟が全壊、二棟が半壊となる凄まじさであった。雨はこの頃からさらに激しくなり、吉田川に注ぐ右支川の小駄良《おだら》川と左支川の犬啼《いんなき》川や乙姫《おとひめ》川（名広川）も水かさを増した。乙姫川の右岸側に慈恩禅寺がある。乙姫川は東殿山《とうどやま》からの溢れかえった濁流を吉田川に注いでいた。

　土砂とともに次々と流れてきた大木が乙姫川の乙姫橋に架かり、堰上げられた濁水が氾濫した。乙姫川左岸側の新町や今町裏手の石垣はほとんど崩壊、最勝寺大門通りの幅約一・五mの石畳もすべて流された。一方、乙姫川右岸の町内一帯は、深いところで床上七〇cmに達し、家からタンスなどの家財道具が流れ出す有様であった。

　二十三日午前零時、仮橋と宮ヶ瀬橋の流失で、吉田川を挟んだ両岸の交通は断たれた。橋の流失で吉田川右岸が崩壊した。二軒の家が倒壊、吊り提灯から火が出た。豪雨のなか、左岸側の北町消防団は火事を見守るほかなく、倒壊した二軒と八幡郵便局が全焼した。午前三時頃には、山林崩壊で一家六人が生き埋めとなった。

慈恩禅寺

当時、八幡町島谷小学校に奉職していた松野数代は、この時の人びとの有様を、「人民は唯戦々慄々、天を仰いで安全を祈るあり、念仏を唱えるあり、家を捨て逃ぐるあり、その混雑実に名状すべからざる」と記している。

【裏山の崩壊】乙姫川周辺の人びとは、慈恩禅寺や島谷小学校に難を逃れた。二十三日午前五時頃、轟音とともに慈恩禅寺の裏山が長さ約二〇〇mあまり崩壊した。本堂、坊経堂、鐘楼など付近一帯が約九mも土砂に埋没。寺に避難していた数十名のうち、寺の小僧二人を含む二六名が生き埋めとなった。慈恩禅寺は山門と勅使門だけを残し、すべて埋没した。

生き埋めになったのは、二歳から十三歳までの一家の子供四人全員をはじめ、母親と女児二名など、母親と子供たちが主であった。寺に女子供を避難させ、男たちは吉田川や乙姫川での警戒・救援活動に出ていたのだろう。五人の父親が家族全員をなくした。

赤土で全身土まみれとなった遺体は、二十五日までに腐乱が進んだ状態で掘り出された。ところで、慈恩禅寺の二人の住職は、一人は未明に乙姫川の出水状況を、一人は町の被害を見に出ていて、奇跡的にこの被害を免れている。

この八幡町の大災害時に特筆すべき快挙がある。町内の米穀商人らは、この大出水と山の崩壊の大惨事に際して、諸物価の暴騰と人心の不安を防ぐため、当時一升七銭から八銭の米を「米一升十銭以上に値上げしない」と取り決め、各家に三升まで売り渡すことを決めたのである。

郡上を襲った伊勢湾台風

二〇〇八年九月は、一九五九（昭和三十四）年に東海三県を襲った伊勢湾台風から五十年目である。伊勢湾台風と聞くと、木曽三川下流域や沿岸部の惨状が思い起こされるが、上流域の郡上八幡でも大きな爪痕を残した。

九月二十六日、中部地方を襲った伊勢湾台風は夕刻より暴れ出した。午後九時頃には豪雨を伴い、台風の中心は伊勢湾から郡上地方、飛騨高山付近を通過した。

白鳥橋下流の長良川

豪雨を集めた長良川の激流は、八幡町稲成水位観測所で二十六日午後十一時四十分に警戒水位のほぼ二倍を記録、各地で溢水・破堤した。被害は、越美南線（現長良川鉄道）の橋梁流失二一カ所、道路決壊三四カ所をはじめ、堤防決壊九カ所、家屋の全・半壊一一四戸と惨憺たるものである。特に現郡上市白鳥《しろとり》町の白鳥橋下流の雲雀《ひばり》町では、堤防が決壊。流失世帯三九世帯、死者七名、負傷者一名の大惨事となった。白鳥橋下流の雲雀町は、長良川が右岸側に緩く湾曲した凸状左岸側の新開地であった。

二十六日午後十一時頃、雲雀町の住民は、大石が川底を転がる不気味な音を聴き、恐怖を覚えた。十一時十五分頃、凸状に湾曲した左岸本堤防が決壊した。濁流が床上に浸水、異常な状況に気づいた住民が玄関を開けると、今まで戸で遮られていた濁水がどっと家の中になだれ込み、玄関の外は胸まで達する水位となっていた。一般住宅や教員住宅さらに社宅の人びとが濁流の中を体一つで避難した。母親と妻それに十二歳の息子の三人が濁流の中を、助けを呼びながら流されていった。声を聞き姿を見ても助ける術はなかった。また、出張中の主人だけを残して、家族四人全員も濁流に呑み込まれた。濁流は、雲雀町の馬を遠く離れた岐阜市の鏡島《かがしま》に打ち上げた。

流失した田は、全耕作面積の約五％に当たる約二五万㎡、冠水した田は四六万㎡であった。

すぐさま決壊箇所の護岸工事がおこなわれた。翌年には河川改修を目的とした改良復旧工事がなされた。

復旧の最重要工事は、多くの流失家屋と貴重な人命をなくした旧雲雀町付近の拡幅工事である。このため、旧雲雀町の工場、宅地、耕地、旧堤防などを取り払って引き堤をおこなった。両岸は練り石積みで構築、下流部に床固め工を施す大工事であった。

現在、白鳥橋から下流を見ると、左岸堤防は緩いS字状カーブで下流側に接続しており、左岸側の引き堤で、半分ほどの面積になった雲雀町の地名は、今はない。

白鳥町の災害はさらに引き続いた。伊勢湾台風の傷跡がまだ癒えない一年後の八月十一日から、台風一一、一二号が前年の伊勢湾台風を大きく上回る集中豪雨をもたらした。さらにこの半月後の八月三十日からの台風一六号は、白鳥町に災害救助法が発令されるほどの被害をもたらした。

長谷川宮繁は、一九六〇年に発生したこの三つの台風を顧みて、「洪水による農地の流失、浸水、埋没などは伊勢湾台風における根古地《ねごじ》（揖斐川右岸、養老町根古地）のごとく、どこか遠い下流に起こることのように思っていたが」と述べている。

破堤すると、上流域も下流域と同様に田畑が瓦礫で埋まる。が、むしろ上流域では、流れ出た巨礫や樹木などが田畑を埋め、被害はいっそう深刻であった。

五十一年安八災害

一九七六（昭和五十一）年九月十二日午前十時二十八分頃、岐阜市下流に位置している安八郡安八町大森の長良川右岸堤防が延長約八〇mにわたって決壊、安八、墨俣両町は濁流に呑み込まれた。

【台風一七号と長良川墨俣の水位】九月四日グァム島の南西海上に発生した大型台風一七号は、日本海から東に延びる前線を刺激した。岐阜県地方は美濃平野部を中心に雷を伴う集中豪雨を見舞い、早くも同日二十三時には大雨・洪水警報が出された。

九日も台風はゆっくり北上した。前線は本州に停滞、衰えを見せず長良川流域を中心に強い雨を降らせた。十日午前中は小康状態となったが、午後から再び長良川、揖斐川流域を中心に激しい雨が降り続いた。墨俣の水位は、九日午前零時から上昇を始め、計画高水位の七・九四ｍをわずか五〇㎝低い最高水位を記録。水位は、九日午前から三〇時間以上も墨俣の警戒水位を越えた。そののちいったん減水したものの、十一日の未明から再び警戒水位を三〇時間以上も越え、二度目の洪水ピークが過ぎた十二日午前十時二十八分、堤防が決壊した。

【長良川の破堤】「切れるはずがない」と、誰もが考えていた長良川本堤が決壊した。破堤場所は岐阜市忠節橋下流約一四㎞の安八郡安八町大森の長良川右岸であった。

破堤の経過は以下のとおりである。九日九時頃には、長良川右岸沿いの森部逆水樋門付近から南條（破堤箇所下流）間で、直径三〇㎝、噴出高さ約一五㎝ほどの河間《がま》（最終的に二〇カ所）が噴きだした。ほかの堤防斜面も各所で崩れ、漏水が発生した。危険の兆候である。水防団員たちは、河間の周囲や堤防に土嚢《どのう》を積んだ。

時間の経過とともに、河間はさらに数を増し、堤防斜面の崩壊や亀裂も拡大していった。亀裂への応急処置、さらに新しい亀裂の発見と、息つく暇もない水防作業の連続であった。

悲劇の十二日である。六時三十分、新たな亀裂が見つかっ

長良川の破堤（木曽川上流河川事務所蔵）

破堤地跡の治水観音尊像

た。この亀裂は時間とともに拡大し、亀裂の中に泥水が溜まってきた。底をついた水防機材を各地からかき集め、亀裂を止める杭打ち応急工事が九時前から始まった。十時二十分頃、土嚢一〇〇〇俵を使用した応急工事が終了した。しかし、この時すでに堤防は決壊へと向かっていた。

十時二十五分頃、足元がグラグラ揺れ、住宅地側の堤防斜面に亀裂が増えた。この時、堤防頂部が沈下するとともに、堤防斜面中ほどから幅三〇mぐらいが大きく崩れ、長良川右岸堤防が決壊した。

安八町役場には、「長良川堤防決壊の碑」が建立され、破堤した地には殉職者の冥福と町の治水を永遠に祈願して、治水観音尊像が祀られている。

【輪中堤による明暗】破堤場所の下流は安八郡輪之内町である。堤防決壊と同時にサイレンが鳴り響き、輪之内町住民に避難命令が出された。「もはや無用」とささやかれていた輪中堤に頼るしか術がなかった。

輪之内町消防団は、八日の夜半から長良・揖斐両川の堤防警戒、九日夜半から堤防の補強作業と休むひまなく続き、疲れ切っていた。しかし安八町内に流れ込んだ濁流が輪之内町へ押し寄せてきている。疲れ切った消防団員や地元住民、さらに下流の高須輪中の水防団や大垣市消防団が、安八町と輪之内町を分ける輪中堤に駆けつけた。

防水の砦は、この福束輪中堤の切割部分（陸閘《りくこう》）の締め切りである。破堤地から溢れ出た濁流は、約五時間半後の十六時頃に福束輪中堤に押し寄せた。この五時間半が明暗を分けた。福束輪中の十連坊などの切割部分は板と土嚢で閉鎖され、大部分の濁水がここで堰き止められた。

同様に輪中堤で助かった地域がある。破堤地から西に向かった濁流は十七時頃に牧地域の東部に押し寄せた。幸い

輪中堤上から見た十連坊の切割

ここは、旧牧輪中堤と地盤の高いところであった。地域住民は旧輪中堤上に土嚢積みと畳による防水活動をおこない、一部を除いて浸水を免れた。

輪中堤が有効な水防手段であることが改めて認識された出来事である。しかし、いったん撤去した輪中堤を再建設するのは現実的ではない。今残っている輪中堤をどう生かすかが今後の課題であろう。

しかし今後は、輪中堤などいわばハード面だけではなく、地域住民の水防に対する意識つまりソフト面も極めて重要になるであろう。

安藤萬寿男は『岐阜県の昭和史』のなかで、「今日の輪中地域は大きく都市化し、農家の大部分が兼業化して、今日の水防組織は官製的で、地域住民の末端にまで血の通った組織とは見なしえない」、と嘆きつつ、「輪中の本質である水防共同体を今日の社会経済的条件に即して、どのように生きた組織体として再編成するかが、将来の輪中の課題と言える」と、今後の地域の水防組織の再検討を課題に挙げている。

【コラム】わかりやすくなった風水害情報

誰もが災害に遭いたくはない。だが、災害が発生する危険が迫れば、家財は二の次にしても、速やかに家族全員、安全なところに避難したい。

これまでの防災用語は、用語自体の理解が難しいものが少なからずあった。例えば、計画高水位《こうすいい》とは、河道に安全に流すことができる最大流量の水位である。この水位を越えると河道の安全は保証されない。しかし、「計画した高水位」だから安全だと思い違いしやすく、一般の人に誤解を与えやすい言葉であった。同様に、従来用いられてきた危険水位や警戒水位も漠然としたイメージしか持てなかった。

二〇〇七(平成十九)年四月から、国土交通省と気象庁は、洪水の危険レベルをわかりやすい表現で住民に知らせることにした。なお、この改善予報は、都道府県によっては二〇〇七年度あるいは次年度から実施される。

市町村は「情報の受け手」であるが、一方、その情報を住民に発する「情報の発信者」でもある。防災情報の内容が役所間で的確に伝達されることが、まずは大切。つぎに、市町村から住民への適切な情報発信が期待される。

多くの専門用語が改正されたが、ここでは洪水予報に限って取り上げる。改善された洪水予報は、洪水の危険の程度をレベル一から五で表現する。つまり、各レベルでの水位をイメージしやすい表現に改善し、さらに、市町村がおこなうべき内容や住民の避難準備段階も決めている。

レベル一は「水防団待機水位」で従来の通報水位である。水防団はこの段階で待機状態にはいる。

レベル二(注意)は「はん濫注意水位」でこれまでの警戒水位である。この水位になると、これまでなら「洪水注意報」であったが、今後は「〇〇川はん濫注意情報」が発せられ、水防団が出動する。具体的に川の名前がつけられ、どの川が危険になっているかわかりやすい。市町村は避難準備情報を発令するかどうか状況を判断し、住民ははん濫に関する情報に注意を払う。避難準備情報が発令されたら、住民は避難準備を開始する必要がある。

レベル三（警戒）は「避難判断水位」で従来の特別警戒水位である。この水位に達すると、これまでは「洪水警報」が発せられたが、これからは「〇〇川はん濫警戒情報」が発せられる。市町村ははん濫に対して住民に注意を促し、避難勧告などを発令する段階である。住民は避難を開始する。

レベル四（危険）は「はん濫危険水位」で従来の危険水位である。いつはん濫が発生してもおかしくない。「〇〇川はん濫危険情報」が発せられ、はん濫が切迫してきた水位である。この段階で、住民は避難を完了している。このレベル四とつぎのレベル五の間に、従来の計画高水位がある。レベル四は極めてはん濫の危険が高い状況である。

レベル五ははん濫が発生した水位である。このレベルでは、逃げ遅れた住民の救出や新たにはん濫がおよぶ区域の住民を避難誘導する段階となる。

つまり、レベル二（注意）の水位になったら、住民は洪水に関する情報に注意を払い、避難準備を開始する。レベル三（警戒）で避難をおこない、レベル四（危険）で避難を完了していないと命の保証はないのである。

このレベル表示は、これまでの表現より、はるかにわかりやすい。また、用語だけでの伝達だけではなく、過去の災害映像などを関連情報に付加したり、さらに、地域の人が理解しやすいように、たとえば「〇〇橋の桁下まであと〇〇m」と、表現の工夫なども提案されている。また、都道府県に任されているが、橋脚や量水標に危険レベルがわかるように全国統一したカラー表示が要望されている。

国土交通省は、二〇〇七年四月より、これまでの情報システムをベースに、一般家庭のパソコン向けと携帯電話向けの「川の防災情報」を発信している。「川の防災情報」は気象庁のリアルタイムでの防災情報とつながっている。防災情報の項目は、海上、火山、地震、さらに東海地震をはじめ、台風、洪水予報など多くの分野にわたり、災害予報について、各地区の状況を知らせてくれる。さらにこの防災情報は、市町村の支援にも使用されており、市町村から的確で迅速な防災情報が各家庭に届くことが期待される。

だが、レベル表示でわかりやすくなった防災情報支援を生かすも殺すも、要は住民の自覚の問題である。起きてはならない災害である。その最悪の状態を想定して防災情報の収集をおこない、防災や避難対策に万全を期したいものである。

第5章　利用される川、つくられる川

農業にとって灌漑用水はなくてはならない。水利権の弱い村は対等な水利権獲得で争い、本川から取水できない山里の集落は断崖を黙々と掘り続け、用水を求めてきた。一方、排水にも並々ならぬ苦労がある。命をかけて排水路建設に挑んだ人もいた。本章では、用水路の獲得と排水路設置への努力、さらに、長良川での水資源利用に関わった人びとについて語ろう。

1　果てしない水争い

揖斐川の左支川根尾川は、能郷白山《のうごはくさん》（標高一六一七m）の源流部から流れ出た根尾西谷川が根尾東谷川と合流後、両岸に山が迫った根尾谷を根尾川となって流れ下る。根尾川は本巣市山口でようやくV字谷から解き放たれて平地に出て、大垣の北北東五kmほどの安八郡神戸《ごうど》町落合で揖斐川に合流している。

本巣市山口より上流の根尾川は、山が両岸に迫ったV字谷を流れており、洪水による河道の大きな変動はなかった。一方、山口から下流部の根尾川扇状地では、河道が洪水で大きく変動した。

室町幕府終焉に先立つことほぼ四〇年前の一五三〇（享禄三）年、根尾川に大洪水が発生した。この洪水によって、根尾川は山口村（現本巣市山口）から西方の大野郡藪村（現揖斐郡大野町）へ流れ込み、大野町の東を流れる新たな川筋として藪川ができ、旧根尾川は糸貫《いとぬき》川となった。なおこの藪川は、一級河川に指定後、「根尾川」が正式名である。

果てしない年月が水利権の紛争に費やされた根尾川からの取水をめぐる歴史を紹介していこう。

最強の水利権を持つ席田用水

本巣市山口で根尾川を水源とする用水路は三つある。一つは根尾川扇状地の東側に位置する席田《むしろだ》用水、次にほぼ真ん中に位置する小規模な南原用水、三つ目は西側の真桑《まくわ》用水である。

真桑用水は、西から更地井組七カ村、高屋井組九カ村、真桑井組四カ村へ灌漑用水を供給している。一方、席田用水は糸貫川を下り、左岸側で四つ、右岸側で二つの井筋（用水路）に分流する。そののち、現本巣市役所から南に約一kmの本巣市山本で糸貫川を堰いで、席田乙井用水として、下流で七カ所分水している。このように、これら両用水路の灌漑面積は、ほぼ根尾川扇状地一帯を占めている。

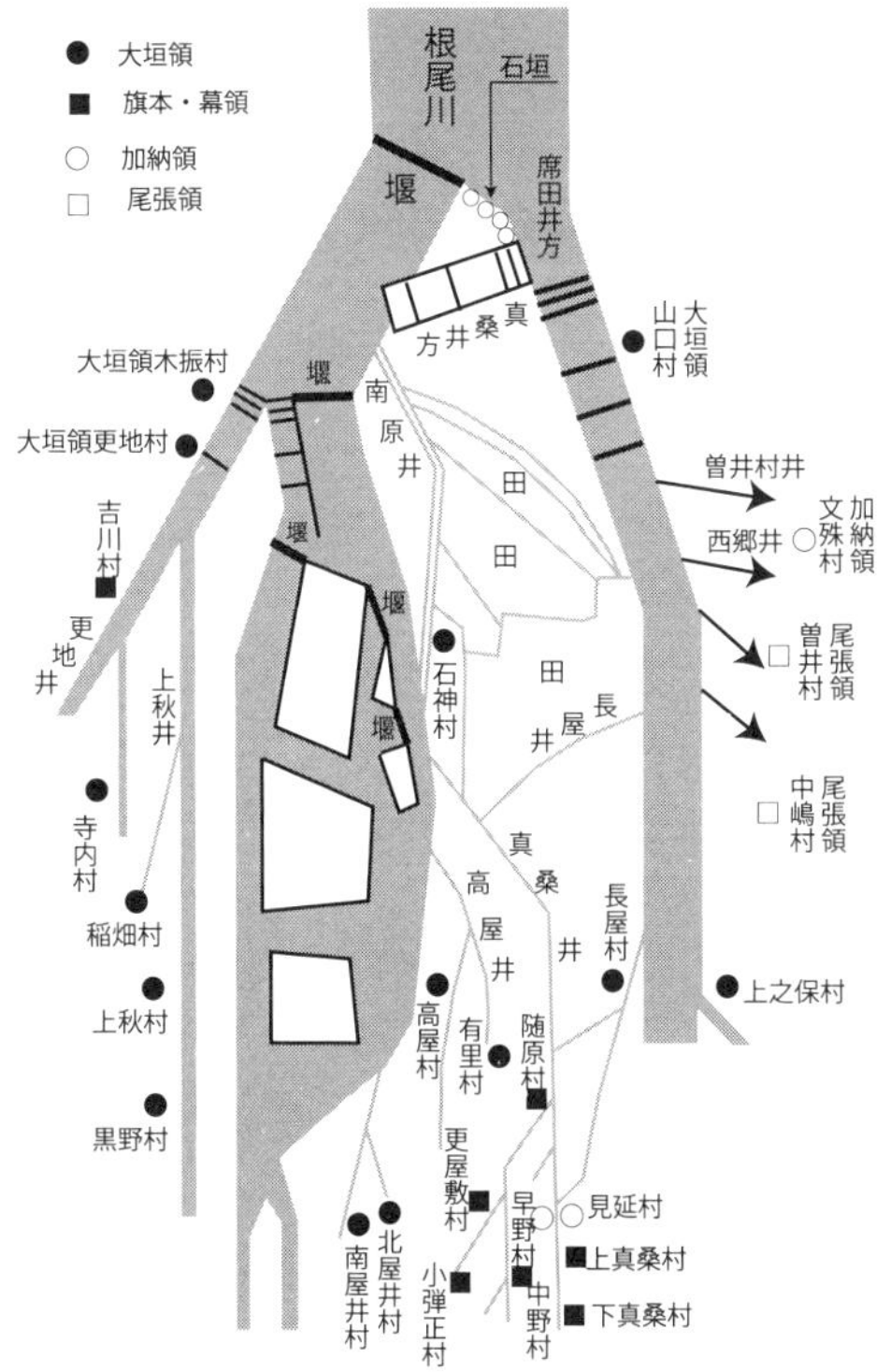

席田・真桑用水の分布（『わかりやすい岐阜県史』に加筆）

江戸時代、席田・真桑の両用水が灌漑していた村々は、幕府と旗本が入り組んで支配する土地であった。つまり、真桑方の中核をなす上・下真桑村は幕府直轄領で、美濃郡代の岡田氏が支配、席田側は加納藩主が支配と、支配領主が複雑に入り組んでいた。このため、灌漑用水の争いが領主間の対立さえも引き起こすほどであった。

【水利権の弱い真桑側の要求】一五三〇年の洪水で、根尾川の本流が糸貫川筋から西の藪川筋（現根尾川）へ流路を変更してから、両用水の紛争の資料が書き残されている。

　大洪水で根尾川の流れが大きく変わり、両用水路の取水口も大破した。こののちすぐさま、灌漑用水を確保する紛争が発生した。洪水以前、席田用水の取水口は根尾川が谷から平地に出た山口の「一ノ井」であり、真桑用水の取水口は山口より下流側の「二ノ井」であった。つまり、上流側に取水口を持つ席田側は、真桑側よりも水を取水する権利・水利権が強かった。

　真桑用水側は、河道の変動と取水口の破損を機会に、席田側と対等に取水したいと主張した。紛争の開始である。この紛争では、この地の領主であった守護職土岐氏の家来馬場某が、席田用水の取水口「一ノ井」の水利権を認めた。洪水の翌年、さっそく席田側は山口の旧「一ノ井」取り入れ口に、根尾川の流れを直角に横切る堰をつくり、水を糸貫川へ引き入れた。この堰は、根尾川の河床に木杭を打ち板を並べ、その間に土嚢《どのう》や蛇籠《じゃかご》を詰め、根尾川の流水を糸貫川へ流すようにしたのである。

　領主の裁定に不服な真桑側は、翌年の一五三二（享禄五）年、この堰を破壊して水を真桑側に引く強攻策に出た。しかし、この行為はあまりにも無謀であった。再度、土岐氏は席田側の水利権を認めた。真桑側の水利権確保への挑戦は失敗に終わった。これ以降、洪水による河道の変動を起因とした紛争が長い年月にわたって発生するのである。

　ここで水利権について少し触れておこう。「井」とは用水路への取水口や用水路自体を指す言葉で、「一ノ井」とは一番最初に設置された取水口を意味する。水を取水する権利すなわち慣行慣例水利権では「優先劣後」と言い、最初に設置した取水口が取水に対して一番強い権利をもっている。たとえば天竜川のある支川では、渇水で川の水が少なくなると、飯田城への取水口が下流部にあっても、「瀬先五寸」と一五㎝だけ川幅を空けて、その他はすべて堰止めて取水した。幕藩時代でも、城主よりも取水の権利が強いのである。
山口の取水口が席田用水の「一ノ井」と認められて以来、席田と真桑用水側との紛争は、真桑方が席田方の既得水利権を否定する対立であった。

幕領の真桑瓜が水利権に勝つ

両用水間の紛争は数年に一回程度の割合で発生したが、常に席田側が優位を保っていた。しかし、時代の経過とともに、ついに席田用水の水利権が否定されることになった。

【真桑瓜と用水】瓜《うり》は五世紀前後の第一五代応神《おうじん》天皇の頃に渡来したとされる。真桑村のものが上等品とされたため「マクワウリ」と呼ばれるようになった。真桑瓜は、一五七五（天正三）年に織田信長が「美濃国真桑の瓜」として朝廷に献上した記録がある。一六〇五（慶長十）年頃には家康に献上されており、一七〇〇年の前後二〇年間程を除き、毎年種子とともに将軍に献上されてきた。なお、八代将軍徳川吉宗が出した倹約令以後、種子一升五合が献上され、武蔵国府中（現東京都府中市）で栽培がおこなわれた。ともかく真桑瓜は家康の時代から、将軍家の好物だったようだ。

根尾川が河道を変えてからほぼ一〇〇年経た一六二六（寛永三）年、将軍家に献上する真桑村の真桑瓜が枯れるほどの日照りとなった。真桑側が「山口の一ノ井堰を少し開けてくれ」と席田側に申し入れたのに端を発して、争いが発生したのである。日照りでどちらも水がほしい。ところが、席田側はこれまでの取水慣行を盾に、なかなか水を真桑側に分けてやらなかったのである。

【水利権確保へ】争いが起きてから十年後の一六三六年も旱魃であった。上・下真桑村の幕府直轄領を支配する美濃郡代の岡田将監善政《しょうげんよしまさ》は、灌漑用水の配分率を席田用水六分・真桑用水四分にするように席田用水側の加納藩主に申し出た。いよいよ幕領側が席田の水利権に口を出してきた。

加納藩主はこの申し出に強く反発した。しかし三年後の一六三九年、加納藩主・大久保忠職《ただもと》は播磨明石藩へ配置換えとなった。この絶好の機会を逃さず、岡田は老中に働きかけ、老中は新しい加納藩主・松平光重《みつしげ》に強い姿勢で分水割合を認めるように迫った。ついに加納藩の松平は、「もり水（漏水）四分」を一ノ井から約三〇m下流の真桑側の「二ノ井」へ渡すことを承諾した。これで、水利権獲得への突破口が開いた。

日照りが長く続いて、下流の村々にも徐々に渇水の兆しが現れる。しかし、まだ根尾川の水が枯渇していないときには、山口の一ノ井堰で真桑方へ四割の漏水を「平均水」として配分するのである。

この平均水の要求は、真桑側の「当然の権利」となった。真桑方が平均水を要求すると、席田方が四割の平均水が流れ出るように堰をつくるのである。

【番水に向けて】一六四一（寛永十八）年、水行奉行の旗本高木三家と美濃郡代の岡田将監善政が山口に出向き、「漏水四分を正確に測ることはできない」から、渇水時には三六時間と二四時間の一定時間ごとに水を各用水路に流す「番水制」をおこなうことを要求した。ついに、両用水の分水割合を六対四にする番水が成立したのである。

この番水も、席田側が自発的におこなうのではなく、あくまでも、真桑側が席田側に要求して初めておこなわれる取り決めである。わずか二年で「もり水四分」が「番水四分」になった。権利を譲歩すると弱いものである。

番水になると、席田側はすぐに堰からの漏水がないように隙間を完全に塞ぎ、席田側に二夜一日（三六時間）、真桑側に一日一夜（二四時間）つまり、六対四の割合で水を流す番水を実施した。

番水の際、席田側は各用水路の開閉に大変な労力を払った。堰からの漏水を防ぐのに使用する筵《むしろ》は最大七五五枚、最小でも五三〇枚も必要であった。なお、席田の番水時間は、井口での開閉時間が真夜中になる場合があるので具合が悪く、席田側の番水時間を、三六時間に四時間を加減して、四〇時間（長）と三二時間（短）を交互に繰り返す番水方法に変更した。これで、長・短一周りで見事に六対四になる。

ここに、一一一年間続いた席田用水の絶対的な水利権が、岡田将監善政の強引ともいえる手段で、変更されることになったのである。

番水と最後の紛争

ここで分水割合を両用水の石高で見てみると、席田方の石高は二万四〇〇〇石、一方真桑方は一万三〇〇〇石で、石高の比は六対三・三となり、真桑方が幾分有利になっている。これは真桑用水が灌漑する上・下真桑村は幕領であり、「将軍に献上される真桑瓜の産地」という詭弁が功を奏したのだろうか。

この六対四の配分割合はしっかりと守られた。ほぼ三〇〇年後の一九三六（昭和十一）年におこなわれた山口取水口の大改良工事でも、この配分割合で設計されたほどである。

【真桑側のさらなる狙い】六対四の番水割合となった九年後の一六五〇（慶安三）年、大洪水で河床が大きく荒れ、川原が埋まり川幅に広狭ができ、番水口は破壊された。その復旧工事をめぐって、両用水間で用水路幅の違いや用水路底の深浅に関する紛争が発生したのである。

一六五二（承応元）年、真桑方は、席田方が復旧工事で用水路の幅を広げ川底を深く掘り下げたため、真桑方の番水口に水が入らないと、江戸評定所に訴え出た。さらに真桑側は、一六六四（寛文四）年にも、席田側が川底を深く掘りさげ、さらに取水口の幅も一五mから四五mにしたので取水ができないと述べ、下流側の真桑方の取水口を糸貫川の分派点まで引き上げ、取水条件を席田と同じにするように評定所に訴え出た。

同じ位置で取水すれば、もはや席田側の水利権は無効になる。この訴えは、水利権獲得への真桑側の最終的な狙いであった。

両者の意見を聞いた評定所は、水行奉行高木家に現地調査をおこなわせた。翌年の一六六五年に高木家は、加納藩まで巻き込んでもめたが、両者に井口（取水口）へ胴木を三通り伏せ、井口幅を同じ約四一mとするようにした。さらに、両用水路の底を同じ高さにし、取水口から約一一二m区間に分木を六通り水路底に設け、両用水路の勾配も同じく二五〇分の一にして、常時分水するようにした。

この決着と先の六対四の番水制によって、席田と真桑の用水関係は対等というよりもむしろ、実質的には真桑側に有利になった。なお、幅四一m、長さ一一二m区間の胴木は、大正の木曽川上流改修工事前まで実在していた。

この決着後、取水口での紛争がなくなった。とかく抗争は、外部抗争が終結すると内部抗争へ移るのが常である。次の水争いは、各用水の灌漑地内での内部争いとなっていくのである。

最後に、各用水内での水争いの例として、真桑用水での驚くほど厳密な計算による分水について触れておこう。

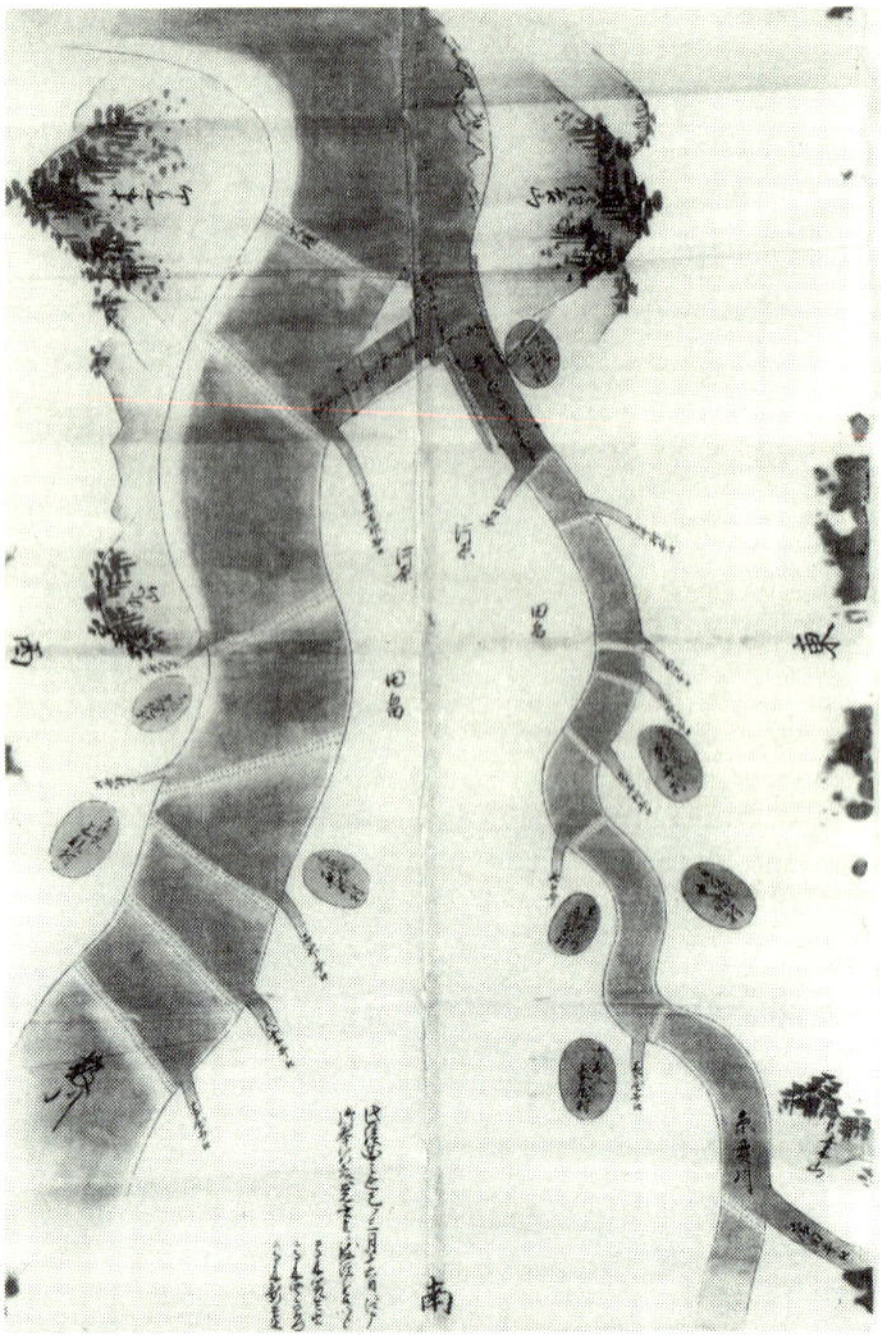

筵田真桑用水絵図・1665（寛文5）年3月16日（名古屋大学図書館蔵）

一七〇五（宝永二）年、真桑用水を使用している上・下真桑村と他の村との間で使用水量の分水に関して紛争が発生した。翌年、細かい計算がなされた。用水路幅を関係している村の総石高で割り、一〇〇石当たりの用水路幅を八寸八分九厘五毛余り（二六・九五二一cm）と計算したのである。ここで一毛は〇・〇三mmであり、きわめて小さな単位までも計算している。この基準の寸法に各村の石高を掛けて取水幅を決め、各取水口をつくった。この計算の細かさに驚かされるとともに、わずかな水路幅による水も極めて貴重であったことがわかる。

配分割合の言い伝え

この番水割合の争いについて両用水ともに興味深い話が伝わっている。

真桑側の言い伝えによると、上真桑村に用水を管理する井頭《いがしら》をつとめる庄屋の福田源七郎がいた。源七郎は、用水の対立を解決するために、多大な私財を費やして江戸表へ一〇回以上も出向くほど献身的な努力をした。源七郎の妻子をも省みない努力がようやく実り、水争いが解決した。

村人は、源七郎が江戸から帰郷する日を選び、当日の余興として、操人形芝居「義農源七郎」を上演した。これが真桑人形浄瑠璃の創始であると、伝えられている。しかし、突然に人形浄瑠璃が始まったのではなく、当然、源七郎以前にも人形浄瑠璃は真桑でおこなわれていたであろう。多くの人びとに慕われた源七郎は、一六九二（元禄五）年に亡くなった。なお、真桑人形浄瑠璃は一九八四（昭和五十九）年に国の重要無形民俗文化財に指定された。

一方、席田側でも言い伝えがある。両用水の水争いに悩んだ幕府は、火柱を立て、両用水の代表者のどちらか早く火柱に抱きついたほうが六分の権利を得るとした。この時、席田の代表者仏生寺村の小右衛門がいち早く火柱に抱きつき、席田が六分になったと伝わっている。

これらの話は伝承であるが、各用水の代表者が上真桑村と仏生寺村に住んでいたのは事実である。これらの村は各用水の下流に位置し、用水に恵まれにくい土地であった。だからこそ、用水が公平に下流部に届くように、力を持った人物がこれらの村に住んだのであろう。

大野町南領下の井神社（衣斐井水神社）

【神の意志を聞く盟神探湯】火柱に抱きつくとは唐突な気がするが、古代、訴訟の真偽が判定できないときは、神の意志によって判定しようとした。つまり、当事者は神に宣誓（盟神）した後、熱湯の入った釜の中の石を探って（探湯）、火傷《やけど》せずに石を採りだした者が正しいとした。この行為を盟神探湯《くかたち》と言う。火柱にいち早く抱きつく行為も盟神探湯の一種であろう。

少し本題からはずれるが、揖斐郡大野町でやはり水争いでおこなわれた盟神探

山口の分水池

山口の頭首工建設

湯について述べておこう。

揖斐郡大野町南領家《りょうけ》の実相院の西側に、小さなお社がある。この井神社(衣斐《えび》井水神社)の祭神は三間《ざんま》忠蔵であり、井水の神として奉られている。

さて、話は江戸時代のことである。揖斐川右岸の池田側の取水口は左岸の衣斐用水路の取水口より上流にあった。衣斐用水路を建設した当初は、取水量は両岸で折半と口約束ができた。それから数年後の渇水時に、池田側が「水は四分六分に」と申し入れてきた。翌年には「三分七分で」という申し入れである。これでは、水不足でもはや稲を植えられない。衣斐用水側の名主三間忠蔵が代表となって役所に「水を折半に」と何度も訴状を出したが、「池田側と話し合え」との返事で埒《らち》があかない。

ついに、揖斐川の中洲に大釜が据えられて盟神探湯がおこなわれた。立ち会い役人を挟んで、池田側の代表者と衣斐井水側の三間忠蔵が向き合った。グラグラと煮え立つ釜の中には一振りの斧《おの》が入っている。

役人の合図とともに、忠蔵の手がすばやく煮え立つ湯の中に入り、斧を掴みだした。神の判定は衣斐井水側の主張を認めたのだ。この時以来、「取水量は折半」の約束が守られた。そののち、忠蔵は手の大火傷が原因で亡くなったとも、一説には、井水の争いの責任をとって切腹した、とも伝わっている。

ともかく、どの地域でも用水を確保するのは大変であった。

明治の時代になっても相変わらず番水がおこなわれ、山口の地は紛争の火薬庫であった。

木曽三川下流部の明治改修工事が終了したのをうけ、一九二一（大正十）年から木曽川上流改修工事（大正改修）の一環として、席田用水の糸貫川を締め切り、その付帯工事として、根尾川から取水している用水路の統一工事が計画された。しかし、この工事は、一九二三年九月に発生した関東大震災などの影響で、なかなか進捗しなかった。

ようやく一九三六（昭和十一）年から、席田・真桑両用水の取水口の頭首工工事が山口で始まった。取り入れ樋門は根尾川左岸の糸貫川締め切り地点に設置された。取り入れた水は、いったん糸貫川廃川河川敷内に設けた扇形の貯水池に導く。その後、その左右両端に設けた分水樋門を通じて、最大流量は席田用水路に毎秒一九・二㎥、真桑用水路に一二・八㎥の六対四で分配、渇水量も席田側が毎秒六㎥、真桑側が四㎥、とやはり六対四の分配である。

この工事は、一九四七（昭和二十二）年十二月に、十二年の歳月をかけて完了した。

本巣市は、一九七二（昭和四十七）年に全国でも珍しいホタル保護条例によって源氏ホタルの保護につとめ、席田用水はホタルの名所となっている。現在は、絶えず発生していた水争いがなかったかのように、美しいホタルの光が地元や訪れた人びとの心を和ませている。

2　江戸時代からの用水路建設

国道三〇三号線で揖斐川町を通り過ぎ城山に近づくと、大きな頌徳碑が現れてくる。この頌徳碑が江戸時代からおこなわれてきた飛鳥《あすか》用水路工事に関する唯一の碑である。

飛鳥用水路建設に挑戦し続けた揖斐川町北方《きたがた》地区は、明治・大正時代には、生まれ故郷を捨てて北海道の原野へ移住する人もいたほど、耕地が少なく水に恵まれない地域であった。記念碑は、ようやく一九五五（昭和三十）年の昭和の大合併を機に、初めて北方地区で建立されたのである。

揖斐峡の下流に位置する中部電力の西平ダムを過ぎて旧道・揖斐峡公園線に入ると、崖の斜面沿いに古い用水路跡が現れてくる。これが、旧飛鳥用水路跡である。

しばらく旧道を走ると、再び国道三〇三号線と合流する。この合流点付近で、飛鳥用水を取水している支川・飛鳥川が揖斐川左岸に流れ込んでいる。

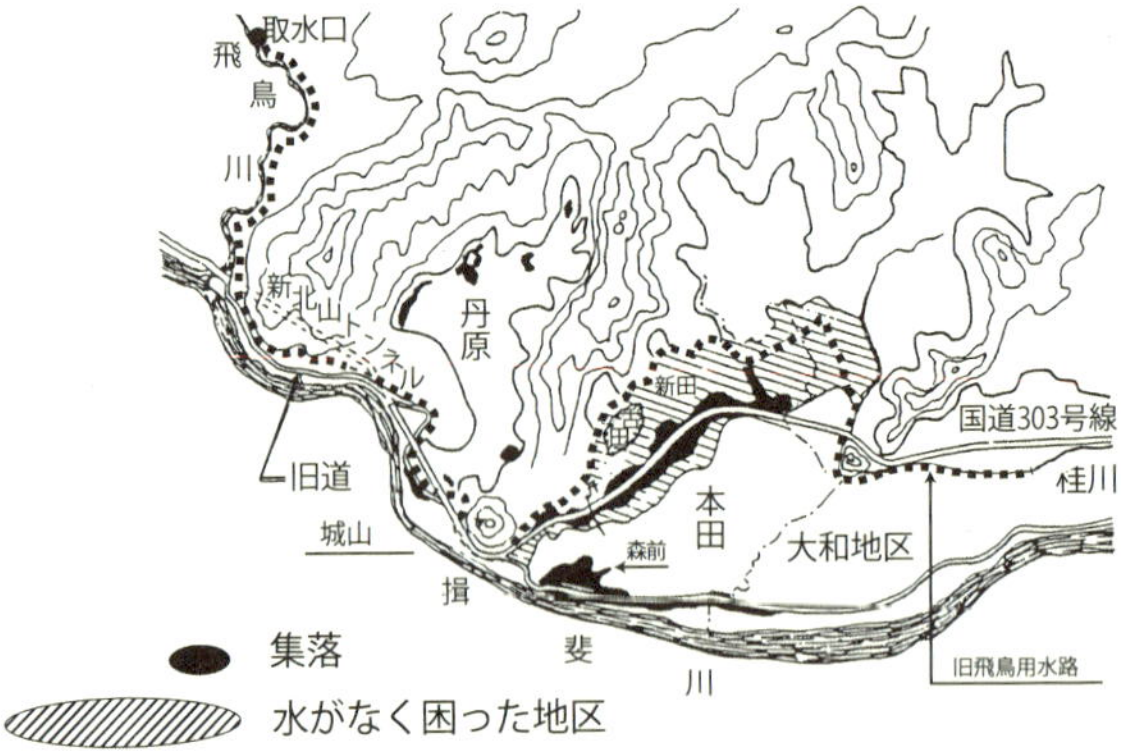

旧飛鳥用水路（揖斐川町歴史民俗資料館の図に修正・加筆）

用水路建設以前

【水に悩む北方地区】揖斐川は揖斐川町内を貫流している。揖斐川町の北側に位置する揖斐川右岸側の小島《おじま》地区と左岸側の北方《きたがた》地区は、揖斐川の河岸段丘上に位置している。特に、国道沿いの北方地区は、すぐ側に揖斐川が流れているが、揖斐川より平均二五m高い位置にあり、飲み水にも苦労した土地であった。

この北方地区の揖斐川沿いには、建設年代が不明の「北方用水」が揖斐川から取水し、「本田」八五町歩（約八五万㎡）に給水していた。しかし、この用水路は「雨が降らない」と言ってはため息をつき、雨が降れば降ったで「水がない」と言って困る用水路であった。つまり、雨が降り揖斐川が増水すると、川をせき止めている堰が流され、その修理に五、六日は必要で、その間、水が止まってしまうからである。ともかく、北方地区は水に苦労した土地であった。特に、「本田」の北側の山裾近くの地域は、溜め池からの水に頼る水田が一五町歩ほどあるだけ、あとは畑が少々、残りのほとんどが竹や雑木、松などが生えた荒野であった。

用水建設へ向かって

岡田将監善同《よしあつ》は、信長、秀吉に仕えたのち、徳川家康に属して関ヶ原の戦いで武功をあげた人物である。大久保長安の跡を継いで一六〇五（慶長五）年に美濃国奉行となった善同は、一六三一（寛永八）年に揖斐郡を所領して現揖斐川町に陣屋をおき、美濃の幕府領を治めた。

美濃の治水につとめた善同が没すると、息子・善政《よしまさ》が善同の思想も含めて跡を継いだ。三十年間美濃国奉行をつとめた岡田将監善政は、一六六〇年に揖斐郡を所領する幕府勘定頭になった。

善政が町人大和屋覚兵衛に用水路計画を提出させた一六七四（延宝二）年四月の文書が、北方神社に残っている。この計画が飛鳥用水建設の第一歩である。

【農民による第一回の工事計画】この計画は、善政の提案に基づき、揖斐川の上流で取水し、左岸岸壁を堀抜いて北方地区まで用水路を建設するものであった。善政の意を汲んだ覚兵衛からの計画が提出されたと知るや、すぐさま二月に、北方村の庄屋三人は、「この計画では田地がつぶれるので、ゆうご谷と揖斐川との合流点に取水口をつくる」ように揖斐役所へ申し入れた。同年四月、早くも北方村の農民は、どこの沢に樋《とい》を掛け、どこの岸壁を掘削するかを決めた新用水路（新井水）計画を提出した。農民の計画は具体的であり、六月中に工事が始まれば翌年三月には用水路を完成させるると述べている。農民たちの用水路建設への並々ならぬ熱意が伝わってくる計画である。

ところで、なぜ覚兵衛の計画に対抗して、すぐに農民が独自に用水路を計画したのだろう。推測すると、農民が開発された用水路の水を使用する場合、その開発費と用水の維持・管理費の水代金（水の使用料）を開発者に払う必要がある。この経済的負担を考え、農民は独自に具体的な案を作成したのではないか。

役所は農民に必要な工事費用などについて質問をした。北方村の農民たちは、用水路に架ける樋などの木材が領主の山から提供され、岩盤を掘削するゲンノウやカナヅチなどの道具が貸し出されれば、工事費用の見積もりが可能だ

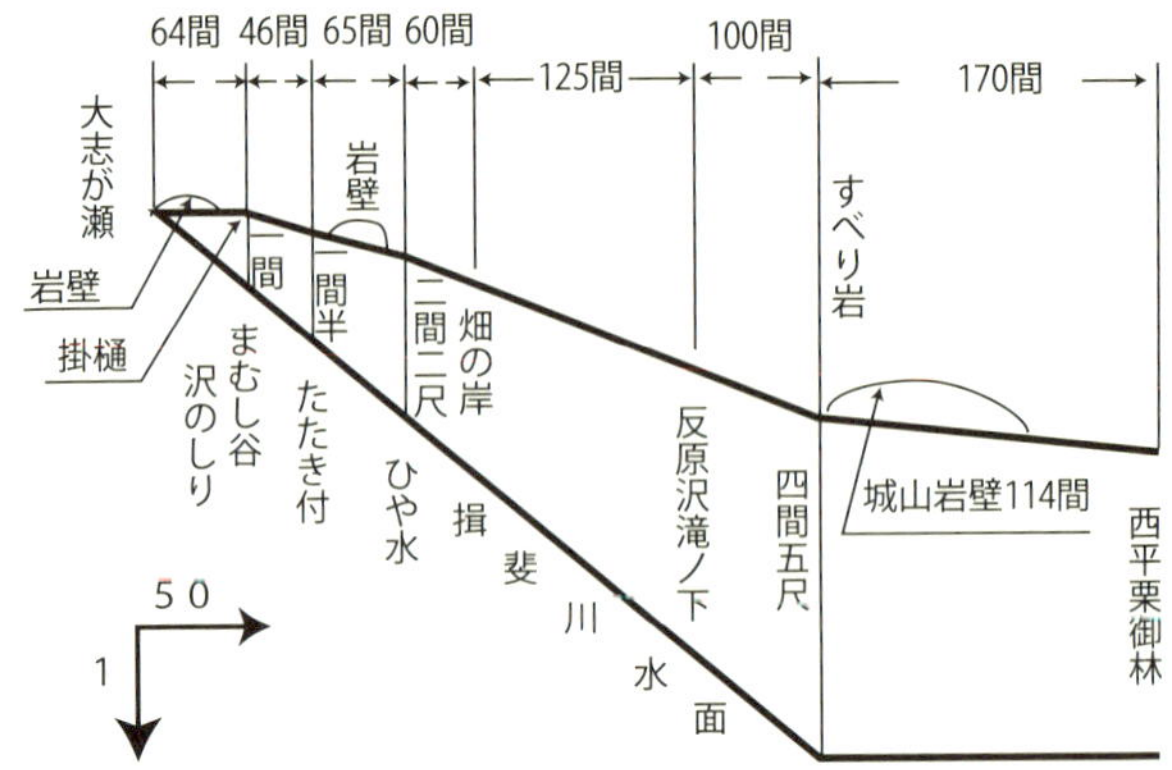

延宝２年の用水路の計画（揖斐川町歴史民俗資料館の図に修正・加筆）

と返答している。おそらく多額の費用と難工事が予想されたのか、結局、この工事は実現しなかった。

【庄屋の死と今も残る隧道】北方村に用水路ができないまま、一三〇年の歳月が流れた。一八〇八（文化五）年、農民豊吉が峰山境谷（現飛鳥用水トンネル入口付近）に不完全ながら用水路をつくった。その後、北方村の庄屋太兵衛は豊吉の水路をさらに拡張することを考えたが、先立つものは金である。太兵衛が用意した自己資金はすぐに底をついた。太兵衛は不足する費用を上納米を手形にして水路工事をおこなった。しかし、手形が不渡りとなり、一八一八（文政元）年に勘定不埒《ふらち》の罪で入牢する事態となった。

太兵衛は出牢することなく牢死したが、村人三〇余人は、村の北側を流れている反原沢の下流で取水し、揖斐峡下流の揖斐川左岸に迫った断崖の城山の岩盤を掘削した。一年あまりで全長約七kmの三分の一を隧道で通水する新水路を完成させたと、伝わっている。しかし、水量が少なく安定した取水は、困難であったようである。

新水路完成から約三十年後の天保から弘化年間（一八三〇〜四七）の約九年間、岡田領主は、根尾川の支流水鳥《みどり》谷と流れを分ける西台山（標高九四九ｍ）を源流とする水量豊富な飛鳥川からの取水を計画した。しかし、この工事は領主の意地をも砕いた。莫大な費用を投じ、豊吉と同様に峰山境谷に水路を、旧国道の北山トンネルを抜けた崖沿いの遊牛《ゆうご》谷に一〇八ｍの隧道を穿ったが、ついに完成にはいたらなかった。

この隧道は現在も残っている。揖斐川に迫った岩壁の凹凸に平行して掘ってあり、旧道沿いの断崖の所々に横穴があいている。この横穴は、隧道掘削人の出入りと掘削した岩石の搬出口であったのであろう。

この横穴から隧道に入った。大人一人が屈んで通れるほどの穴が穿ってあり、隧道内のカーブは見事に揖斐川に突き出た岩盤のカーブと一致している。暗い隧道の中、どのような方法で、岩壁を突き破らず平行に掘ったのか不思議である。この掘削方法は地元にも伝わっていない。

領主岡田が工事に失敗してから二十年後が明治の幕開けであった。用水路はついに、江戸時代にはできなかった。

【二四〇年後の用水路建設】一九〇七（明治四十）年、北方村は飛鳥川から取水し、山奥の岩盤を掘削して隧道を掘り、沢を貫く用水路建設を県に要請した。県の技師が測量をおこなったが、高低差が激しく用水路建設は断念された。

これで用水路建設は大正時代に持ち越された。一九一三（大正二）年の年末から年始にかけて、県は再度技師を派遣、取水量の確認とともに用水経路の測量をおこなった。これでようやく水路建設が緒に付いたのである。

飛鳥用水の隧道

一方、この測量が開始された翌年、水路完成後に灌漑用水を効率的に使用するための耕地整理組合が設立された。耕地整理で、畑三九町歩あまりと山林・原野二五町歩あまり、さらにこれまでの灌漑用の池が田に変わったのである。

耕地整理組合事業報告書から一部を抜粋すると、「……当地区は地盤が高く揖斐川からの取水が困難……用水を熱望してきたが水に恵まれなかった地である」と、岡田領主の用水路建設撤退や明治時代の測量中止に触れつつ、長年の水路建設への熱情を吐露している。

一九一四年十二月、いよいよ念願の用水路工事の起工式が盛大におこなわれた。町人覚兵衛による計画から実に二四〇年を費やして、ようやく用水路建設にたどり着いたのである。

飛鳥川の上流で取水した灌漑用水は、峰山地内を開水路で流れ、岡田領主が天保・弘化年間に掘った旧国道沿いの断崖の隧道を通り、北方村へ流れ込むのである。

待ちに待った通水式が、翌年六月に挙行された。城山からは花火が上がり、村人はお餅をつきご馳走を食べて祝った。水路に水が流れてくると、バンザーイと手を挙げて叫びながら水と一緒に走り出す人もいた。ようやく待ちわびた水が北方村に来たのである。

用水路の改修工事

しかし、耕地整理の田は水持ちが悪かった。水路建設当初から、昼夜二回の配水が必要であった。全地区への配水の努力にもかかわらず、しばしば下流地区への配水が途絶える状態であった。

用水路完成から十五年ほど経つと、用水路の水不足はさらに深刻になった。水路上流の峰山地内の用水路は雨が降るたび各所で破壊され、下流部では灌漑不能の田畑が生じた。そこで、一九三〇（昭和五）年と一九三三年に、林道を開発し、林道沿いに用水路を設置した。これで、用水路の維持・管理が相当楽になり、漏水で水量が減少するとすぐに修繕ができるようになった。

しかし、戦争の長期化のため男手が少なくなり、水路の修繕が怠りがちで、村人は漏水する水路の底穴に古着やボロ切れを詰めて漏水を防ぐ状況となった。昭和の大合併間近の一九五二年、受益者負担の三カ年計画で、取水口から揖斐川の岩壁までの用水路改修工事をおこなった。十八年後の一九七〇年、揖斐川の合流点付近の飛鳥川から直接、揚水機で水を汲み上げて用水量を増やす工事をおこなった。しかし、揚水機に砂が詰まる故障が続出して、数年で揚水機は破棄された。

【平成の大改修】一九八九（平成元）年九月の集中豪雨で沢からはん濫した濁流が、久瀬村東津汲《ひがしつくみ》地区や飛鳥川右岸側の乙原《おとはら》地区を襲い、飛鳥用水路は大きなダメージを受けた。その後毎年、地区民が維持・補修に追い立てられた。

一九九五年から、安定した取水を確保するため、取水口から峰山境谷の水路トンネル入口までの境谷区間は、従来の水路を整備し、土砂や落ち葉などを防ぐ鉄板を水路上部に取り付け、峰山境谷から鎌曽までの約二km弱が飛鳥用水トンネルとして着手された。

この工事は、二十一世紀になる直前の一九九九年に完成した。この完成で、これまで使用してきた峰山境谷から飛鳥川沿いを通り、旧国道三〇三号線に沿って揖斐峡脇の岩盤を貫く石積みと素堀トンネル水路約三kmあまりが破棄された。飛鳥用水建設は、一六七四（延宝二）年の計画以来、三二五年の歳月をかけて、ようやく完成したのである。

蕩々と水が流れ出る用水トンネルの出口には、「飛鳥川用水トンネル」の銘板が誇らしく取り付けられている。また通水祝いの際には、地区の女性がデザインした、三筋の青色で豊かな水の流れを表現したタオルが、地区の全員に配られた。三筋の青は、揖斐川、飛鳥川、新用水路をデザインしたのだろうか。

飛鳥用水トンネル出口

飛鳥用水の正式名は

飛鳥川に架かっている国道三〇三号線の橋の銘板がなぜか気になった。よく銘板を見ると、「飛鳥川橋」と書いてあるはずが、なぜか「鳥」の文字が「烏《カラス》」になっている。さらに先ほどの用水トンネル出口の銘板も「烏《カラス》」になっていたことに気づいた。

【鳥がカラスになった飛鳥用水】父親の代から飛鳥用水に関わってきた元飛鳥用水土地改良区理事長の栗本登に、なぜ鳥がカラスになったのか尋ねた。

栗本によると、大正時代の書類は確かに鳥であったが、一九二九（昭和四）年に県に提出した書類には、なぜか鳥がカラスになっていた。それ以来、正式書類にはカラスの字を使用してきたそうで、「飛鳥用水土地改良区」が正式名称であった。

カラスになった理由について、「一歩遠慮して、横棒一本を抜いた」と言う古老もいるが、達筆な文字を書き写す際に間違えたと思われる。しかし、二〇〇六年五月八日に、市町村合併にともない土地改良区も合併したので、「これからはカラスを鳥に換える」と話してくれた。しかし、用水トンネル出口の銘板は「これまでの歴史を語っているので換えない」と、銘板制作の経緯について話してくれた。

先人のたゆまぬ努力で完成した水路への想いは強い。水路が完成してトンネルに銘板を取り付ける際、地元中学の全校生徒に習字の手本「飛烏川用水トンネル」を渡し、その優秀賞の文字を銘板にしたのである。これまで正式書類は申請した文字「烏《からす》」を使用してきたから、この手本もカラスの文字を使い、その謂《い》われを全校生徒に説明したとのことである。ところで、このカラスについて生徒から聞いた多くの親は、その謂われを知らなかった。祖父が知っていたくらいであったそうである。

灌漑用水で苦労した北方地区の人びとは、先祖以来、用水路を通じて固く団結しており、地区を貫流する用水路の清掃を皆でおこなっている。「受益者負担」という聞こえのよい言葉があるが、この地区では「受益者」でない人も協力して、地区の運営にあたっている。

栗本は、「揖斐川が濁っても、飛鳥川の水は綺麗なままだ」と飛鳥川を自慢する。用水路にゴミを捨てる人を見つけたら「あえて大声で注意する」と、用水路への熱い想いを語ってくれた。飛鳥川は地元では「あすかわ」と呼ばれている。

3　鵜森の伏越し樋と伊藤伝右衛門

東に揖斐川、西に伊吹山地が迫る大垣は意外と標高が低い。特に南端部は低くなっている。大垣の南北の標高を見てみると、安八郡神戸町と接する北端部の大垣市曽根町の標高は約一三m、南端部の横曽根の標高は約二mと、南北の高低差が一一mもある。

当然、天井川となった牧田川と揖斐川に挟まれた大垣南部の地域は、低湿地帯である。この地域の村々は、田畑に溜まった悪水（不要な水）の排水に、江戸時代から長年苦労を重ねてきた。

悪水は、速やかに下流域へ排水路で放流できれば、水はけに困らない。しかし、他村の農地を潰して排水路を設置するには、下流部の村々を何とか説得して承諾を得て、さらに潰れ地の補償問題を解決するという、やっかいな問題があった。さらに、排水路が川底の高くなった川などと交わるところでは、水路を川底に埋めて伏越《ふせこ》し（現代では逆サイホンと言う）で悪水を流す必要があった。

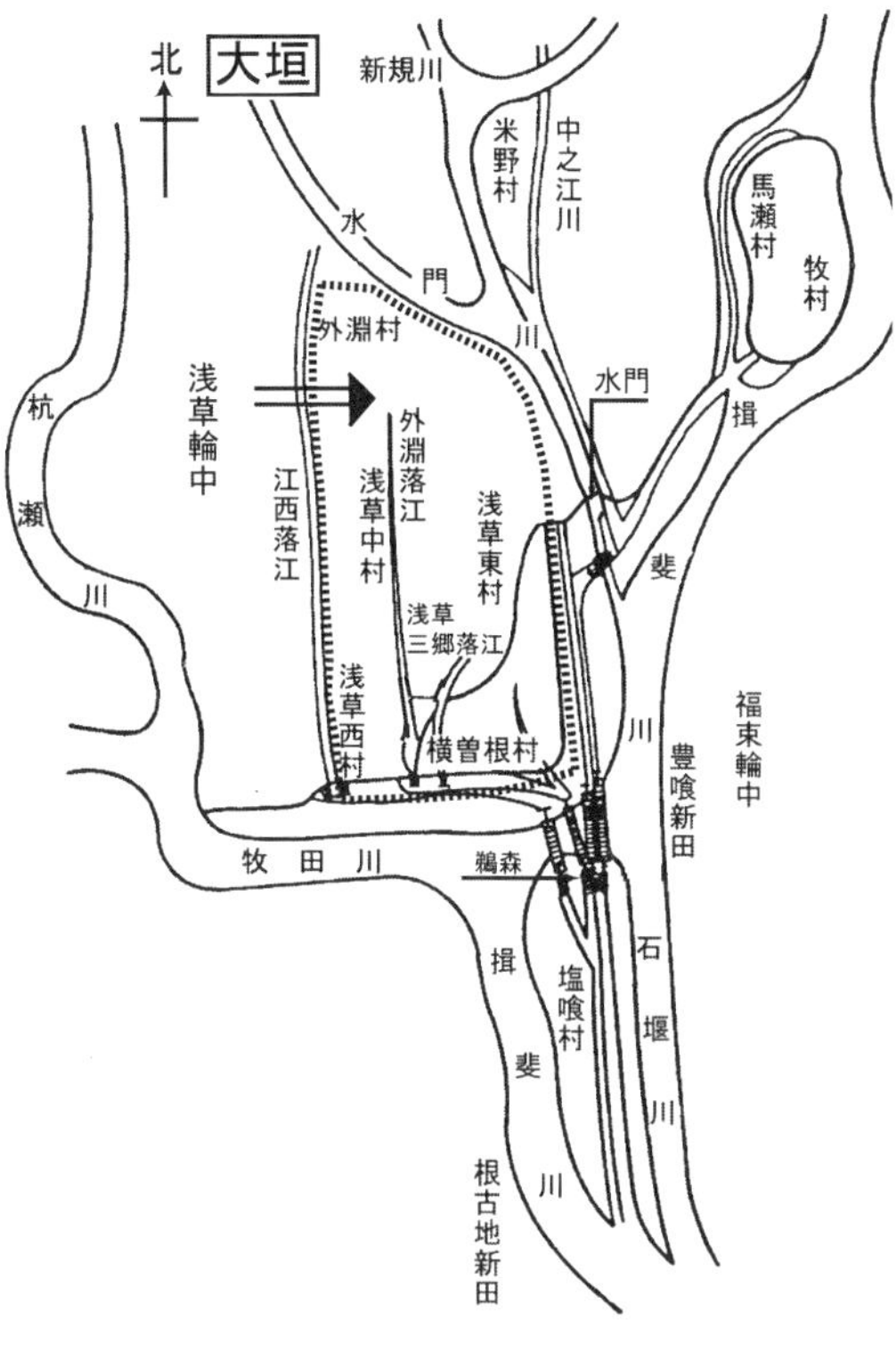

1800（寛政 12）年の鵜森排水路（『大垣市史』に加筆）

牧田川が揖斐川と合流する大垣輪中の最南端の地・鵜森《うのもり》に、伏越しが埋設されたのは一七八五（天明五）年のことであった。

大垣輪中南部の排水と石堰川

安八郡輪之内町の揖斐川右岸の塩喰《しおばみ》で、水門川と牧田川が隣接して流れている。この地域の水門川は、明治改修以前は石堰《いしぜき》川とも呼ばれ、大垣輪中南部の低湿地からの排水路として使用されていた。

この川の名前となった石堰の有無が輪中からの排水と大きく関わり、この石堰のために伊藤伝右衛門が自刃したともいえる。まずは、この石堰川の成り立ちについて語っておこう。

明治改修以前、塩喰村は牧田川が合流した揖斐川左岸に位置していた。寛永年間（一六二四～四三）、新田開発のために揖斐川左岸側の土地を掘り、堤防をつくった。この土取り場跡に次第に揖斐川の水が流れ込み、いつしか揖斐川の支流と見なされるようになった。この川が石堰川となるのである。

揖斐川左岸に位置していた塩喰村は、村の北端西側を牧田川を合流した揖斐川が流れ、東側は村の北端部で分流した石堰川が南流後に揖斐川に合流する、中州上の村となった。この地形のため、しばしば出水に見舞われ、村人は一六六七（寛文七）年頃に開発された東側の豊喰《とよばみ》新田に移住した。さらに、塩喰村から豊喰新田への往来を便利にするため、一六九九（元禄十二）年には、川幅が約五五mと狭くなっているところに、両岸から石の僑台（石堰）を築き出し、川幅を約一八mにした。この工事以後、この川は石堰川と呼ばれるようになったようである。

川幅が三分の一になれば、この狭い部分で水が堰き止められて上流の水位は高くなる。困ったのは上流の村である。水位が高いと排水が困難で、破堤を招きやすい。幕府に、この「石堰」を取り除くように訴えた。しかし、石堰川は川ではないと幕府は結論を下し、石堰はそのまま残ることになってしまった。五十五年のち、石堰は一七五四（宝暦四）年の薩摩藩による宝暦の治水工事でようやく撤去されたのである。

なお、この石堰川が占有した土地の借地代一〇〇石は大垣藩が負担してきたが、一八七三（明治六）年、岐阜県が石堰川を買い上げて揖斐川本流となり、その後の明治改修工事で水門川本流となり牧田川に合流している。

伏越し樋の建設へ向けて

【伏越し樋の建設】大垣輪中は、大きな輪中（外核輪中）内に小さな輪中（内核輪中）が集合した複合輪中である。大垣輪中の面積は、現大垣市の面積約八〇㎢の九割近くの広大な輪中であった。輪中の最南端部は、標高が最も低い低湿地帯で、不毛の荒地だったという。

大永年間（一五二一〜二七）、安田右兵衛がこの荒地を開拓して尾張領横曽根村を開いた。そののち、比較的地盤の高い北側の外淵村や川口村など五カ村が次々に開拓された。一六四五（正保二）年には、少し地盤が低くい浅草西・中・東村が、その四年のちに、一番地盤が低い横曽根村吹ケ原新田が開拓され、浅草輪中の九カ村ができあがった。

浅草輪中の村々は、それぞれの排水路で悪水を牧田川に流していたが、低湿地帯のために思うようにならなかった。また、杭瀬川などから流出してきた土砂が、牧田川自体の流出土砂に加わり、牧田川の川底を高くした。その結果、洪水時には標高の高い牧田川の濁流が標高の低い支川へ逆流して、水腐れが常に発生する事態になってしまった。

そこで浅草輪中の村々は、牧田川の川幅の拡幅と新川の開削工事とを笠松と多良の両役所に願い出た。この願いは、一六七五（延宝三）年からなんと約八十年間も継続して検討された。この間に、石堰川に石堰が設置され、排水がさらに難しくなった。しかし、結局牧田川を拡幅すると、牧田川の濁流が揖斐川からの流下を妨げ、揖斐川の増水した濁流が水門川へ逆流して大垣城下を水に沈める恐れがあるということで、立ち消えとなった。それにしても、八十年間も検討していたとは、驚きである。

悪水の排水に苦労する浅草輪中の横曽根村、外淵村、浅草西・中・東村の五カ村は、牧田川の拡幅が立ち消えになって十年後の一七六六（明和三）年、揖斐川の川底に自普請で伏越しを設置する計画を大垣代官所に提出した。しかし、許可されなかった。八年後にふたたび請願をはじめるとともに、排水路を通す豊喰新田内の土地の借地に成功した。最初の計画から十年後の一七七六（安永五）年、長さ約七三m、幅約三・三m、高さ約一・五mの伏越し樋を横曽根村東の鵜森地点で揖斐川に埋設し、さらに塩喰村の畑地を借地して、長さ約一一〇〇mの排水路を建設する計画を立てた。

この工事計画は採用され、工事は翌年の一七七七（安永六）年一月に着工、同月二十七日には早くも終了した。しかし、塩喰村地内につくった排水路は計画より約三六四mも長く、その借地面積も大きくなり、その借地代として豊喰新田に住む塩喰村の地権者に米約二四石を支払うこととなった。この工事の総工費は二一三三両あまり、現在の金に換算して一億円あまり（職人一カ月の生活費一両二分より米価で換算）であった。

本来、この工事は各村で負担する自普請が建前であった。しかし、大垣領の村には藩費が支給されることが内定していた。つまり、自普請とは言うものの、実情は大垣藩が工事をおこなったことになる。自普請ならば排水路の用地貸借は民間での土地の貸借であるが、藩費による工事ならば官側と地主との貸借関係となる。このような貸借関係の不明確さが、明治の地租改正の際に、土地の貸借関係問題を複雑にする一因となった。

安永の伏越し樋工事の結果は良好であった。しかし、安永の末頃から天候が不順になり、春から夏にかけて雨が降りつづけ、五穀は一粒の実もつけなかった。ついに、一七八二（天明二）年から天明の飢饉が始まったのである。全国的な凶作の一七八三年、第七代大垣藩主戸田氏教《うじのり》は藩財政再建計画を企てた。大規模な伏越し工事を計画して、米の増収を図ったのである。

藩の腹をくくった大工事は、大きく東と西の二カ所に大別できる地域からの悪水を集め、両悪水を揖斐川で伏越し、塩喰村を通る排水路で新たに石堰川から揖斐川に放流するものであった。

大垣輪中東方の村々からの悪水は今福村南端部に集められ、水門川の川底に埋め込んだ樋二艘で伏越し、安永の鵜森排水路を流下させる。その後、この悪水を樋二艘で揖斐川を伏越す。一方、水門川右岸側の浅草地域の村々からの悪水も鵜森に集められた。この悪水は、一七七七年に農民の自普請で揖斐川に埋設した安永の伏越し樋を新規の樋二艘に替え、揖斐川を伏越すのである。つまり、計四艘の伏越し樋を揖斐川に埋め込み、悪水を下流に放流するのである。

一七八三（天明三）年十月、ついに、これら四艘の樋は鵜森地点で揖斐川に伏せ込まれた。長さ約九七八ｍの排水路は、安永のときとは反対方向の石堰川に導かれ、さらに一七五四（宝暦四）年に撤去した石堰を再築して、石堰の下流へ放流させる大工事が始まった。

この石堰の再設置は、悪水の遡上を防止するためと考えられる。しかし、石堰は石堰川上流つまり揖斐川からの流水を阻害することになる。また石堰の狭い断面から流れ出る水の勢いは、石堰で堰上げられた分だけ強くなった。

伏越し樋御用掛は、郡奉行であった四十三歳の伊藤伝右衛門正敦であった。伊藤伝右衛門は現輪之内町楡俣《にれまた》の西松多七の次男として生まれ、十七歳の時に大垣藩士伊藤作之丞政明の養子となった人物である。

伊藤は熱心に工事を監督して、翌一七八四年春にこの大工事は終了した。この工事の総費用は七二〇〇両あまりになったが、藩の財政を助ける伊藤の努力（この努力がのちに伊藤を自刃させるのだが）で、総費用のほぼ半分にあたる三四〇〇両あまりが幕府から国役普請の金として下付された。

伊藤伝右衛門の切腹

工事が完成した年の梅雨時、排水不良のために輪中には悪水が溜まり、稲が水腐れした。石堰の再設置は揖斐川の水位に影響を及ぼし、さらに伏越し樋に集中した強い流水の勢いで、伏越し樋が洗い出されてしまったのである。大工事は失敗した。

伊藤伝右衛門（片野記念館蔵）

ただちに再工事が始まった。石堰はまたもや撤去された。長さ約一五五五mの排水路は塩喰村の最南端まで届き、揖斐川に放流することになった。一七八五（天明五）年、工事が終了するのを見届け、伊藤は同年五月に切腹した。

この時代は田沼意次の田沼政治の渦中にあった。役人に賄賂が半ば公然と渡されていた時代である。このような時代、大垣藩の財政難を救うため、この大工事を幕府がおこなう国役普請にしようと考えるのはごく当たり前のことである。伊藤は豪農らとの金七〇両を国役普請とするための運動費つまり賄賂として幕府役人に渡していた。

最初の工事の失敗後、伊藤はこの賄賂使用について糾弾されたのである。「竹は八月　木は六月　伝右衛門の腹は今が切り時」と、伊藤家の門前に落書きが書かれた。伏越し工事に大きな期待を抱いた人びとが、工事失敗によるやり場のない怒りを伊藤にぶつけたのだろう。

工事が失敗した理由として、伊藤を妬む藩の者がひそかに樋中に障害物を投げ入れて排水の妨害をしたとも伝わっている。伊藤は、「私曲の罪を受け相果て申候……か様に自滅仕り候……兼ねて覚悟の事故、本望の至り御座候」と、遺言書を残している。なお、伊藤を助けて工事を完成させた主な人物として、横曽根村の安田彦八郎、浅草中村の河合道仙《どうせん》、浅草西村の和田七右衛門、浅草東村の小林善七たちがいた。

伊藤の努力と犠牲によって完成した排水路は、大垣輪中南部の村々に恩恵を与え、さらに藩の石高増加に役立った。一方、自刃した伊藤家は辛くて厳しい年月を過ごしていた。なんと、伊藤が自刃してから八十二年後の一八六七（慶応三）年、ようやく伊藤の孫が藩主に呼び出され、家督の相続と新たに五〇石を賜ったのである。この年は明治維新の一年前で、伊藤家にとってはあまりにも長い歳月であった。

埋設された伏越しはむろん木製で、ほぼ三十年ごとに取り替える必要があった。第一回目の伏せ替え工事は、工事完成から三十一年経た一八一六（文化十三）年におこなわれた。村請負で総工費三三五〇両あまり。第二回目も三十一年後に、総工費二八〇〇両あまりの膨大な費用を費やした。このような莫大な費用を投じながら維持された排水路は、一九〇五（明治三十八）年の明治改修工事を迎えるまで、大垣輪中の排水に大いに貢献したのである。

明治時代の紛争

近代的な土地制度の確立を図った明治政府は、一八七三（明治六）年の地租改正法を頂点とした改正策を次々と打ち出した。地租改正に向けた太政官布告で、鵜森排水路と石堰川の敷地貸借に関して問題が発生した。貸主の塩喰村と横曽根村は、これらの貸借関係は民間相互の契約であると主張した。一方、借主の輪中の村は、本来の契約者は旧領主すなわち官側であると主張したのである。

顕彰碑「殺身仁民」

一八七七年に塩喰村が輪中の村を裁判所に訴えて以来、両意見の対立は裁判闘争となった。三年後に東京上等裁判所は、輪中の村の意見を入れた内容で結審した。しかし、貸主側には不満が残り完全解決とはならなかった。

一八八六年、ようやく両者は和解した。和解によって、塩喰村と横曽根村が江戸時代から受け取ってきた用水路用地への補償の代米は、岐阜県による土地買い上げ処分でなくなった。

和解から二十二年後の一九〇八（明治四十一）年、鵜森に大垣輪中水害予防組合が「殺身仁民《さっしんじんみん》（人びとのために一身をささげる）」と刻んだ顕彰碑を建てた。「殺身仁民」の篆額《てんがく》は大垣藩の城主であった戸田氏共《うじたか》伯爵、書は天竜峡の見事な岸壁に名前を付けた書家で詩人の日下部東作（号・鳴鶴《めいかく》）である。

この碑は、一九三三（昭和八）年の杭瀬川の河川改修で、輪之内町の白山比売《ひめ》神社に移築された。さらに杭瀬川の改修工事にともなう神社の移転で、二〇〇三年二月に国道二五八号線沿いに移動された。この石碑の正面三〇〇mほど離れたところが、伏越し樋が埋設された場所である。

鵜森排水路は一九〇五年の河川改修によって伏越し樋が不要となり撤去したが、水路の一部は悪水排水用に現在も使用されている。

【コラム】伏越し樋とは

灯油缶からストーブの缶に灯油を移し入れる際、多くの家庭で、プラスチックでできた二股の管をもつ道具を使うにちがいない。各缶にそれぞれ管を差し込み、二股の上部のねじを閉めて灯油を移動させる。これがサイフォンである。つまり、二股の上部の空間が大気圧より低くなるため、大気圧で押された灯油缶の灯油が最上部を通り越して、他方の缶へ流れ出るのである。

「伏越し」は現在、「逆サイフォン」と呼ばれる。しかし、サイフォンの原理とはまったく違う。伏越し内の水は上・下流の水位差で流れ、川や用水路を流れる流水と原理は同じである。

観光地でよく知られている金沢の兼六公園へ通じている辰巳《たつみ》用水も伏越しで流れ込んでいる。この辰巳用水は、一六三二（寛永九）年に加賀藩が城下町の防火用と城中の上水用として築造したものである。兼六園の霞ヶ池から石川門の下を伏越しで潜り、城内の二の丸に流れ出ている。

天王川伏越し樋

長良川下流部にも有名な伏越し樋がある。JR東海道線穂積駅の東四〇〇mのJR鉄橋下にある二連アーチの「天王川伏越し樋」である。

一八二一（文政四）年に天王川は、西側の糸貫川と東側の伊自良川に囲まれた地域の排水を改善するため掘削された人口河川で、村内の不要水は天王川から糸貫川に排水された。しかし、長良川の洪水時には、逆水が糸貫川の水位を押し上げ、天王川の排水が阻害された。そこで、一八六六（慶応二）年、南北に流れる天王川を流末で東西に流れている糸貫川の下を潜らせて下流域へ通水する伏越し樋が設置されたのである。

建設当初はむろん、伏越し樋は松の木や石を使用して建設されていた。一八九一（明治二十四）年の濃尾地震で伏越し樋は破壊された。翌年再建工事が開始され、五年後の一八九六年に新しい伏越し樋が完成した。その十年後、花崗岩の砂と石灰に水を加えて混合して叩いて固める「たたき工法（人造石工法）」で、全長八〇mの伏越し樋に改良された。

天王川の水は、たたき工法で建設されてから一〇〇年経た現在もこの伏越し樋を流れている。

4 掘り出された四間門樋

三重県と愛知県に挟まれた岐阜県最南端の木曽三川公園上流部で大江川が揖斐川左岸に注いでいる。一九九五（平成七）年二月、その合流点付近の堤防斜面の平になった所（川裏第一小段）が一mほど陥没した。すぐさま、現国土交通省木曽川下流河川事務所がボーリング調査をおこなうと、採取資料に木片が混入してきた。この木片は人の手による構造物の一部だった。古地図にもこの付近に門樋《もんぴ》があったと記されていたことが判明。古老からの聞き取り調査で、一九三五（昭和十）年頃に門樋を埋めたとの証言を得て、門樋の発掘が決定された。

大江川は輪中の幹線排水路

大江川は、長良川と揖斐川に挟まれた海津市を流れる川である。東大江川と西大江川が合流して大江川となる。木曽三川公園付近で揖斐川に注ぎ、古木曽川の支川の名残りと考えられている。古くからこの川は、この地区内の集落（小輪中）の排水幹線であり、輪中の開発とともに多くの吐樋《はけひ》が大江川沿いにつくられてきた。

【大江川の門樋の移動】一七五五（宝暦五）年の「三之手水行・定式・急破御普請出来形絵図」に、大江川が揖斐川に注ぐ位置に七艘の吐樋が描かれている。大江川の吐樋の長さはいずれも約二九mで、七艘のうち一艘は、排水以外に輪中内部と揖斐川との舟運にも利用したと考えられる。

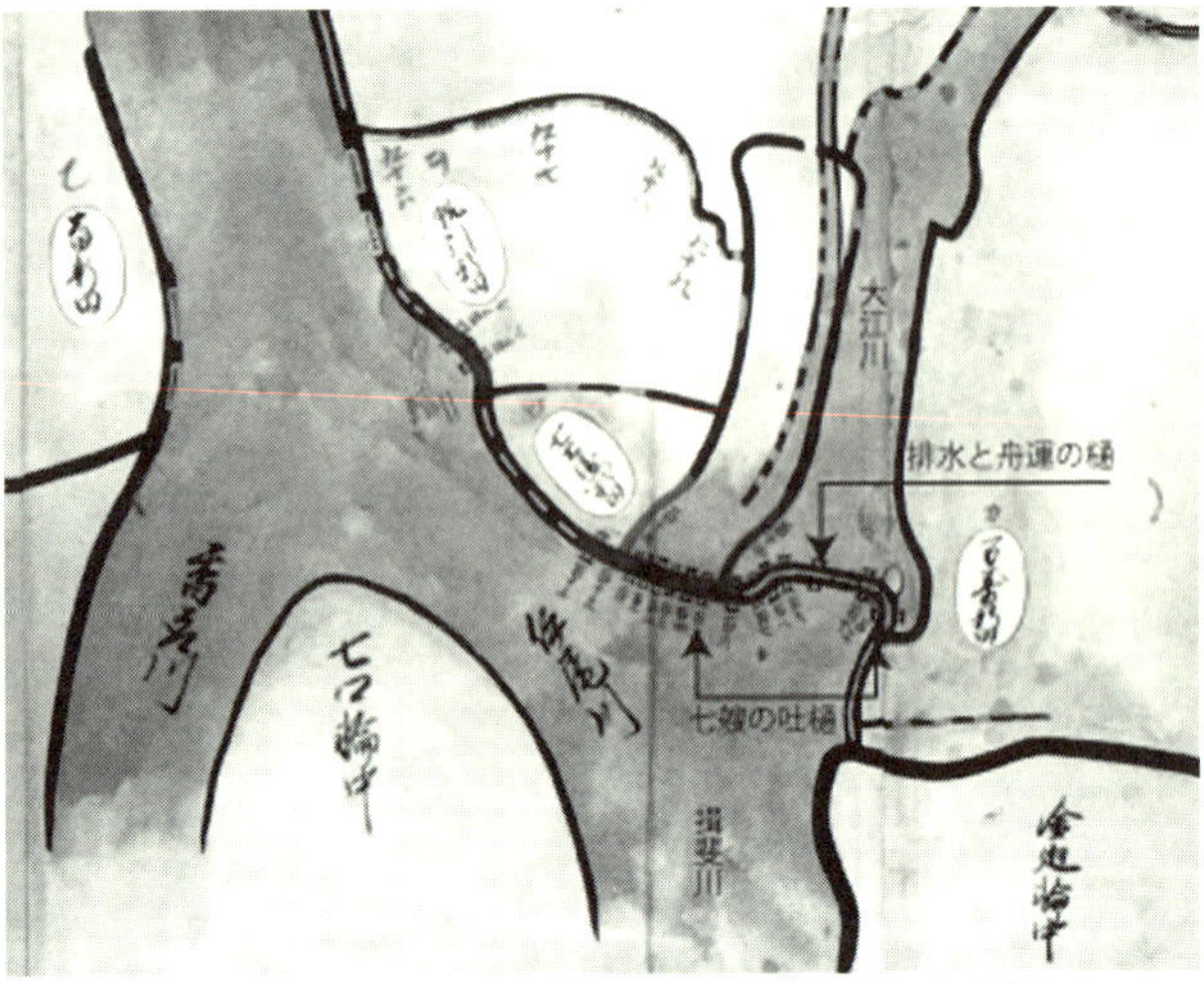

三之手水行・定式・急破御普請出来形絵図（木曽川文庫蔵）

時が経つにつれて、揖斐川の河床は土砂の堆積で高くなり、大江川からの排水が困難になってきた。そこで一八三五（天保六）年に発生した万寿騒動（第４章の「輪中——水の脅威との闘い」を参照）を機に、大江川の排水路を南端の金廻《かなまわり》地区の南に隣接する江内村あたりまで、江下《えさ》げすることにした。

一八四七（弘化四）年の資料によると、掘り割り排水路で排水路をのばし、金廻に吐樋と猿尾《さるお》を築き、揖斐川に堤防を築いて大江川の江下げをおこなっている。なお、排水能力を減じないため、江下げ以前と同じ七艘分の吐樋の幅で設置したと考えられる。

原田昭二は、一八四七年の江下げの際につくられた吐樋と今回金廻で発掘された門樋に関して興味ある説を述べている。

原田は、『岐阜県耕地事業沿革史』を根拠にしている。同書に、「一八八四（明治十七）年に大江村大字金廻地内に木造樋管を設置、また、一八九一年に内務省（現国土交通省）直営で同所に別の木造門樋を設置」と記述されている。つまり、この記述と木造樋管の耐用年数を根拠に、一八四七年に金廻に江下げして建設された金廻吐樋が、『岐阜県耕地事業沿革史』に記載されている一八八四年の木造樋管と一八九一年の木造門樋とに、取り替え・改造された、と推測している。さらに原田の想いは膨らむ。今回発見された幅四間の門樋は一八八四年の木造樋管であろうと推測している。

つまり、今回発見された門樋は、宝暦の急破普請工事で設置された吐樋が江下げで金廻地点に新設され、そののち、明治時代に取り替えられた二つの門樋のうちの古い方であると原田は考えたのである。なお厳密には、門樋とは高さが二m以上のものであり、二m以下は樋管、堤防の天端より高いものは水門と呼ぶ。

この門樋は木材の年輪年代測定から、一八九二年から一八九七年の間に建造されたと推定されている。だが、門樋は一八九一年の地籍図にすでに記入されており、先程述べたように、一八八四年に大江村の金廻地内に木造樋管を設置した記録もある。正確な建造年はこれからの調査に期待される。

発掘された門樋の制作年代は、まだ確定していない。しかし、高須輪中南部の低地の新田開発に伴い、大江川への排水用の吐樋が徐々に南下（江下げ）してきたのは事実である。平成の時代に姿を現した四間《しけん》門樋は、低地での内水排除の歴史を改めて認識させるものである。

大江川が揖斐川に注ぐ流末には、一九七九（昭和五十四）年に高須排水機場が設置された。五基の排水機がフル稼動すると、ほぼ五秒間で二五mプール一杯分を揖斐川に排水する。門樋での排水に頼っていた時代と隔世の感がある。

発掘された門樋の形状

発掘は一九九六年一月から開始された。門樋は、木曽三川公園から約一・五km上流の揖斐川と大江川間の岐阜県最南端の海津市金廻地点で、地中約四・五mに埋まっていた。この門樋は大江川から揖斐川へ悪水を排水した幅七・二m（四間）の大きな門樋で、「金廻四間門樋」と名づけられた。

門樋の構造材はすべて木造で、木材の連結などに一部金属の釘、鎹《かすがい》、ボルト、ナット、座金が使用され、扉の回転軸には真鍮《しんちゅう》の筒皿が、木板には金属の薄板が張り付けられた、堂々たる構造物であった。なお以下に、島崎武雄らによる「金廻四間門樋について」より、構造について触れよう。

門樋の建造場所は軟弱地盤であり、万全の沈下対策が施されていた。門樋は堤防を貫通する地中構造物で、門樋の上を覆った土と門樋内部の水の重さが門樋本体に作用して沈下を起こす危険性がある。そこで、門樋本体を載せる土台を支持する基礎工事は念入りである。長さ三mから三・六m、直径一五cmの杉丸太の支持杭（地杭《ちぐい》）が総計三八〇

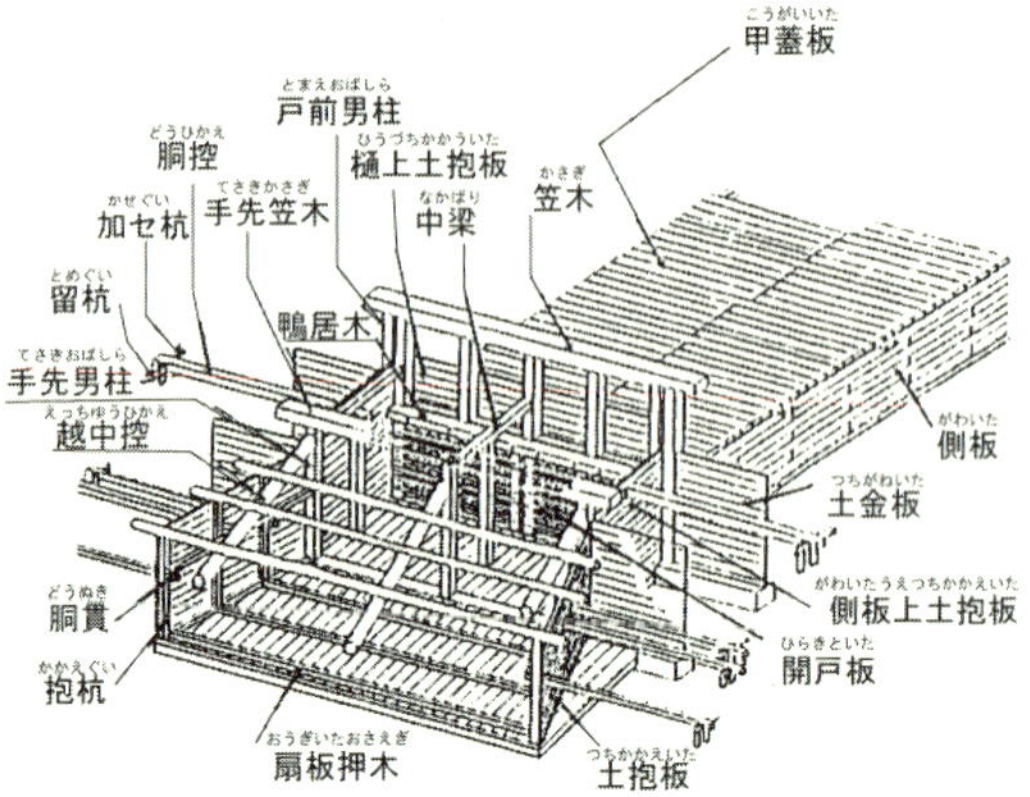

四間門樋の構造図（島崎武雄他『金廻四間門樋について』の図に加筆）

○本あまりも打ち込まれ、門樋本体を載せる土台の各格子点を五本の支持杭で支える念の入れ方であった。この格子状に組まれた土台の上に、長さ約三三m、高さ約一・八m、幅約七・二m（四間）の長方形の箱形の本体が載せてあった。なお本体上部の板（甲蓋板《こうがいいた》）は両側の支柱（側短《がわつか》）と門樋内の三列の支柱（中短《なかつか》）で支えられて、幅四間の門樋内は、四つの空洞のようになっている。悪水流入口（樋尻）に門扉は付いていないが、悪水を排水する揖斐川側へ出る排水口には、この四つの空洞を開閉させる四枚の観音開きの扉が取り付けられていた。

この扉は、扉前後の水位差によって自動的に開閉する仕組みである。つまり、揖斐川の水位が洪水時や満潮時で高くなると、水圧で扉が閉まって排水が遮断され、濁水や潮水の流入を防ぐ。一方、大江川の悪水が多く干潮時になると、扉が開く仕組みである。実によく考えた構造である。

悪水流入口の先端部と排水口の前方に、悪水の流出入を円滑にする扇板部（水叩き部）がラッパ状に広がって取り付けられている。これらの長さは前後各約六mで、これを加えると、門樋の全長は約四五m以上となる。

このように水位差で開閉する構造の門樋は、逆水《ぎゃくすい》水門とも呼ばれる。一六三六（寛永十三）年に設置された大垣水門川の逆水水門、一七五七（宝暦七）年に岐阜県瑞穂市を流れる五六川《ごろく》に建設された五六閘門（牛牧閘門とも言う）、さらに、一八八〇（明治十三）年に福東輪中の輪之内町海松《みる》新田に、片野萬右衛門の設計・施工・監督によって完成した福東四間門樋などが有名である。

今回発掘された四間門樋は、上記の福束四間門樋と同じ構造である。

精巧な門樋

現代では、モーターと各種センサーを利用して、どのように複雑な動きをする扉でも製作が可能である。しかし、この門樋制作時にはそのような装置はない。

【扉の構造】高さ一・八八mの扉の戸板は、数枚の厚板を桟《さん》で繋いだ一枚の板と、軸をつくった端の板とを斜めにボルト締めしてつなぎ、水圧で割れないように、一枚の扉としている。

扉の下方の軸受けは、地杭の上に格子状に組んだ土台の先端に取り付けられた太い木材（戸前枕土台《とまえまくらどだい》）を使用、上方の軸受けは、門樋の両側に建てた柱（戸前男柱《とまえおはしら》）に門樋の上部（甲蓋板）を押さえるように通した二つの横方向の木材をボルトで締めた部分を使用している。さらに、扉材からつくりだした扉の軸と軸受け両方を環状の真鍮で保護し、回転を滑らかにしている。江戸時代から多くの門樋が制作され、改良を重ねた結果、このような精緻な扉がつくられたのであろう。

本体にはさらにもう一工夫してある。それは門樋の防水性を高めるために、長方形の門樋本体が「たたき」で覆われていることである。

【たたき工法】「たたき」は、紀元前二五〇〇年頃の古代エジプトでのピラミッド建設、同二〇〇年頃の古代ローマの城壁や水道橋などにも使われた。たたきの原料は消石灰と花崗岩が風化してできた真砂土《まさど》（種土）で、これに水を加えて練り混ぜ、板や木槌でたたき固めて形成したものである。石灰は結合材料としての役割を担う。

通常、土間や釜戸、井戸側さらに住宅壁などの小規模工事を「たたき」と呼び、用水路や水門、門樋や護岸などの大規模工事を「人造石」と呼んで区別している。セメントが普及するまでは、建設材料の主役として広く用いられた工法である。

少し横道にそれるが、左官職人・服部長七が明治時代にこの「たたき工法」を広く普及させた。服部は、一八四〇年（天保十一）に碧海郡北大浜村（現碧南市新川町）で左官職人の三男として生まれた。彼は、たたき工法を独自に研究・応用を重ねて「人造石工法」として、干拓、築港、護岸などの大工事に生涯をかけた。現在も日本各地に長七の人造石工法でつくられた構造物が残っている。

中部地区でのたたき工法は、名古屋港と四日市港の堤防、堀川の護岸、豊橋神野《じんの》新田の築堤と牟呂《むろ》用水路さらに五六閘門など、多くの所で使われている。このたたき工法は、水に濡れると強度を増すので、門樋の防水剤としては格好のものであった。

【門樋の工法種別】新田開発や河川改修方法の考え方は、関東流と紀州流とに大別される。関東郡代であった伊奈家の工法が伊奈流または関東流と呼ばれる。関東流は、用水路で溜池を結び順次下流の溜池に貯留する、いわば自然の流れを上手く利用した技術であった。一方、紀州流は、木曽三川分流を計画した井沢弥惣兵衛為永《やそべえためなが》を祖とする。水源からの長い用水路で順次下流への灌漑をおこない、排水は別の直線的な排水路で川に落とす手法であった。

門樋建設でも各流派で、門樋底部の敷板を流れ方向や横手方向に敷くなどの違いがあった。関東流は、水流方向に敷板を張り、その押し木を各柱間に取り付けた。一方、紀州流では、敷板を横方向に張り、その両端を側板で押さえて押し木が不要になる。さらに、甲蓋《こうがい》板を桁木に釘付するので甲蓋抑木も不要となる。

発掘された門樋は、紀州流の系統である。しかし、その規模が大きいことと、紀州流では、排水口に落戸が用いられるのに対して、観音扉が用いられていることが異なっている。

四間門樋の再現

発掘された四間門樋は、これまでの門樋などの水利構造物技術の最高峰に位置し、輪中地帯の特性を理解するのに最適な構造物であった。さらに、重要文化財の五つの条件、①意匠、②技術、③歴史的価値、④学術的価値、⑤流派的・地方的特色のすべてを満たしていると認められ、再現・保存することに決まった。

保存場所は、岐阜県海津市の歴史民俗資料館駐車場の隣である。しかし、門樋全体の長さは四五m以上である。そこで前面に広がる扇板から門樋本体の一部分までを再現することに決定した。復元工事は一九九九年九月から開始した。

発掘された木材は、腐食防止の木材処理が施され、一部腐朽《ふきゅう》した木材はできるだけ同一材種で継木した。門樋上部に設置された腐朽の著しい笠木や越中控え丸太などは新規の材を使用して古色塗りを施した。また、錆びている釘、鎹《かすがい》などの金属類は同じ寸法で再現され、ボルト・ナットのネジ山ピッチも同じように特注で製作された。

できるだけ発掘した材料を使用し、地中に埋まって見えないはずの地杭（支持杭）も、ある程度の高さまで観察できるように工夫された。さらにたたきについては、その組成成分を分析して石灰と種土の産地を推定して再現、観察できるように、門樋の上と土台間の平らな部分だけにたたきが施工された。

海津歴史民俗資料館の金廻四間門樋

なお、門樋に向かって左側の敷板では、戸前部分と門樋内部の三カ所に強化ガラスを敷き込み、歩きながら、門樋下の地杭、捨土台（地中に埋め込んだ土台）、土台間のたたきを見学できるように工夫された。重要な門樋本体については、本来ならば土に埋まって周囲からの大きな土圧を受けて頑丈であるが、土による支えがなく、揺れる状態であった。揺れの補強には、木材で補強すると当初の姿だと誤解を与えるので、あえて鋼製アングルを使用してボルト止めとした。最後に、開き戸（扉）は極めて丁寧な細工で作られていたが、一部腐朽し破損していたので、その部分は補修された。

復元作業に従事する職人は、むろんこれまで、このような門樋をつくった経験はない。一つひとつの部材を注意深く取り扱い、福束輪中の四間門樋の設計図や他の文献を頼りに、慎重に組み立てていった。

二〇〇〇（平成十二）年三月、復元作業は終了した。現在、発掘された四間門樋は先人の偉業を現代と将来に伝えるべく、海津歴史民俗資料館の側で見学者を待っている。

【コラム】数奇な運命の木曽川丸

薩摩藩による宝暦治水工事後も、木曽三川下流域の人びとは洪水に痛めつけられていた。そこで、木曽・長良・揖斐の三川を分流する明治改修いわゆる三川分流工事が、デレーケの調査・設計によって、一八八七（明治二十）年から着手された。ヨハネス・デレーケは、オランダ最南部のゼーラナト州の田舎町の小さな集落コリンスプラートで、一八四二年十二月に築堤工ピーターの次男として生を受けた。運河建設に携わっていた若きデレーケは、この現場で、のちに御雇い長工師になるドールンに認められた。一八七三年、一等工師エッセルや工手のアルンスト夫妻と共に、オランダ技術者の第二陣として、三十一歳のデレーケは妻と義妹それに二人の子供を連れて来日した。

デレーケは、三十年間も日本に滞在して、利根川、木曽三川、淀川をはじめ、日本の多くの河川に足跡を残した人物である。残念なことに、日本で義妹と妻さらに息子を亡くしている。

明治改修工事に鉄鋼製の浚渫船が投入された。その名は「木曽川丸」である。

一八八五年六月、オランダに一時帰国していたデレーケは、すでに帰国していたエッセルに手紙を出した。その中で、「オランダの土質と異なり、安治川（淀川の隣の川）の河床は粘土質の砂で、大阪港改築用に大阪府が発注したサンドポンプ浚渫船の働きに疑問」を抱きつつ、「木曽川にもまた、新河口を開削するためにサンドポンプ浚渫船が必要になる」、と書いている。

一八八六年、明治政府は三九九トンの鉄鋼製の浚渫船をオランダに発注した。発注を受けたオランダは、ロッテルダム近郊の造船所でさっそく船をつくった。船はアフリカ最南端の喜望峰を経由して、工事が開始した翌年の一八八八年に桑名まで回航され、「木曽川丸」と命名された。購入代金は米一俵二円の時代に約六万円（約六億円）と非常に高価であった。

木曽川丸は長さ四二m、幅一〇mで約二〇〇m^3の土砂収容艙《そう》と五・五m^3のホッパー付自走式ポンプ船であった。大阪府は一八七〇年に安治川浚渫のため鉄製浚渫船二隻、内務省は一八七九年に宮城県仙台の野蒜《のびる》築港のため一隻をそれぞれオランダから購入していたが、木曽川丸はわが国初めてのポンプ船であった。

一八八七年から九七年にかけた第一期工事では、自己積載ポンプ船である木曽川丸は、河口付近の砂地では、浚渫した土砂を船に積み込み、海に投棄する仕事に充分その威力を発揮した。しかし、その喫水は三・三mと深く、水深が浅くなる上流部ではなかなかその威力が発揮できなかった。

木曽川丸（土木学会図書館蔵）

木曽川丸は「厄介丸」と陰口をたたかれた。文明開化以来の大工事で、これまで人力での浚渫経験しかなく、浚渫船の種類や構造に関する研究もなく発注され、一方的に「厄介丸」と名づけられた木曽川丸は不運であった。

ここで、揖斐川河口浚渫作業時での木曽川丸と他の浚渫船との働きを比較しよう。「厄介丸」と揶揄《やゆ》された木曽川丸は、土質によって異なったが、一時間当たり一〇〇から二〇〇m^3の浚渫能力があった。

工事開始から二十一年後の一九〇八年に三重県鳥羽造船所で、喫水が深くて使い勝手が悪かった木曽川丸は土砂を鉄管で排砂するように大改造された。吸い上げた土砂を長い鉄管で所定の土砂捨て場に排砂するのである。

他の浚渫船の浚渫能力は、筑後川改修工事用を転用した木造浚渫船・第一号は一時間当たり約四二m^3、庄川改修工事用を転用して船体を新造した木造浚渫船・

第二号は約六〇㎥であった。また、工事終了間際の一九一〇年に加わった九頭竜川改修工事用の福井丸は、一時間当たり約一二〇㎥の浚渫能力をもっていた。

　一九〇八年から四年間の木曽川丸の浚渫量は、一九〇八年には第二号浚渫船とおこなった総浚渫量約三十二万㎥のうち九〇％強。翌年は第一、二号浚渫船との総浚渫量のうち七〇％強を浚渫している。その翌年には福井丸も加わり、四艘での浚渫のうち三五％強を、最終年度の一九一一年には、総浚渫量のうち三〇％強を木曽川丸は浚渫している。福井丸が加わった一九一〇年以降、木曽川丸の浚渫割合は減少したものの、改造後の木曽川丸は決して「厄介丸」ではなかった。

　工事終了後、木曽川丸は福井県の三国港に注ぐ九頭竜川の治水工事に従事するため、日本海側へ回航された。九頭竜川や日本海沿岸での工事が終了すると、木曽川丸は敦賀湾に係留された。

　大正時代の木曽川丸についての消息は不明である。一九三七（昭和十二）年頃、浜松市郊外の天竜川河口部に位置する竜洋町のはずれの袖浦に小型飛行場を一年半で建設する計画がなされた。急遽、木曽川丸は敦賀湾から関門海峡を経て太平洋を航行し、台風時期であったために二回も避難を繰り返して、ようやく天竜川の河口にたどり着いた。

　木曽川丸は、袖浦飛行場建設ではその能力をあまり発揮することなく、再び一九四二年に懐かしい木曽川河口に回航されてきた。

　桑名に係留されていた木曽川丸は、一九四五年の桑名大空襲に遭遇して、同河口付近に沈没した。戦後の一九四七年八月四日、同船の引き上げがおこなわれたが、船体はボロボロの錆だらけとなっており、ついに廃船処分となったのである。

　当時の新聞記事を三重県図書館の地域資料コーナーの職員に探していただいた。しかし残念ながら、地元紙の「伊勢新聞」には載ってなく、「朝日新聞」の三重県版は八月が欠けており、当時の引き上げ状況を知ることは出なかった。

揖斐川本川には、一九四〇（昭和十五）年に西平ダム、一九五三年に久瀬ダムが完成している。しかし、いずれも発電用ダムで、有効貯水容量は小さい。戦後、台風による揖斐川の出水が頻発した。この洪水流量を河川改修だけで処理することは経済的に困難で、本格的大規模貯水池による洪水調節が強く望まれていた。一九六四年、多目的ダムの横山ダムが建設されたのである。

以下に、横山ダムの建設と地域の信仰との関わり、さらにその活躍について紹介しよう。

横山ダムと夜叉が池伝説

揖斐川町藤橋村横山の横山ダムは、下流の水田への灌漑用水の供給と発電をおこない、さらに一秒間に一一五〇㎥の洪水調節をおこなう多目的ダムである。

【横山ダムの建設へ】一九五一（昭和二十六）年から、岐阜県が多目的ダムの調査を横山地点で開始。二年後の一九五三年からは、建設省（現国土交通省）が直轄調査をおこなった。

同年九月の台風一三号で、安全に川に洪水を流せる最大の洪水流量つまり計画高水《たかみず》流量を上回る出水が発生。一刻も早い洪水調節用のダム建設が望まれた。それから六年後の一九五九年の八月と九月の台風は、すでにダムの実施調査が終了した横山ダム建設計画を大きく変更させた。

八月の台風七号は、工事着工寸前の横山地点で連続雨量六三八㎜を記録する大豪雨をもたらした。この豪雨で揖斐川に大出水が発生。揖斐川右支川の牧田川と桑名市多度町を流れる右支川の多度川とが破堤した。牧田川では、右岸の養老町根古地《ねこじ》で堤防が約一二〇mもの長さにわたって決壊した。堤防を破壊した濁流は多芸輪中《たぎ》内の養老町と南濃町に流れ込んだ。この破堤で、約一七〇〇戸の農家、約二〇㎢の農地、さらに計一二カ所の排水機場が一瞬のうちに水没した。多芸輪中は一面の大湖水、住民は着のみ着のままで堤防上に避難した。この湛水は二十九日間の長期にわたった。

さらに追い打ちをかけて、同年九月に伊勢湾台風が襲った。伊勢湾台風も前月の台風七号と同様、揖斐川流域に豪雨をもたらした。前回被害を受けた牧田川の根古地では、前回の破堤箇所が旧堤以上に堅牢な仮堤防に修復されていたが、再度同所が破堤。輪中は三十四日間にわたって再び水に浸かったのである。

あまりにも貴い犠牲が払われた。しかし、この両台風は皮肉にも、地元でのダム建設反対運動を沈静化させた。横山ダム建設絶対反対の人びとは、「下流の人びとの生活を守るためには仕方がない」と考えはじめた。

【洪水調節方法の変更】建設省は、根古地を破堤させた台風七号と伊勢湾台風の出水量を検討して、ダム自体の形状をコンクリートの自重で水圧を支える重力式コンクリートダムからダム堤内に空洞がある中空重力式（ホローグラビティー）ダムに変更した。この形式のダムは建設省直轄では最初であった。

横山ダム堤体内には空洞が一〇カ所ある。幅は八から九・四m、奥行き（川と平行方向）が二〇から六〇mで、高さは、堤体内での催しに使用される一番高いファンタジィーホールが六〇m、他は二〇から五〇mである。

洪水調節方法も変更された。流入流量を一定比率で放流する調節方式を、一定流量を放流する方式に変更した。つまり、あらかじめ東京ドーム（一二四㎥）の約二・五倍の容積に相当する三〇〇万㎥を予備放流してダム貯留能力を高めておき、洪水時には毎秒一一五〇㎥をオリフィスゲートから放流する。この放流量は一秒間に二五mプール四杯分以上を空にする量に相当する。さらに、異常洪水の場合は、ダム頂部のクレストゲートからオリフィスゲートの三倍に相当（一秒間に三五〇〇㎥）する濁流を放流する案に変更した。ゲートの数を増やした。異常洪水時に使用するクレストゲート一門を二門に、一般洪水調節用のオリフィスゲート二門を三門に増設した。また、非常用放流管一門とオリフィス予備ゲート三門も設置された。なお、オリフィスとは孔《あな》の意味で、オリフィスゲートとはダム前面の開口部から放流するゲートである。

ダム建設工事は一九五九年に着手され、高さ約八一m、堤長二二〇mのダムが五年後の一九六四年六月に竣工した。

【放流ゲートと夜叉ヶ池伝説のはたご岩】クレストゲートとオリフィスゲートがそれぞれ一門ずつ追加され、ダムの幅は増大した。ダムから放流された水は、ダム下流に設けられた副ダム（副堰堤）間の水叩き部で流水の勢いを減勢する。この副ダムと水叩き部の設置に、地元の素朴な信仰の岩・はたご岩を配慮した知恵と工夫が施された、ようである。

ダム建設地点直下流左岸の大きな岩が、夜叉《やしゃ》ヶ池伝説ゆかりの「はたご岩」。地域住民の歴史ある素朴な信仰の拠り所となっている。それを破壊あるいは撤去することはできない。そこで、はたご岩を撤去せずに、放流ゲートをできるだけ右岸側に近づけたい。しかし、ダム下流右岸の岩壁の掘削には自ずと限度があった。

そこで、五門の放流ゲートの中心位置をダムの中心より四〇m右岸寄りにした。さらに、クレストゲートの設置位置と水叩き部の長さと両岸の導流壁の設置角度に工夫を凝らした。これで、はたご岩を撤去せず、さらに、ダム下流左岸のダム直下に中部電力の横山発電所を建設することができる。

ダム下流左岸のはたご岩

横山ダム管理所のある職員は、「伝説の岩に放流水が激突しないように、ゲートの方向を変えたようです」と言っていた。この言葉を裏づける明快な資料はない。しかし『横山ダム工事誌』に、暗に伝説の岩に配慮した記述はある。建設省の「知恵ある人」は設計変更によって、岩への放流水の激突を避けたと考えられる。

【夜叉ヶ池伝説】さて、その夜叉ヶ池伝説とは、いったいどのようなものだったのであろうか。平安時代（七九四～一一八〇年）の初め頃、岐阜県神戸《ごうど》町の長者安八太夫《あんぱちだゆう》の三女・夜叉が雨乞いのお礼に龍神の妻になる雨乞い伝説で、泉鏡花の戯曲でも有名である。夜叉は、織りかけの機《はた》と両親からの心づくしの嫁入り道具を持ち、龍神と揖斐川を遡り、この横山の岩で一夜を明かした。翌日、揖斐川の右支川・坂内川に沿って遡り、岐阜県と福井県の県境にある夜叉ヶ池の水底で住んだと伝えられている。

この雨乞い伝説は多くの人に信仰されてきた。例えば一六四七（天保四）年には、大垣初代藩主の戸田氏鉄《うじかね》が揖斐川町坂内川上《かわかみ》字地蔵平に夜叉龍神社を創建した。以来、歴代藩主は大垣藩領の治水の鎮守としてこの神社を敬ってきたのである。

ダム建設以前、はたご岩は川面から岸へ向かって聳え立つ大岩で、岩の上に登るのが困難なほどであった。しかし、現在、ダムの残土で周囲が埋められて昔のように川面からそそり立つ雄大さはない。だが岩の上部には、伝説が物語るように、夜叉が機《はた》を置いた跡や櫛《くし》を置いたという櫛形の跡、お化粧したときに髪を洗った直径一・五m、深さ七〇cmの「鬢《びん》だらい池」と言われる窪《くぼ》みがある。夜叉はここで機を織りあげたと伝わっている。現在も地域の人たちは大岩の片隅に社をつくり大事に奉っている。

地蔵平の夜叉龍神社

大洪水を防いだ横山ダム

完成して一年後の一九六五（昭和四十）年九月十四日から揖斐川上流域に集中豪雨が襲った。この豪雨で、徳山と藤橋村が孤立。徳山村では堤防の決壊と多くの山崩れが発生した。濡れてはいけないと児童の作文を学校に取りに戻った徳山村本郷小学校の教諭が、山崩れで倒壊した小学校の下敷きになり亡くなった。藤橋村東杉原地区では、全戸数の半数が土砂に埋まり、壊滅状態となった。

横山ダムは同日午後十時から、ダムの貯水容量を増やすために予備放流を開始した。十五日午前二時には、伊勢湾台風をはるかに上回る濁流がダムに押し寄せてきた。幸いにも、ゲート三門からの毎秒一八〇〇㎥の放流と、かねてからの予備放流とで、下流への被害はなかった。この洪水調節がなければ、伊勢湾台風時での「根古地決壊」の悪夢が再現されるところであった。

さらに十年後の一九七五年八月二十三日、東海地方を襲った台風六号は、揖斐川上流部にまたもや伊勢湾台風を上回る豪雨をもたらした。新幹線が通る揖斐川橋では、増水のために、二十三日午前から運転中止となった。八時間の運転中止で、新幹線四六本が立ち往生。乗客約四万人が車内に閉じこめられた。

揖斐川橋から約二km下流の大垣市万石《まんごく》付近の揖斐川大橋では、水位があと数十cm上昇すると、濁流が橋面を洗う状況となった。一時、大垣市万石の住民に避難準備命令が出た。万石での水位変化を見てみると、二十三日午前五時に警戒水位を突破、四時間後の午前九時には出動水位も突破、午後三時には、洪水を安全に流せる最高の水位つまり「安全の保証が限度」の計画高水位《こうすいい》を三〇cm近く上回る既往最大水位となったのである。

大きな破堤がなかった要因として、新聞は「上流の横山ダムが毎秒一〇〇〇トンを調整したため、堤防決壊などの大事を防げた」と伝えた。

万石の量水標

横山ダムがなかった場合、大垣市万石の水位は一m以上も上昇する結果となっていた。つまり、万石の揖斐川大橋は三〇cm以上も水没したはずである。橋が水没すれば、流木などが橋桁に掛かり、水が堰上げられて橋より上流の堤防が決壊するか、あるいは堰上がった水の圧力で橋が落ちる場合もある。どちらにしても、大災害は免れようもない。もし破堤していたら、大垣市周辺の町は濁水に浸かったであろう。

横山ダムでは、毎年七月の下旬に、ダム堤体内で一番高い空洞・ファンタジィーホールが一般に開放され、催しがおこなわれている。大井川にも、中部電力所有の中空重力式（ホローグラビティー）ダムがある。しかし、一般の人の立ち入りは許可されていない。横山ダムを訪れ、ダム堤体内の大きな空洞を体感する価値は充分にある。

【コラム】揖斐川で最初の小宮神発電所

揖斐川での最初の営業用発電所は、一九〇八（明治四十一）年、岐阜電気株式会社が揖斐川の右支川粕《かす》川の揖斐川町春日《かすが》小宮神《こみかみ》に建設した水路式小宮神発電所である。小宮神地区は、山肌を通る県道三二号線から約五〇m下の粕川までの斜面に沿った地区で、発電所は粕川が大きく右に湾曲した蛇行部の川岸近くにある。

建設当時の小宮神（粕川第一）発電所は、落差約三三mで三七五kwを発電した。翌年の一九〇九（明治四十二）年に、認可出力三〇〇kwを岐阜市と大垣、笠松に送電を開始した。昭和初期には、上流の右支川・長谷川からの流量を追加して、認可出力を二倍に改修した。発電所を引き継いだ中部電力は、一九八二（昭和五十七）年に大幅な改修をおこない、出力を八〇〇kwに増強して現在も稼動している。

当時の発電所建設の村の様子を、一九一三（大正二）年に小宮神地区上流側の現春日川合《かわい》に二番目に建設された水路式川合発電所（粕川第二）から見てみよう。

一九一三年の春日村々会は、「導水路が破裂すると、濃尾地震以上の災害が発生する」と、素朴な工事反対声明を決議している。さらに、粕川の水が水路に獲《と》られて少なくなると、「川での木材流送が駄目になり、大八車がやっと通れる二、三mの道幅を拡張する必要が起こり、費用の掛かる陸上輸送になる」と、木材流送の衰退と陸上輸送への変化を心配している。

【発電所建設と遅い電気の供給】小宮神地区へは県道三二号線が粕川左岸を揖斐川町下岡島から通っているが、建設当時の道は大八車がやっと通れる道幅であった。現在は、地区の途中まで乗用車一台がぎりぎり通れる道があるものの、当時の小宮神地区は急勾配の坂道や階段だけであった。

小宮神地区の古老が、親から聞いた発電所建設時の話をしてくれた。一人は「舟に発電機を乗せ、下流側の水位を高くして舟をあげた」と言い、またある人は、「急斜面を、ロープで発電機を吊して下ろした」、と言っていた。実際は、舟に乗せて運んだようである。

発電機の運搬方法は、一九二〇年、下流側の現春日六合《ろくごう》（下ケ流《しもがれ》地区）に三番目の春日（粕川第三）発電所を建設したときの記録がある。

春日発電所の総重量約一一トンの発電機は、まずは粕川沿いの揖斐川町市場まで馬車で運ばれた。その後、三重県桑名市から運んできた長さ五・四m、幅二・七mの底が平な運搬船（ダンベ）に積み替え、揖斐川町森前の船頭や鳶職の総計二〇人で、水深の浅い粕川を一カ月かけて四km遡っている。当然この発電所より早い時期での二カ所の発電所建設でも、舟で発電機の輸送がおこなわれたことであろう。

揖斐川で最初に発電所がつくられたが、小宮神と川合地区へ最初の電気が導入されたのは、二番目の川合発電所が完成してから八年後の一九二一年であった。南流する粕川のほぼ源流部に近い美束《みつか》地区は一九四六年、南部の長谷川沿いの源流部に近い古屋地区に至っては、一九五五年にようやく電気が通じたのである。

それ以前の各地区は、極めて小規模な自家発電で各家庭はわずかな光を得ていた。例えば、春日村北部の美束地区では一九三〇年に、出力二kwの直流発電機を備え、そののち、三kwに発電量を増やした。しかしこの発電量では、一軒一灯でその明るさも一六W程度である。地区の演芸会では、地区すべての電灯を消して、ようやく拡声器が使えたほどである。

村人が電気の明かりへの強い期待をにじませた覚え書きが残っている。川合・小宮神地区が電力会社と交わした覚え書きには、電柱の敷地料は無償、電柱の移転費は要求者が負担すると明記されている。現代では理解しがたい内容であるが、当時の人びとは、文明の明かりが点《つ》くことに喜び、納得して覚え書きを交換したのである。

発電所のある山肌沿いの小宮神集落

6　長良川の発電所に関わった人びと

長良川沿いには、白鳥《しろとり》町、八幡市、美濃市などの集落が開けて電力の消費地があるものの、本川の河床勾配は緩やかで、木曽川のようなダム式水力発電の適地は乏しい。小規模な水路式発電所が各地につくられたが、その中で特筆に値するのが、木曽三川で最初につくられた営業用発電所の八幡水力電気合資会社と明治期に二大電力会社の建設競争に勝利した長良川発電所である。

ここでは、これらの発電所に関わった人びとを通して、発電所建設の経緯を見ていこう。

木曽三川で最初の発電所――八幡水力電気合資会社

長良川での初期の営業用電力開発は、部落営や組合営の小規模な発電所の建設であった。その先鞭が、一八九九（明治三十二）年に東殿《とうど》山麓の乙姫川（名広川）に建設された乙姫《おとひめ》滝水力発電所である。前年に資本金一万円で設立された岐阜県郡上市の八幡水力電気合資会社によるものである。

【水力の神様となった大岡正】

発電所の設計は水力発電技師・大岡正《まさし》という人物が関わっていた。彼は一八九二年、わが国二番目の水力発電所「箱根電灯湯本発電所」を建設した人である。

話は少し脱線するが、明治二十年代の日本の水力発電に携わった技術者のレベルはどうだったのか。大岡正の事例から見てみたい。当時の水力発電技術の未熟さの事例として述べることになるかもしれないが、大岡は後年「水力の神」と呼ばれた人物であり、彼を誹謗《ひぼう》する意図ではない。

一八九二年六月の箱根湯本での水力発電建設は幸運に恵まれたといえる。発電所の場所は旅館主が提供、東京の会社は水車と発電機の代金を開業後の支払いにしてくれた。さらに、技術面は大岡が以前働いていた逓信省の部長の指導を受けて、湯本発電所を竣工させた。この成功に気をよくした大岡は、翌年、浜松の資産家竹田虎吉からの出資で、浜松電灯合資会社を設立した。しかし、水量が水車を動かすにはあまりにも少なく、発電機は回らず、竹田は先祖が残した財産を傾けて会社は倒産した。夜逃げした大岡は、豊橋の豊川で次の出資者を得た。三〇kwの発電機を据え付けたが、予定の電灯を灯すことができず、二回目の夜逃げである。まるで嘘のような話であるが、大岡も当時の技術者と同様、技術計算よりも「カン」に頼ったのだろう。大岡が二回目の夜逃げでたどり着いた先が熱海でその次が岡崎である。熱海と岡崎でようやく水力発電に成功し、岡崎の次が郡上である。

【合資会社から株式会社へ】乙姫滝水力発電所の発電電力は、直流エジソン発動機で二五kwを発電する予定であった。試験送電の状況について『時の遺産』は、「線香の如き火光を発するのみで容易に電灯らしき光力を発せず」と述べている。期待した発電量は得られず、大岡は再び旅館から姿を消し、「技師の夜逃げ」と評判になった。そこで会社は、火力発電を併用して電気供給量を補ったが、十分な供給量を得ることができなかった。常に供給不足に陥り、吉田川に建設された八幡水力発電所の完成で九年間の歴史に幕を閉じている。

旧八幡水力発電所の排水口跡

一九〇六年、八幡水力電気合資会社は株式会社に組織替えし、水源を吉田川に求めた。翌年には旧庁舎記念館のある常盤町に、発電施設を完成した。施設は、一秒間あたり約二㎥の水を落差約五mで米国製水車を回して六〇kwを発電した。電気は八幡町と河合村に供給されたが、他の発電所の建設によって一九二九（昭和四）年に発電は廃止された。

八幡水力発電所跡は、現在八幡町役場分室（ふれあい会館）になっている。建物を吉田川の対岸から見ると旧発電所放水口二つが残り、当時の面影をまだとどめている。

長良川本川の発電所——長良川発電所

【工事着手への経過——小林重正】一九一〇（明治四十三）年に名古屋電灯株式会社が美濃市立花に建設した長良川発電所は、電気消費量が多い現代の家庭八四〇軒分に相当する出力四二〇〇kWの当時岐阜県最大規模の水力発電所であった。ところで、名古屋電灯より早く長良川本川に発電所を計画した人物に小林重正がいた。この小林が長良川発電所の水利権に最後まで関わった。

小林重正は一八五六（安政三）年に岐阜県恵那市の旧岩村藩士の家に生まれた。一八九五年、小林は、琵琶湖疏水《そすい》工事に伴う京都のわが国最初の蹴上《けあげ》水力発電事業を見学して、水力発電の将来性に確信を得た。それ以降、水力発電の適地を長良川に沿って探し、飛騨川にまで足を延ばした。ようやく、長良川での発電の適地を決めた。現郡上市美並町木尾《こんの》で取水して現美濃市立花に発電所を建設する計画を立てたのである。

一八九六年に小林は、八名の有志とともに岐阜水力電気株式会社を設立。岐阜県知事に発電用水路の新設願いを提出した。この会社設立の時期は、前年に終結した日清戦争後の石炭価格の高騰などで、多くの発電会社が火力から水力に衣替えを余儀なくされた時期であった。

翌年に水利権を得た。一八九八年には電気事業の許可を逓信大臣から受け、工事に着手できる段階となった。しかしこののち、時勢は小林に味方しなかった。日清戦争の好景気の反動で一九〇〇年に不況期に入り、一九〇四年には日露戦争が勃発した。再三の起工延期ののち、電気事業許可が取り消され、水利権も自然消滅した。これで、小林が長良川立花に予定した発電計画は宙に浮いてしまった。

【発電の競争時代】長良川本川の発電に取り組むこととなる名古屋電灯は、旧士族の殖産興業政策の一環として、一八八九（明治二十二）年に開業した会社である。

小林が長良川での発電事業に挫折した年、名古屋電灯は、東海電気、ガス灯の名古屋瓦斯《ガス》さらに名古屋電力株式会社を相手に熾烈な競争をしていた。

矢作《やはぎ》電気を前身とする東海電気は、一九〇三年から名古屋市内への送電にも進出してきた。この会社の進出で、火力発電の名古屋電灯は電気料金の値下げ競争に晒され、大幅に値下げした。その結果、電気需要者の増加と発電用の灯油価格の高騰で、名古屋電灯は深刻な供給力不足に陥っていた。

この電力競争にさらに名古屋瓦斯が加わったのである。一九〇六年に設立されたガス灯の名古屋瓦斯は、営業当初はすこぶる出足がよかった。しかし、炭素に替わってタングステンがフィラメントに用いられるようになると、電灯の優位性は動かしがたいものとなった。さらに原料となる石炭の高騰が名古屋瓦斯へ追い打ちをかけ、一九二〇（大正九）年に名古屋瓦斯は灯火用としての競争から撤退した。

最大の競争相手は名古屋電力であった。一九〇四年、名古屋電力は東京側と名古屋側で資本を折半に出資して設立され、四年後に木曽川の八百津《やおつ》発電所建設工事に着工した。

このように、一九〇〇年代前半は名古屋電灯にとって試練の連続であり、発電を水力に大きく方向転換するのも時間の問題であった。

【日窒コンツェルンを築いた野口遵】この時期、のちに日本窒素肥料株式会社を設立し、新興財閥の日窒コンツェルンを育てた立身伝中の人物野口遵《したがう》が長良川発電所の建設に奔走することになる。

若き電気技術者であった野口は、ドイツの輸入商社ジーメンス・シュッケルト電気株式会社（以下ジーメンス社と記す）の日本出張所を退社後も、同会社と良好な関係を保っていた。一方、ジーメンス社は、日本全国へ発電機などの売り込みに懸命であった。

小林と懇意であった野口は、まずは小林がなくした長良川の水利権を再獲得するのが先決であると考えた。一九〇六年、小林を代理人としてジーメンス社名で新たに発電用水路の新設願いを岐阜県知事に提出した。一方、名古屋電力も、長良川の水利権の申請書類を知事に提出した。しかし、小林たちの書類提出がわずかに早く、同年十二月に水利権は小林たちに許可された。これで、小林の立花での発電所計画の夢と野口の野望が大きく一歩前進したのである。

ここで、異色の野口遵について述べておこう。電気技術者であった野口は、電気を利用した窒素肥料製造に情熱を傾けていた。

窒素肥料の製造にはカーバイト（カーバイドとも言う）が必要である。カーバイトは、生石灰とコークスなどの炭素材料を電気炉で加熱溶融して反応させてつくる。つぎに、カーバイトと窒素とを化学反応させて窒素肥料の石灰窒素を生成するのである。

野口は、すでに一九〇二年に、日本で最初と言われるカーバイト製造に取り組んでいた。長良川の水利権を申請した一九〇六年には現鹿児島県大口市に曽木電気株式会社を設立、二年後の一九〇八年に余った電力でカーバイト製造をおこなっている。この時期、野口は八面六臂の活躍であり、一九〇八年は、長良川発電所に関わった野口にとって、窒素肥料製造への一大飛躍の年になった。

【発電所建設へ】小林と共に水利権を得た野口は、これまで火力発電に頼っていた名古屋電灯に長良川での水力発電の将来性を説き、長良川の水利権を無償で譲渡する代わりに、水車や発電機などの発電設備をジーメンス社から購入させることに成功した。一九〇八年、野口はこの発電設備の発注にドイツへ渡った。しかし、渡独の最大の目的は別にあった。彼はドイツで同年に開発されたカーバイトから石灰窒素を製造する特許権の買収を抜け目なくおこなったのである。この製造法の研究を後援していたのがジーメンス社で、この交渉は成功した。野口は同年に日本窒素肥料株式会社を設立した。運も人間関係も実力のうち。野口は大きく電気化学工業界に羽ばたいた。

さて本題に戻ろう。一九〇八年六月、名古屋電灯は資本金を増資して、立花で水力発電所の建設工事に着手した。この工事着手を号令に、木曽川八百津の名古屋電力と長良川立花の名古屋電灯は、二年後の三月十六日に名古屋市で開催される関西府県連合共進会場での水力発電による照明を目指して、熾烈な競争を開始したのである。

発電所工事

長良川発電所の総建設費は二四六万円あまりであった。明治時代の米の値段は一〇kgで一円ほどであり、現在コシヒカリ一〇kgは五〇〇〇円ほどである。つまりこの米価で換算すると、総費用は、約一二三億円ほどに相当する。約四kmの水路工事に総建設費の約三分の一を費やした。むろん人海戦術での工事で、隧道は鑿《のみ》とツルハシとスコップで掘削する前近代的工法。わずかに近代的な工法は、多量のセメントと煉瓦を使用したことであろう。ようやく水路の掘削工事は一年七カ月を費やして、共進会開催二カ月前の一九一〇年一月に竣工して通水がおこなわれた。

水車と発電機は、野口との契約に基づきドイツから輸入された。水車の大きさは直径約三m、長さ五mで三個、発電機は直径約四m、幅約一mで三個、発電機一台の重さは八トンという代物である。

ドイツから神戸に到着した発電機器が、トラック輸送がなかった当時、どのようにして建設地点の立花まで運ばれたのか不明である。岐阜駅までの経路については、神戸で陸揚げされて大阪経由で国鉄岐阜駅に到着したのか、あるいは、神戸を経由して大阪港で陸揚げされたのか、不明である。さらに岐阜駅から立花までの輸送方法にも二説ある。『中部地方電気事業史』によると、岐阜駅から立花まで牛車で陸上輸送、立花で長良川右岸の発電所へ船で渡したという。もう一説は、元岐阜県知事の武藤嘉門を取り上げた『士魂商才』によると、岐阜駅から六軸一二輪の運搬車に乗せて、長良橋付近まで運び、三艘の船を梁で連結した台船に発電機を積み、立花まで運んだという説である。ともかく、運ばれてきた水車と発電機の二組は、赤色煉瓦の建て屋の中に据え付けられ、残り一組は予備として保管された。

【名古屋電力の脱落と発電所の完成】一九〇四（明治三十七）年に誕生した名古屋電力は、名古屋電灯の強力なライバルであった。開業当初の払い込み株式五〇円が六倍近くの値段になる好調な出足であった。しかし、その後の景気後退と株式市場の低迷で、木曽川に予定した八百津発電所の建設は大きく遅れていた。

さらに、難工事で資金不足となるが、頼みの名古屋財界は不振で思うに任せられない状態に陥っていた。名古屋電力はついに八百津発電所の着工から二年後の一九一〇年十月、名古屋電灯に合併した。名古屋電灯は発電量一万kWの

立花の長良川水力発電所

八百津発電所の工事を引き継ぎ、一九一二年一月に送電を開始した。

一方、長良川水力発電所は八百津発電所よりも二年早い一九一〇年二月に完成した。同年三月、三三kVの高電圧で約五〇km離れた名古屋市までの長距離送電に成功した。関西府県連合共進会の各パビリオンを二万五八〇〇個あまりのイルミネーションで飾ったのである。

長良川発電所は時代とともに、名古屋電灯から関西電気、東邦電力、中部配電と変わり、現在中部電力が管理・運営している。一九八一（昭和五十六）年、発電所の老朽化と出力アップのため、新型の水車と発電機に換えられ、最大出力四八〇〇kwの発電所に衣替えし、今も発電を続けている。

なお、二〇〇〇年に煉瓦造りの本館、正門、外塀が、さらに翌年には、木尾《こんの》の取水口、第一沈砂池防水壁、第二沈砂池排水路暗渠、さらに各谷を横切る単アーチ橋と二基の五連アーチ橋、余水路横断橋の七件が近代化遺産として登録有形文化財に指定された。

発電所反対運動と喧嘩男の平野増吉

少し時間を巻き戻そう。長良川発電所の工事が始まると、地元で「川の水がなくなる」と反対運動が起きた。この反対運動の旗手は平野増吉であった。平野は弱冠二十五歳。木曽谷の御料林境界地問題で御料局長を訴えた、ストレートに喧嘩をする男である。

御料林問題の時は、御下賜《ごかし》金問題で奔走していた島崎藤村の実兄・島崎広助が御料林問題の本質を平野に説明し、平野は訴えを取り下げた。さらに一転して、島崎と共に御料林問題の解決に奔走した人物である。平野は、この発電所問題以外にも、のちに岐阜市の長良川に建設する五代目長良橋建設問題で、知事と大論争をおこなっている（第3章「橋ものがたり」の「長良橋事件」を参照）。

平野増吉は一八七八（明治十一）年にアユ漁でよく知られた現郡上市大和町で生まれ、長良川は故郷の川であった。長良川発電所が美並町木尾で水路へ取水する量は毎秒二二・二五㎥（八〇〇箇、一箇は毎秒一立方尺の水量）であった。この取水量を具体的に概算すると、木尾付近の川幅はほぼ一〇〇m程であり、木尾と立花間のこう配が約二五〇分の一なので、水深はほぼ二六cmとなる。これでは川は干上がる。平野らは、この多量の水が取水口で獲られると、立花までの約八km区間の川が干上がってしまうことを、経験から感じていたようだ。

湯之洞谷の五連アーチ水路橋

途中で水がなくなると、筏による木材の流送や舟運が途絶する。さらに、アユ漁ができなくなるし、アユの産卵も期待できない。当時この地方の漁師の中には、夏に捕れるはずのアユを冬場の生活費を得るために先売りする者もいた。アユが捕れなければ死活問題である。

郡上一七カ村は郡民大会を開き、郡選出の県会議員の三島と木材業者の平野を代表に選んだ。平野らは、岐阜県知事に水利権の取り消しを迫ったが、知事はこの申し入れに対し、弾圧で対抗した。真っ先に三島が、そののち、次々と反対運動の同志が「別件」で逮捕された。さらに電力会社は村の有力者へ懐柔の手を伸ばした。

【反対運動の勝利】この当時平野は、郡上郡白鳥の中山御料林の払い下げで木材を伐り出していた最中であった。平野は木曽御料林問題での功績を帝室林野局に評価され、強豪の競争相手を出し抜いて中山御料林の立木を十年継続で払い下げられた。この時期、伐採事業は半ばであった。反対運動資金は中山御料林の利益から賄《まかな》われたのである。

反対運動の決定打が出る前に水路工事が完成した。通水式には、内務・逓信《ていしん》両省からの技術者や岐阜県知事らが参列した。取水口が開かれると、長良川の水は水路に飲み込まれ、川は見る間に干上がった。反対運動側があらかじめ川に入れておいた数乗の筏は川底に横たわり、水を失った魚は石の間や砂の上を飛び跳ねた。

翌日、県は会社に通達を出した。流木期間中の引用水量（八〇〇箇）を約六割（五〇〇箇）に減ずる通達であった。平野らの反対運動が勝ったのである。引用水量の制限は、名古屋電灯に大打撃である。早速、名古屋電灯は平野と妥協策を検討したが、平野は首を縦に振らなかった。この時期に、福沢諭吉の義理の息子でのちに電力王と呼ばれる福沢桃介《ももすけ》が登場したのである。

【ケンカ男・平野と電力王・桃介】長良川発電所が完成する数年前、名古屋電灯は大きく揺らいでいた。日露戦争後の恐慌の影響もあり、株価が大暴落。経営陣の経営責任が追求され始めていた。さらに、同社社員が社費を私用する事件が発覚した。これが引き金となり、名古屋電灯は、「経営の消極性が事業の拡大を妨げている」と批判されていた。この時期の一九〇九年、社外大株主の福沢桃介が乗り込んできた。福沢は翌年に常務取締役に就任した。

平野と福沢は忌憚なく取水問題について妥協点を話し合い、大きく次の二点で合意した。第一に、名古屋電灯は郡有林設定の基金三万五〇〇〇円を郡上郡に寄付する、第二に、平野が反対運動で使用した一万七〇〇〇（米価で換算して六四〇二万）円を会社が弁償する、の二点であった。

現在、郡有林は郡上の町村共有林として残っている。輪伐制で毎年数百万円の木材を刈り出して町村経済に貢献するとともに、水源涵養の役目を果たしている。一方、名古屋電灯に乗り込んだ福沢は、競争相手であった名古屋電力を合併した一九一〇年十月の翌月に同社を辞任、さらに大きく電力王への道へと突き進むのである。

【コラム】八幡旧発電所周辺の石像

【乙姫滝の乙姫水神と犬啼水神】吉田川左岸に位置する東殿山《とうどやま》の登山口の乙姫川左岸に斜面を切り開いたわずかな平坦地がある。ここが旧乙姫水力発電所跡地で、「県下初の水力発電所跡」と木柱が立っている。

この発電所跡から四〇〇mほど名広川（乙姫谷）沿いに登ると、砂防堰堤の上流に乙姫滝が現れる。乙姫滝は、東胤行《たねゆき》から八代目領主東常縁《つねより》が名づけたと伝わっている。この滝の落ち口に小さな乙姫水神が祀られている。滝を流れ落ちる水は夏冬を問わず一四度前後の清純な水で、地域の人びとの大切な生活用水であった。この清純な水を守るために乙姫水神が祀られたのだろう。

なお、水神といえば、旧庁舎前の駐車場内に男女一対の「犬啼《いんなき》水神」が祀ってある。

この水神は二度も地中から見つかった不思議な水神である。一八六一（文久元）年は猛暑となり、焼け付くような日照りで、病に倒れる人が続出した。六代藩主青山幸哉《ゆきしげ》の奥方も病に臥し、城主をはじめ家中一同が心労を重ねていた。この時、今の東町の郷士古田栄左衛門が密かに貯えていた天然氷を献上し、効果てきめんに奥方の病も完治した。古田は一般の人びとにも氷を与え、病を治した。

漢方の心得のあった古田は、熱病の治療に用いる氷をつくる氷田を犬啼谷でつくっている最中、土中から一対の男女神を見つけ、水神として祀っていた。

一八九三（明治二十六）年の慈恩禅寺を埋没させた集中豪雨で、山崩れが起こった。水神は土砂とともに流れ去り、発見できないまま歳月が過ぎた。

ところが、水神が流されてから七十年近く経た一九六二（昭和三十七）年、犬啼谷を水源とする八幡町の上水道工事の

常磐電気地蔵尊

最中に、一対の水神が再び土砂から現れた。つまり水に関わる工事の際に二度も土中から出現した水神様である。

【常磐電気地蔵尊と佐藤将監】八幡町役場分室の横に「常磐電気地蔵尊」が祀ってある。この地蔵尊も流失後に再び現れたのである。

当初この地蔵尊は、吉田川の現学校橋下流の将監《しょうげん》淵の岩上に奉られていた。当時この淵は、底も見えず、多数の水死者を出す、魔の淵と恐れられていた。一八一〇（文化七）年、八幡城主青山幸孝《ゆきたか》の重臣で、現常盤町八幡小前に住んでいた佐藤将監が、水死者の供養と水難除けのために地蔵尊を建立した。以後、一人の水死者も出ず、厚く信仰されてきた。しかし、この霊験あらたかな地蔵尊も犬啼水神と同様、一八九三年に発生した吉田川の大洪水で、水中に没し、行方不明となった。

八幡水力電気が常盤町に発電所を建設していた工事中の九月十五日、以前の安置場所から約三〇m下流の川底から地蔵尊が現れた。すぐさま現在地に奉り、その日を例祭日として、毎年救命と水難除けの祈願がおこなわれてきた。一九四九年からは、郡上踊りとの関係で例祭日は七月二十五日前後に変更された。

第6章　魚のまなざし

自宅で金魚や熱帯魚を飼育して、その優雅な泳ぎに見入る人たちがいる。また、子供の頃、タオルや網で小魚を追い回した人もいる。橋の上から泳いでいる魚影を見るだけで楽しくなる。ＤＮＡに魚への想いが刷り込まれているようだ。しかし近年、絶滅危惧種に指定される魚が増えている。魚の環境が危ない。愛らしい魚の話をしながら、河川環境について考え、さらにアユとともに暮らした人びとを追っていこう。

1　魚たちと河川環境

「メダカの学校」は誰でもが知っている歌にちがいない。かわいい小魚が田園地帯の小川で泳ぐ姿を思い出させてくれる。しかし、そのメダカが二〇〇三年に絶滅危惧種に指定された。かつてはどこにでもいたメダカが絶滅危惧種なんて……と多くの人が驚いた。

減少の原因は、小川への農薬や生活排水の流入、護岸工事や用・排水路工事などによる小川の消失、北アメリカ原産の外来魚・カダヤシの繁殖などが挙げられる。「蚊絶やし」が語源のカダヤシはボウフラの駆除に移入された。あちこちで見かけるメダカによく似た小魚は、ほとんどカダヤシである。

さらに最近は、絶滅危惧種と知り、「好意ある」人びとが他地域産のメダカを養殖して放流する害も現れている。メダカは、その生息地域によって遺伝子レベルの差異がある。このことを考慮せず、他地域のメダカを放流すると、メダカの遺伝的多様性が減少する。遺伝子汚染が引き起こされるのである。

川に多様な魚が住み、休日の一時を瀬音に耳を傾け、子供が網で魚を追いかける川こそ、人びとの川の原風景だろう。しかし、水質の悪化など河川環境の悪化がメダカを襲った。さらに現状はメダカに限ったことではない。ここでは、メダカ以外の小魚を三種類取り上げ、彼らの愛らしい生活様式の一端を知り、「魚の住む川」への想いを再確認しよう。

ネコギギは河川環境のバロメーター

ギギとはあまり聞き慣れない魚の名前である。漢字で「義々」と書く。ギギは、ナマズ目ギギ科の淡水魚で、約三〇属二〇〇種がアジアからアフリカにかけて広く分布している。

わが国に生息するギギ類は四種の固有種で、互いに地理的に分離したパターンで分布している。体長一五cm以下のネコギギは、伊勢湾と三河湾に流入する河川だけに生息する。他の三種類のうち、ギバチは関東から東北地方にかけて、体長三〇cmほどにもなるギギは、伊勢湾以西の本州と四国、九州の東部に、そしてアリアケギバチは九州の西・南部に生息している。

ギギ類は胸鰭《むなびれ》の棘の基部を骨とこすりあわせて「ギュギュッ」と音を出すのでギギと名づけられた。しかし、ネコギギはほとんど音を出さない。ネコギギの「ネコ」は、他のギギ類に比べて顔に丸みがあるから名前がついた、と言われている。

ネコギギは、一九七七（昭和五十二）年に国の天然記念物に指定され、二〇〇三年の環境省のレッドデータブックに、近い将来絶滅の危険性が高い絶滅危惧種とされている。

ネコギギの生息域は、水がきれいで川岸に樹木が繁茂し、隠れ家をつくる大小の石が川岸にある中流域の流れの緩やかな淵《ふち》から平瀬《ひらせ》にかけてである。コンクリート護岸などの河川改修がすすんだ場所では生息できない。
　このような「自然環境」で生息するネコギギは、天然記念物や貴重種としてだけでなく、豊かな自然のバロメーターである。

【ネコギギの孵化への挑戦】ネコギギは、典型的な夜行性魚類である。昼間は大きな石の下や川岸の横穴などに潜《ひそ》み、夜になって水生昆虫を捕食する。また、雄は雌よりもはやく成長して大型になり、成熟した雄は巣のまわりを縄張りにして、侵入してきた他の個体を追い払う。なお産卵期は六月末から七月で、産卵は雄の巣でおこなわれる。

模型のネコギギ（河川環境楽園内の水辺共生体験館で）

学校の教頭である安藤志郎は、長良川の支流津保川に合流する川浦川でネコギギを捕獲。飼育に挑戦した。この川浦川は、美濃加茂市北部の平木山（標高五四四m）に源を発し、源氏ホタルが飛び交う自然豊かな川である。
　試行錯誤の末、冷凍アカミミズを餌にしてやっと産卵から孵化に成功した。なお美濃加茂市では、ネコギギをクロザスあるいはクロラスと呼び、やはり清流の指標であるアカザス（正式名はアカザで、ギギに似た細長い体型のナマズ類）と区別している。
　安藤は、産卵時の行動はナマズに似ており、「一回の放卵数は三〇から四〇粒で、十回程度繰り返される。粘着性のある直径二mmほどの卵が産卵床の周囲に付着し、約八〇時間で体長八mmの仔魚に孵化した」と記録している。さらに、「孵化した仔魚は立派な口ひげを備え、夜行性のために、孵化後すぐに体を隠す場所を探す」と述べている。

【ネコギギの生息環境】三重県教育委員会は、二〇〇一（平成十三）年度からネコギギに関する本格的な生息環境調査や保護増殖作戦をおこなっている。これらの報告書から、ネコギギが好む生息環境をみていこう。

ネコギギが好んで潜む石は、四〇から一六〇㎝と大きく、石の間に隙間が形成されるデコボコと角張った石で、成長に伴ってより大きな石を好む。湾曲部の淵が形成される外湾側と直線部分とでの生息数には差がなく、流れは毎秒三〇㎝以下と緩く、水深は四〇から一二〇㎝と適度に深い河川環境で生息していることがわかった。

つまりネコギギの生息に適した環境は、採餌場となる流れの穏やかな平瀬と淵が交互にある川で、昼間や冬季の隠れ家や産卵場所となる川岸の横穴や大きな石の下部の空間、幼魚の隠れ家となる川岸に繁茂した植物の複雑な横穴などが残っている川である。


【ネコギギとともに川づくり】このような川は、ネコギギや体長四㎝ほどの雄カエルが、「フィー、フィ、フィ」と鳥のような美しい声で鳴くカジカカエルなどの適地だけではなく、私たちにとっても親しみの持てる川である。

一九九七年に河川法が改正され、環境に配慮した河川管理の必要性が明記された。しかし、それ以前の河川工事によって、すでにネコギギの生息環境は大きく破壊され、「私たちの川」も大きく遠のいたままだ。

ネコギギの生息に影響する要因を先ほどの報告書から列記すると、河川工事による隠れ家や採餌場の劣化・消失、生活排水や農業排水による水質の悪化、堰などの河川横断構造物による移動の制限などが挙げられる。さらに、国指定の天然記念物だから無許可捕獲は文化財保護法で禁じられているが、希少種ゆえの密漁と密売もあろう。また、体長が大きくなるギギが琵琶湖の放流用アユに交じって放流され、体長の小さいネコギギの生息環境が脅かされてもいる。

このように、ネコギギの生息環境は確実に悪くなっている。しかし、木材や石を用いた在来河川工法による川岸には、石積みと木工護岸の隙間で多数のネコギギの生息が確認されている。

川を排水路のようにしてしまうコンクリートによる河川工事ではなく、自然の復元や再生を目指した木材や石を用いた「多自然型川づくり」が、今後さらに求められるだろう。

トゲがあり鱗のない魚――ハリヨ

棘《とげ》のある淡水魚をご存じだろうか。ハリヨである。ハリヨは、トゲウオ科のイトヨ属で体長五cmほど、他にトゲウオ科にはトヨミ属がいる。両属とも鱗《うろこ》がない。アジの稜鱗《りょうりん》のような、鱗が変形した骨質の鱗板が体側に一列あって、形は似ている。が、背中の棘の数が両属で異なる。イトヨ属の棘は普通三本で、トミヨ属は七本以上あり、簡単に区別できる。

ハリヨは、水温が一五度前後の清純な湧水の中でしか生息できず、岐阜県西南濃地方と滋賀県東近江地域だけに生息している。大垣市、神戸《ごうど》町、池田町では天然記念物に指定されており、垂井町では「町の魚」になっている。

ハリヨ（河川環境楽園内の淡水魚園水族館で）

ハリヨの生息域は、高度成長期以降、湧水の枯渇化と水質悪化、水域の埋め立てなどにより激減した。一九九七年の時点で、ハリヨの生息は、岐阜県では大垣市をはじめ西南濃の一市八町一村、滋賀県では彦根市を含め二市五町で確認されるだけである。さらに、三重県の生息地は、湧水の枯渇によって、一九六〇年前後に絶滅したと推測されている。

【岐阜県と滋賀県のハリヨの違い】ハリヨは県によって体型などが違う。第一に、体長が異なっている。滋賀県産はほっそりした体型で七cmを越えるハリヨが多く、岐阜県産はずんぐりして六cm以下である。次にハリヨの特徴である雄の婚姻色は、滋賀県産ハリヨの多くは、頭部が赤褐色で体側が緑色っぽい。一方、岐阜県産は頭部の赤色範囲が広く、体側は光沢のある青色になる。森誠一は、『トゲウオ出会いのエソロジー』でこの婚姻色の違いについて、滋賀県産のハリヨは「目立つことを避けたいため」と推測し、「岐阜県産の方があえて言えば〝男前〟が多い」と述べている。

ハリヨの体側に付いている鱗板の数は、岐阜県産は五から六枚、滋賀県産は六から八枚と、鱗板の平均数は滋賀県産の方が多い。鱗板は敵から身を守るヨロイだ。この鱗板数の違いは、敵が多い地域のハリヨほど鱗板数が多くなるといわれている。滋賀県のハリヨは敵が多いのか、大きな体にしっかりヨロイをつけて生活しているようだ。このほかに、卵数、抱卵数、繁殖期の長さ、営巣回数などでも異なっている。、

【純粋種の保存へ】まずは、亜種の例を渓流魚で見てみよう。渓流魚には、イワナ、アマゴ、ヤマメがおり、アマゴとヤマメは亜種である。アマゴやヤマメは体側にパーマークと呼ばれる小判型の斑紋を持つ。斑紋の中に鮮やかな朱点があるのがアマゴで、ヤマメにはない。朱点を除けば体型も模様もよく似ている。しかし、アマゴはサツキマスの、ヤマメはサクラマスの陸封型である。

アマゴとヤマメの亜種の違いを軽視して、両者の人工種苗が全国各地に運ばれ放流された。その結果、両者の自然分布は撹乱され、純系の個体群はわずかになってしまった。

このことは、岐阜県産と滋賀県産のハリヨにも起こる恐れがある。森らは遺伝的な研究を基に、両県産のハリヨは亜種レベルで異なっていると述べている。つまり、他県産のハリヨの放流は大変危険である。

一九九〇年に西美濃地方の有志が、この地方のハリヨの呼び名「はりんこ」から、「はりんこネットワーク」を結成した。一九九四年、このグループの「第四回はりんこ・環境フォーラム」で、ハリヨの放流について七つの留意事項を皆で了解している。そのひとつに、「放流する際、ハリヨは原則として同水域産であるか、同水系産であること。特に、岐阜県産と滋賀県産の交流は避けること」と、決めている。

かわいいハリヨの純系種を地域に残すため、放流には注意を払いたいものである。

【ハリヨの生活】ハリヨの雄の生活は、人間世界の男と同じくなかなか大変である。三月から五月頃の春に婚姻色になると、雄は新居の準備を開始する。まず、約三〇cm四方の縄張りをつくる。この縄張りの水底に口ですり鉢状の穴

を掘り、水草や落ち葉などの植物繊維を口で運んでトンネル状の巣をつくる。巣ができあがると、求愛のジクザグダンスでアピールして花嫁さんを新居に呼んでくる。

ここからがまた大変である。雌は巣で一〇〇個前後の卵を生むと、薄情にも群れに帰ってしまう。雄は平均して一〇尾ほどの雌と次々とペアーになり、一つの巣で卵の数は一〇〇〇個ほどにもなる。

卵とともに残された雄は、他の魚が近づかないように巣を守りつつ、鰭《ひれ》を動かして（ファンニング）トンネル状内の卵に新鮮な水を送る。卵が孵化する二週間ほど、雄は縄張りから餌を食べに出ていくことはあまりない。孵化すると、雄は巣を壊し仔魚の隠れ家に改造する。これを一生の間に一から三回ほどくりかえす。何か身につまされる雄の働きである。

【緊急避難したハリヨ】大垣駅の北東に位置する加賀野町の加賀野八幡神社に、大垣の自噴水を代表する井戸がある。一九八六年に「岐阜県の名水」に選ばれたこの井戸は、一八七四（明治七）年に泉水の水源として掘られ、現在の井戸は一九八八年に掘り直された。深さ一三六m、口径一五cmの井戸からは、水温約一四度の良質な地下水が毎分約四〇〇リットル湧き出ている。

この井戸の側の池には、ハリヨが放流されてすくすくと成長している。この池のハリヨは、市内に生息するハリヨがすべて姿を消したが、井戸が掘り直されたのを機会に、環境悪化した他生息地から緊急避難してきたハリヨである。

【湧水地帯の公園に生息するハリヨ】本巣市を南流している根尾川左岸の神海《こうみ》で合流する明谷《あけたに》川上流の東川《どう》と猪谷《いのたに》川の合流点付近の、県道七九号関本巣線の側に湯ノ古《ゆのこ》公園がある。この地帯は、水温一二度前後の湧水が年中湧き出て、寒い日には湯気のように霧が立ちこめたので「湯ノ古」と付けられたと、伝わっている。

湯ノ古公園

かっては、この合流点付近の南北約五〇m、東西約三〇〇mの区画に、湧水地が一四カ所と河間《がま》二カ所があったようである。

公園内に東屋と池があり、ここにハリヨが住んでいる。池で泳ぐハリヨを上から眺めるだけではなく、東屋と池との境がガラス張りになっており、ハリヨの泳ぐ姿を水族館のように観察窓から眺めることができる。

2　根尾川にいたオヤニラミ

オヤニラミとは、変わった魚の名前である。この魚は、京都以西の限られた地域の清流や湧水地付近に生息する。このオヤニラミを当時の中学生が根尾川で見つけたのである。生徒も教諭も教育委員会も大騒ぎ。ＰＴＡは飼育池をつくり、村は天然記念物に指定と、オヤニラミの保護・増殖へ向かった。根尾の生徒たちと教諭のオヤニラミへの取り組みを紹介したい。

オヤニラミの生態

オヤニラミはスズキ目スズキ科の魚で、体型は海産のメバルに類似しており、別名カワメバル。全長は通常八cmから一〇cmほどで、北限は、日本海側は京都府の由良川、太平洋側は淀川とされている。

魚に変わった模様がついている。鰓蓋《えらぶた》のうしろに暗緑色の目玉模様があり、ヨツメとも俗称されている。雌が四月から六月に直径〇・六mmほどの付着卵を水草の茎に産みつけたのち、雄が子育てを一手に引き受け、鰭《ひれ》を動かしながら新鮮な水を卵におくる。性格は攻撃的で、巣へ侵入する他の魚から卵や仔魚を守る。他の魚をニランで子を守るからオヤニラミと名がついた、とも言われている。

体側にある数本の淡黄色の横縞《じま》や目を中心とした放射状の暗朱色の線は、個体ごとに間隔や長さが異なり、個体の識別は容易である。この魚は興奮したり、周囲の環境でさまざまに体の色を変化させる。また、喧嘩をすると、鰓蓋の斑紋が鮮やかになり全体に黒っぽくなる。喧嘩に負けると、頭部から背中にかけて白っぽい筋が現れる。

根尾川でオヤニラミを発見

一九九二年、根尾中学校の二年生が、手分けして根尾谷の生物調査を開始した。六月中旬、生徒が一匹の小ブナに似た一〇cmほどの魚を学校へ持ってきた。これが、加藤悟教諭と生徒たちのオヤニラミとの出会いであった。

図鑑で魚の種類を調べ、魚類の専門家にも確認してもらった。根尾川は生息分布域に入っていないが、オヤニラミであることが確認された。生徒と教諭、それに専門家をも交えた生息確認調査が早くも六月下旬には開始した。

オヤニラミ（河川環境楽園内の淡水魚園水族館で）

オヤニラミが捕獲された場所は、遊水地の池、池の水が流れ込んでいる付近の根尾川、それより一kmほど上流にある湿地帯の計三カ所であった。まずは、すでに五分の一ほどに埋め立てられた池の埋め立て中止である。池の所有者は貴重な魚であることを理解し、埋め立て中止に賛成した。この池は、濃尾地震のときに地中から泥と一緒に水が噴き出してできた池である。

【村の天然記念物へ】夏休みに、生徒たちと教諭は野外調査を開始した。調査地点一〇カ所が選ばれた。水がきれいで流れが緩やかな、水草が茂り大きな岩などの隠れ場があり、水深が五〇cmほどで水温の低い所である。この調査で七匹の成魚と二匹の稚魚を発見、上流にも生息・繁殖していることが判明した。さらに、魚類の専門家と遊水地のあの池で成魚と稚魚、卵一〇〇個以上を発見。

オヤニラミの生息環境を守り、根尾の魚として村をあげてオヤニラミを育てたいと、生徒たちは願い始めた。生徒からオヤニラミの話を聞くうちに、親たちも次第に熱を帯びてきた。この熱意が、村当局や教育委員会を動かした。

発見してから二カ月後の八月十二日、村の文化財審議委員会はオヤニラミを村の特別天然記念物に指定、根尾村があの池を借りて管理することになった。

八月二十一日には、地元の岐阜新聞をはじめ、中日・読売・毎日の各新聞、NHK・岐阜・東海テレビが、根尾村の魚オヤニラミを報道した。

オヤニラミ増殖計画

岐阜県水産試験場は、根尾中学校の生徒たちによる飼育栽培委員会、加藤教諭、教育委員会、漁業協同組合の協力を得て、一九九三年から一九九五年まで三年間、あの池と根尾川本川での生態生息調査をおこなった。この調査で、根尾川上流でのオヤニラミの生息が確認された。しかし、長良川や木曽川などの主な河川からの生息情報がなく、根尾川以外での生息の可能性は低いと考えられた。

皆が最初から、オヤニラミのルーツに興味を持っていた。根尾川の漁業組合は、昭和十年頃から、琵琶湖（姉川と日野川）から購入したアユを放流しており、地元では、琵琶湖からオヤニラミが移入したと考えた。一方、水産試験場の報告書は、「根尾川のオヤニラミは自然分布よりも移入説の方が有力である」としながらも、移入の確証を得ることはできなかった。つまり、オヤニラミの生息域は琵琶湖から流れ出す淀川の上流に位置する保津川に限られ、琵琶湖やそこへ流入する河川は生息域ではなく、子アユに混じっていた可能性はない。また、オヤニラミは近年鑑賞魚として人気が高く、オオクチバスやブルーギルのようにマニアによる釣り魚としての移入は考えられない、と結論した。ルーツは依然不明のままである。

【飼育栽培委員会とPTAによる飼育池建設】発見の翌年四月、一年生から三年生の合計一七名で飼育栽培委員会が結成され、オヤニラミの飼育活動が開始した。六月には、PTA会長がこれまでの水槽の五倍以上の大型水槽を寄付し、校内には飼育池がＰＴＡの環境整備作業で完成した。これで、大型水槽での産卵と孵化、飼育池で飼育ができる。将来的には、飼育池での自然増殖への挑戦も計画した。

飼育池が完成して三カ月後の八月末、水槽で飼っていた成魚二匹を飼育池に放流、九月中旬には、岐阜水産試験場との合同調査で捕獲した成魚二匹も放流した。

一九九二年の年末、あの池にオヤニラミ泥棒が出現した。一九九三年の七月から四回おこなった池の生息数調査で、オヤニラミの生息数は発見当時より五分の一以下に減少していた。池の周りにフェンスが張られた。「自然環境の中でオヤニラミを育てたい」想いとは、あまりにもかけ離れた保護措置であった。

オヤニラミの碑とあの池

加藤教諭は、根尾の自然の中でのオヤニラミ保護を提案した。その提案の最後に、「根尾の豊かな自然を一時の楽しみのために独り占めしないで、将来まで豊かなままで残してやりたい」と述べている。

根尾で村人にあの池の所在地を尋ねたら、「池にオヤニラミが住んでいるよ」と教えてくれた。水鳥《みどり》の根尾谷地震断層観察館から一㎞ほど離れたあの池はフェンスで囲まれ、村指定天然記念物オヤニラミの石柱が立っていた。ルーツは不明であるが、確かにオヤニラミは生息している。この魚が、根尾川にこれからも生息することを願わずにはいられない。

前畑政善は、「私たちの生活基盤である生態系を構成している基本的な要素である種（淡水魚）を保全することは、とりもなおさず私たち人類が将来にわたって存続していくための前提条件となるものであろうことに多くの人が気づき始めている」と述べている。

絶滅しそうだから、何とか地域にその種を残し、我々の周りの多様な自然環境を我々自身のために残そうと、多くの人びとが行動している。

3　アユとともに生きる

アユは川魚の王と言われ、寿命が一年であるため「年魚」と呼ばれ、独特の香りがあるため「香魚」とも記される。アユは日本全国に生息し、朝鮮半島南部、中国にも分布する。初夏に川岸に架けられた梁《やな》が川の風情をいっそう醸し出し、夏が来たことをアユの塩焼きは知らせてくれる。

川の生け簀から天然アユを獲ってきて、アユの口から刺した竹串を囲炉裏の周りに立てて焼く、昔ながらの梁は姿を消した。現在は、観光梁が主流であるが、河原の小屋掛けの中で、瀬音を聞き、梁を見ながら新鮮なアユ料理を食すのも楽しいひとときである。ここでは、アユの性格に触れたのち、揖斐川や長良川のアユとともに生きてきた人びとを紹介したい。

アユの性格と漁法

明治から昭和にかけての動物学者石川千代松は、琵琶湖産の小アユと一般の川のアユとが同種であること、さらに環境が変われば小アユも大きくなることを実証した。彼がアユ養殖の道を開いたのである。

アユの漁法はたくさんある。川漁師による投網《とあみ》から素人の友釣りまで、幅広い漁法がアユの性格を利用しておこなわれている。アユには、伊勢湾から遡上してくる降海遡上型アユと琵琶湖から移植放流した陸封型アユがいる。アユの行動は純天然の降海遡上型と移植放流の陸封型とで違う。陸封型のアユは平面的な行動を示し、下へ下へと川底の方へ移動する。一方、降海型のアユは、流れの全層を上下に立体的に移動する。

そこで、夜に淵を遮断するように刺し網を張り、火や水音で魚を追う「夜川《よかわ》網漁」や平瀬に刺し網を張り、魚を追う「火振《ぶ》り網漁」など網を使う漁では、網の錘が川底と接するようにゆとりをもって仕掛けないと、陸封型のアユは石と網の隙間から簡単に潜り逃げてしまう。

【白色の嫌いなアユ】アユは白い色が嫌いである。最近の「瀬張《せばり》網漁」はこの習性を使っている。瀬張網漁は、落ちアユの季節に、根尾川や長良川の中流で盛んにおこなわれる漁である。この漁法は、川下へ下る「落ちアユ」をいっとき川に仕掛けた脅しで下るのを止める。脅しの前方にアユが群れると、漁師は舟から投網を半円形に打って捕獲する。

瀬張網漁は脅しの準備から始まる。平瀬を横断するように長さ一mほどの棒杭を一五から二〇mの等間隔に打ち込み、藁縄で笹を束ねたものを棒杭の付け根に縛り、川底に沈める。次に、水面で棒杭を繋ぐように藁縄を張るのである。これで準備完了。水面の藁縄は流れに押されて弓型になり、次に一瞬、藁縄は空中に飛び出し川面を打つ。下ってきたアユは、藁縄の水音と川底の笹束に驚いて通行を妨げられる。この時投網を投げて捕獲する。最近の川底の脅しは、アユの嫌いな白いビニール袋に石を詰めて使用している。

揖斐川での友釣り

アユの遡上調査の時などにもこの方法が採られる。アユの目視観察地点以外に、白いビニール袋を沈めておく。白色に驚いたアユは観察地点に集まり、精度良くアユの遡上数が調査できる。

【産卵期の漁と友釣り】九月中旬から十月中旬が木曽三川のアユの産卵最盛期である。特に増水直後に産卵活動が活発になる。産卵のためにアユが群れる場所は、こぶし大の石と砂利、または砂利の川底である。

この時期に長良川の中流域では、多くの漁師の舟がほとんど同じ場所に一列に並び、盛んに「どぼんこ漁（がり漁）」をおこなっている。糸の先端付近に多数の針を付け、先端には錘を付けて、大きく竿を上流側に振り下流側に流れよりやや速く川底を引き回してアユを掛けるのである。アユの群れている場所さえわかれば、一番簡単なアユの捕獲方法だろう。

一方、多くの太公望は、アユの友釣りを楽しむ。元気の良い「おとりアユ（種アユ、親アユとも言う）」の鼻孔に金属の環（鼻環《はなかん》）を通し、これに針を三本ほど付けた糸を結び、アユを泳がせて針に掛ける釣りである。

アユは、子どものときは群れてプランクトンなどを食べる。大人になると、川底にある石の表面に繁茂する付着藻類を摂餌し、藻類が多く水流が強い瀬の一角をえらんで、広さ一㎡前後の縄張りをつくる。縄張りにおとりアユが進入すると、これを追い出そうとして激しく体当たりをする。この習性を逆手にとった漁法が友釣りである。

『古事記』や『日本書紀』に、神功《じんぐう》皇后が飯粒でアユを釣った話が載っているが、古代の釣りはごく限られた人の娯楽であった。長良川での友釣りは一八五〇（嘉永三）年頃に始まったが、一八五八（安政五）年には、アユが傷つくとの理由で友釣り禁止令が出ている。

揖斐川の運上梁

一三五三（正平八）年、のちに室町幕府二代将軍になった足利義詮《よしあきら》は、南北朝期（一三三三年～九二年）の北朝四代後光厳《ごこうごん》上皇を奉じて京都を脱出。室町幕府三代美濃守護であった土岐頼康《よりやす》が、拠点である揖斐川町小島《おじま》に設けた仮の御殿・頓宮《とんぐう》に上皇を招いた。「美濃行幸」である。小島の頓宮跡は、粕川右岸側の頼康が一三三六（延元元）年に建立した瑞巌寺仏殿の南と、小島地区白樫の大門屋敷の二カ所が伝わっている。

【運上アユの起源】後光厳天皇と同行した勅使《ちょくし》が、世の平安を祈って各地で祈願して揖斐川町清水《きよみず》の地を訪れた時、にわか雨に遭った。勅使は郷士松原与左衛門（杉原とも伝わっている）宅で雨宿りをした。与左衛門はさっそく、勅使をアユで一献もてなし、勅使はそのアユの味を大いに喜んだ。与左衛門は小島の頓宮の天皇にもアユを献上したという。その翌年、杭瀬川（現揖斐川）の漁業権が与左衛門に与えられたと伝わっている。

時を経て一五九四（文禄三）年、豊臣氏の代官であった古田兵部少輔が河川運上（幕府への税金）改めをした際、現揖斐川町房島《ぼうじま》の簗場は六分一役運上の中に含まれた。そこでこれ以降、房島梁は御梁場あるいは運上梁と称せられ、揖斐峡の乙原《おとはら》までの約六km区間、他の梁を架けることが禁止されていた。江戸時代は入札で漁業権を決め、落札した者以外はアユを捕獲する権利がなく、アユを獲ればすぐに訴えられた。

房島梁の絵はがき（揖斐川町歴史民俗資料館蔵）

明治時代には鑑札制となった。『揖斐川町史』の一八八一（明治十四）年の記録から、一年間のアユの水揚げ量をみると、上流の北方村は一人で一〇二九kg（二七四貫四〇〇匁《もんめ》）、その下流の房島村は漁業者二六人で一万一三〇〇匹、北方村からほぼ七km隔てた最下流の島村は九人で一万五〇〇〇匹、などと記されている。北方村は一人で一トン以上、房島は一人四三五匹、島村は一人一一六七匹である。この七km区間に点在する小島・三輪・上ミ野・長良の四カ村も一人あたり数百匹の水揚げである。ともかく、驚くほどのアユの捕獲量である。

【川の変化とともに】房島梁は、護岸工事がおこなわれる一九七五年代以前まで、江戸時代とほぼ同じ位置に簗場を設けていた。

護岸工事以降、梁を架ける適当な場所がなくなった。幕末の文人・画人である高橋杏村《きょうそん》による房島梁の水墨画には、左岸側に大きく流れ込んだ流れに梁が架けられている。護岸工事で「房島梁」付近の流れは変わったものの、遙か川向こうに見える景色は絵と同じであった。

揖斐川に架けられた梁

梁のつくり方は各川によって微妙に違うようである。揖斐川では、アユが流れに逆らわずに梁に落ちるように、水の流れをコントロールする堰が川に面して斜めにつくられ、アユを受けるところも斜めになっている。一方、長良川などの梁は、アユが水勢におされて落ちるようにできているようである。

現在、揖斐川の梁場は、根尾川合流点付近から上流に数多く設けられており、訪れた人びとに一風の涼風と味覚を提供している。

長良川のアユ漁

長良川の夏の風物詩と言えば鵜飼である。ところで鵜飼は、福岡県筑後川をはじめ、山口県岩国の錦帯橋のある錦川、愛媛県最大の肱川《ひじがわ》、広島、京都と、日本各地でおこなわれている。その中で少し変わった鵜飼が山梨県の笛吹川でおこなわれている。鵜匠が舟を使わず川に入り、鵜を操る徒歩《かち》鵜である。

【鵜匠の名前】鵜飼は古来の漁法である。『古事記』や『万葉集』などにも記されており、八世紀初めには、鵜飼を職業とする鵜飼部《うかいべ》が存在した。平安時代（七九四〜一一八〇年）には、天皇の膳をととのえる御厨子所《みずしどころ》が鵜飼を管理して、桂川、保津川、宇治川全域で鵜に魚を獲らせていた。

鵜は生息域で分類すると、川鵜と海鵜がいる。鵜飼には体格の大きい海鵜が用いられる。鵜飼は、鵜船の舳《へさき》に鵜匠一人が立ち、一二羽の鵜を操り、鵜船の中央には中鵜使いが鵜四羽を、その側で中乗りが捕獲した魚や器具を扱い、船尾の艫《とも》乗りが舵《かじ》を取る。

王朝時代の大膳職や御厨子所の鵜飼は、宮廷の下級宮人として働く特殊な漁人集団がおこなったが、そののち、大名が特定の鵜飼漁業者に「鷹匠」に因《ちな》み「鵜匠」の名を与えた。一説には、一五六四（永禄七）年に織田信長が「鵜匠」の名を授けたとも伝わっている。

【鵜匠への保護】江戸時代は全国の主要な河川で、鵜匠は領主から独占的な漁業権など、数々の保護があたえられていた。ここで、具体的にどのような「過度な保護」が鵜匠に与えられたか、数例見てみよう。

一六〇〇（慶長五）年の関ヶ原の戦い後、美濃国の代官となった大久保長安は、一六〇三年に、現郡上市から木曽三川下流域の現海津市に至る長良川と揖斐川の本支川の全水域で、梁など鵜飼に支障ある漁法を全面禁止している。また尾張藩は、将軍や幕閣などに献上するアユ鮨のアユを確保するために、鵜匠には諸役免除や保護政策を実施した。つまり、鵜飼は梁漁や網漁などの漁法より優遇措置が公認され、さらに、鵜匠に給米や蓑や篝火用の松代さらに鵜餌代などを支給した。一七五二（宝暦二）年からは、長良川は「鵜漁の妨げを一切禁止する川」、鵜飼優先の川であることを幕府が認めている。鵜飼の妨げになることが発生すると、鵜匠は「将軍家御用に差し障りになる」と言って既得権を守ってきた。

驚天動地の判決を二つ述べておこう。一六九三（元禄六）年、公益よりも鵜飼が重視される判決が出た。事件は、一六八八年に関市小屋名《おやな》村の津保川で起きた。鵜飼をしている最中、鵜舟が小屋名村所有の灌漑用水の取水堰の上を通過した。取水堰は農民にとって大切な施設である。村人たちは鵜匠と言い争ったが埒《らち》が明かない。ところがなんと、長良と小瀬《おぜ》の鵜匠たちが、この紛争を幕府の最高裁決機関である江戸評定所に訴えたのである。判決は、「鵜舟はアユ鮨のアユ捕獲のためであり、堰が崩れようと構わないので、遠慮なく通ってよい」という驚くべき判決であった。

また、こんな事例もある。一八五五（安政二）年に武儀郡板取村（現関市板取）で、年貢米の代わりの雑木（段木《つだ》）を川に流す際に問題が発生した。段木《つだ》流しが鵜飼に差し障ると、鵜匠が申し立てたのである。この解決策として、段

長良川鵜飼船(『木曽名所図会』より)

木流しの時には、鵜の餌料として金六両を小瀬《おぜ》鵜匠頭に納めることになった。年貢段木を治めるのに鵜の餌代も支払うとは、踏んだり蹴ったりである。このような事例はまだまだある。

このような鵜匠への過度の保護は、大名の鵜飼見物のためではない。たとえば、尾張徳川家の鵜飼見物は、三〇〇年間に十五回程と極めて少ない。あくまでも鵜匠への保護は献上アユのためであった。

【膨大な献上アユ】鵜飼が保護された大きな理由は、「凝《こ》り性で通人《つうじん》振る」大名たちのせいであると言える。釣ったアユには、稀に釣り針が飲み込まれたままになり、危険である。網で獲ったアユは、時間がかかってアユを苦しめ脂肪分が抜けてしまう。その点、鵜は瞬時にアユを捕獲するので味がよい、というのである。

魚の漁獲量はその日その日で変わり、また、出水などによる川底の変化が大きく漁獲量に影響する。ましてや、鵜飼は年中おこなえる漁法ではない。だが、漁がなくとも鵜は餌を食べる。決して、鵜匠の生活は楽ではなかった。

一六六五(寛文五)年から、幕府の手を離れて、尾張藩が鵜飼を管轄することとなった。尾張藩からの扶持料は月二両のままで据え置き。しかし、この扶持料の見返りに、アユ献上の義務が重くのしかかっていた。

献上するアユは、一艘一夜につきアユ三七尾で、このうち七尾は「御膳アユ」の大アユ、残り三〇尾は「一般ご進物」用の小役アユであった。小役アユと言っても進物用のアユで、琵琶湖産の「小アユ」とは違う。小役アユ二尾がほぼ御膳アユ一尾の価値であった。

鵜飼は五月五日夜から九月九日夜までの間である。天候不良と月夜での不漁の日数を一カ月と七夜と見込み、この日数以外は献上アユの義務がある。鵜飼船一四艘分で、御役アユは四万九二一〇尾、そのうち九三一〇尾が御膳アユ、三万九九〇〇尾が小役アユと、膨大なアユの量である。

【生活に困る鵜匠】一七二二（享保七）年の洪水は鵜匠に大打撃を与えた。洪水は、さながら原始の川を再現した。アユの餌となる藻が生育する川底の石を押し流し、堆積した土砂がアユの遡上を遮った。

不漁のため、長良川の鵜匠一四名のうち半分の七名が廃業した。不漁になると鵜匠は大変である。献上アユのうち半分はアユで、残りはアユ一〇〇尾につき四匁《もんめ》で金納したり、御膳アユを小役アユで換算して一万九〇六一尾、このうち半分をアユで残りを金で上納する始末である。

亨保（一七一六〜三五）の始め頃、鵜匠は鵜飼の諸経費や生活費を魚問屋から前借りしていたが、その借金も膨れ上がり支払いが滞った。鵜匠の唯一の収入源は、上納して残った「下アユ」を岐阜加納の魚問屋へ卸す売却金である。不漁で「下アユ」の量が少ないのに献上アユの不足分は金納である。これでは鵜匠は堪らない。尾張藩は、鵜匠の困窮を救うため、これまでの魚問屋への卸《おろし》を止めて、直接取引（河原売り）を認めるほどであった。

一七四一（寛保元）年頃から、再び長良や小瀬に不漁が襲った。さらに、一七五七（宝暦七）年から一七六一年まで、アユの献上ができないほどの不漁。むろん鵜匠の生活も成り立たない。尾張藩は、お救い金として長良の鵜匠へ九一両、小瀬の鵜匠へは四十二両ずつ、さらに翌年から三年間は、長良へ八二両、小瀬へ三六両支給している。

長良川鮎鮨図鑑（岐阜市歴史博物館蔵）

一八〇八（文化五）年には、長良と小瀬の鵜匠総計一二名が一人につき十石の給米を貰い、さらに、鵜飼ができない九月から三月までの鵜の餌料一九二両、新鵜購入代金六〇両、鵜船に乗る船乗りの給金一〇八両の総計三六〇両を与えられている。むろん、この金は返済義務があり、下アユの売り払い金から鵜匠一人、三〇両を支払うこととなった。

五万尾近くのアユを献上する義務があり、さらに不漁が襲いかかったのである。いろいろな保護策が取られていたが、鵜匠の生活は決して楽ではなかった。

アユ鮨とアユ鮨街道

長良川で獲ったアユでつくるアユ鮨は、将軍家や天皇家への献上品として納められた。アユ鮨は天正年間（一五七三〜九二）、本巣郡馬場（現本巣市北方町）に住んでいた後藤才助が、長良川のアユの酢漬けを美濃国主の土岐氏に献上して以来、岐阜の名産となった。

一六一五（元和元）年、夏の陣の帰途、家康は鵜飼を見学してアユ鮨を楽しんだ。この年に、河崎喜右衛門が家康から御鮨御用を命じられ、アユ鮨が幕府に献上された。この時期、鵜匠は幕府に属しており、アユ鮨献上は幕命である。

なお、アユ鮨の献上が始まった一六一五年は、木曽山と木曽川が尾張藩に下された年であり、それから四年後の一六一九年に長良川も尾張領となった。

喜右衛門の東材木町の控え屋敷がアユ鮨をつくる御鮨所となり、喜右衛門と相役の伴右衛門の二家が御用を務めた。

御鮨所は、尾張藩がアユ鮨の献上を始めた翌年の一六五六(明暦二)年、岐阜古屋敷(長良橋左岸下流の現茶屋・山口町周辺)に移転し、一六六六年に相役河崎善太郎と河崎喜右衛門の両家が御鮨所御用をつとめている。御鮨元は公儀御用であり、いずれか一方に不浄など障り事が生じた場合、相役の方でその調達にあたるため、河崎喜右衛門家以外の相役は、各時代で異なっている。

アユ鮨は、毎年江戸の尾張藩市ヶ谷屋敷へ届けられ、将軍家へ献上された。尾張藩は、将軍家以外にも江戸の幕閣や大名にもアユ鮨を進物に使った。また、アユ鮨以外にも、アユの粕漬や、塩漬、卵巣を塩漬けにした「うるか」なども献上した。

このアユ鮨は、江戸前のいわゆるにぎり寿司とは違う。近江国のフナ鮨と同じ「熟れ《な》鮨」であった。アユを米で発酵・熟成させたのがアユ鮨で、半熟のものを生成鮨《なまなれずし》、十分に熟成したものを成鮨《なれずし》と言った。

笠松のアユ鮨街道

【アユ鮨の厳重な運搬】将軍家献上のアユ鮨は、御鮨所から伊奈波《いなば》神社参道を横切り、中山道加納宿を経て茶所《ちゃじょ》(加納の東側)で中山道と分かれ、笠松に着き、木曽川を渡り美濃路との分岐点四ツ家(稲沢市)に入る。ここまでの約二六kmがアユ鮨街道である。四ツ家から名古屋に入り、東海道を下る。加納宿から品川宿までの四六宿を宿継ぎ四日間(九六時間)で江戸へ送られた。また、中山道経由でもアユ鮨は江戸に運ばれている。

当時の飛脚の速さは、一般庶民が利用した定六《じょうろく》と呼ばれた町飛脚で京都と江戸間が六日、幕府が経営した継ぎ飛脚で三日と一八時間(九〇時間)である。荷崩れ禁止のアユ鮨はおおむね夕方に岐阜を出発して、岡崎あたりで夜明けを迎えたようで、細心の注意を払いかなり早く運ばれている。

アユの献上の季節になると、江戸詰めのお賄い頭から献上日程の知らせが来る。

この日程に従い、荷を出す前に先触れを出し、各宿は鮨を運ぶ人足その他いっさいの手配をおこない荷の到着を待った。

桶に入れられたアユ鮨は御鮨箱に納め、錠が掛けられた。この御鮨箱の他のもう一つの木箱には、錠の鍵、宿継ぎに関する公儀の証文、損傷を懸念して御鮨元でつくった公儀証文の写し、写しの添え書き、鮨の到着・出発時間を記入する刻付帳、の五品を納めた。尾張藩は、「刻付帳」で各宿間に要した時間を調べ、速ければ「よし」、遅ければ「おそし」と貼り紙をして御鮨元に知らせた。

輸送時間が厳重であったのは、公儀御用であっただけではない。鮨は性質上、熟《な》れ具合が大切である。季節と輸送日数に応じて漬け方を工夫しており、日数が見込み違いになると、味が落ちるからであった。

一六二九（寛永六）年から、毎年五月から八月まで月五回、一荷に四桶入りで三荷ずつ、毎年二〇回献上する。一桶に、大きいアユは一〇尾、小は二〇尾入る。

「御膳アユ」と称された大アユで宿継ぎしたアユ鮨の数を計算すると、一荷に四〇尾、一回の献上が一二〇尾で年に二四〇〇尾となる。これに、鮨以外への使用分と献上品に仕上げるまでの不出来分が加わると、前に述べたように、御膳アユと小役アユで五万尾ほどの膨大な量になったのである。なお、一七二二（享保七）年以降は、先に述べたようにアユ漁の不漁で鵜匠が一四名から半分の七名になり、献上は年一〇回に減少した。

【現代の鵜飼へ】一八六八（明治元）年、小瀬鵜匠は廃止されて川漁取締役となり、金四〇円を上納して鵜飼を続けることができた。一方長良川の鵜匠は、明治元年直前の一八六八年七月に、有栖川宮家のアユの御用を受けた。御用を受けた真意は、宮家の口添えでさらに天皇家御用を受けることであった。

明治維新後、鵜匠の生活は一変した。尾張藩の後ろ盾をなくした鵜飼漁は、他の漁法による川魚漁との競争に晒された。勝負はみえていた。他の川魚漁師は昼夜を問わずに漁をする。一方鵜飼は、夜だけである。漁獲量が減り、さらに他の川漁師が使った漁具で鵜が傷つく事態になった。鵜匠は鵜飼漁だけで生活を維持できなくなった。

一八八〇年から二度、小崎岐阜県知事は明治政府に、鵜飼漁の期間だけ針や網を使う漁法の昼夜禁止を申し出た。

しかし、川漁師たちの乱獲ともいえる漁は止まらず、アユが減少。鵜匠はアユが捕れなくなった。

鵜匠の経済的自立が模索された。小崎知事は、遊覧船の経営（鵜飼屋組合でのちに長良遊船組合）つまり観光鵜飼を奨《すす》めた。この狙いは正解であった。一八九七年には、遊覧船が二〇艘にもなった。一方、旅館・料理屋も遊船を建造して自家の客を誘うようになった。鵜匠はむろん、長良遊船組合に与《くみ》し、料理旅館側との不協和音も聞こえてきた。

一八九八年、両者の話し合いで新たに「鵜飼遊船株式会社」が発足した。岐阜市も補助金を出し、漁業としての鵜飼から観光鵜飼へと大きく踏み出したのである。そののち、遊船会社は岐阜市への譲渡・移管を経て、市営事業として現在に至っている。

現在、鵜飼の観光客はやや減少しているものの、暗闇の中で情緒豊かな音風景をつくる鵜の鳴き声や、船頭が船べりをたたく音は、「日本の音風景一〇〇選」となっている。岸辺で、金華山を背景に水面に写る篝火《かがりび》を眺め、鵜や鵜匠が奏でる音を聴き、幻想的なひとときに浸るのもよいだろう。

【コラム】ウナギを食べない村

東海北陸自動車道で郡上市美並インターチェンジを降りて長良川右岸に出ると粥川《かいがわ》の合流点である。

この粥川沿いの村人は、昔からウナギを食べないことで知られている。郡上市教育委員会の和田実課長によると、平成の現在でも、「村では絶対ウナギを食べないし、他地域へ嫁いでもウナギを食べない人がいる」と話してくれた。なぜウナギを食べなくなったのだろうか。

【粥川のウナギ】稲荷信仰の狐のように、ウナギは虚空蔵菩薩のお使いと信じられ、虚空蔵菩薩を信仰する人びとはウナギを食べない、といわれている。

粥川の上流に虚空蔵菩薩を祀る星宮神社がある。星宮神社が祀られている粥川沿いの人びとは虚空蔵菩薩を深く信仰し

矢納が淵

て、現代でも、村の会合などの場合、料理には絶対にウナギは出ない。

一八八五（明治十八）年の「粥川谷捕鰻禁止に付き申し合わせ規約」によると、「ウナギを捕った者とは冠婚葬祭を絶つ」旨の厳しい約束事が決められ、この規約に粥川の住民一〇〇人ほどが捺印している。いわゆる「村八分」とは、火事と葬式の手伝い以外は協力しない意味である。「冠婚葬祭を絶つ」とは「村八分」以上の厳しさである。

星宮神社横の「美並ふるさと館」内に写真が飾ってある。明るい日差しの中、粥川で主婦が洗っているお釜の周りに、一〇匹以上の本来は夜行性のウナギが集まっている。神社近くの人に聞くと、最近は昼間にウナギを見ることは稀なようで、「川が土砂で荒れたので、なかなか昼間にウナギを見ることがなくなったが、アユを細かく砕いて川に投げてやると、ウナギが出てくる」と教えてくれた。なお、この粥川のウナギは、一九二四（大正十三）年に国の天然記念物に指定されている。

【ウナギと鬼退治】「かくばかり　経《へ》がたくみゆる世の中に　うらやましくも　すめる月かな」と歌った三十六歌仙の一人・藤原高光《たかみつ》（九四〇？～九九四？）が妖怪退治をしたと伝わっている。

粥川の源流部の瓢《ふくべ》ヶ岳（標高一一六三ｍ）に牛に似た姿の鬼が住み、人びとを苦しめていた。これを聞いて心を痛めた第六二代の村上天皇は藤原高光を妖怪退治に遣わし、高光は見事妖怪を退治して都に戻った。しかし、妖怪の亡魂が山頂に留まり、夏に霜を降らせて五穀を枯らすなど人びとを苦しめたので、再び帝は高光をこの地に遣わした。

妖怪の亡魂は、近くでは雉《きじ》の声、遠くではホトトギスのような声を発してあちこち飛び回り、なかなか退治することができなかった。高光は信仰している虚空蔵菩薩に亡魂退治を祈願した。道案内に現れたウナギの後をついて行くと、亡魂が現れる場所へ行き着くことができた。

その場で待ち伏せると、三m程の頭はサルで手足はトラ、体はタヌキで尾がヘビの姿と伝えられる妖怪の鵺《ぬえ》（背は黄褐色、腹は白色の鳥で、夜ヒョウヒョウと悲しい声で鳴くと伝わる鳥）が襲いかかって来た。高光の蕪矢《かぶらや》は見事に命中、鵺を射落とした。高光は、前年に創建した虚空蔵菩薩を祀る星宮神社に弓を納め、射落とした矢は上流の滝の淵に納めた。この淵が「矢納が淵」と呼ばれるようになった。

　高光は、都に帰京するとき、ウナギは虚空蔵菩薩のお使いだから大切にしなさい、と村人に言い聞かせたと伝わっている。この時以来、千年以上も高光との約束が守られてきた。さらに村人の熱い信仰とウナギ捕獲禁止の約束事によって、粥川のウナギは捕獲も食されることもなく保護されてきたのである。

　ところで、鬼退治を否定するようであるが、高光が妖怪退治をしたと伝わる九四八（天暦二）年は、高光が一〇歳頃に相当する。また、高光が創建した六社のうちの一社と伝わる武儀郡洞戸村の高賀神社には、七一八（養老二）年に高光が鬼を退治したと伝わっている。この説だと、高光が生まれる約二三〇年前に、「高光」が鬼退治したことになる。

「小川宏ショー」に出演した鬼の首（念興寺蔵）

【今も残る鬼の首】木曽川水系飛騨川の右支川・和良《わら》川沿いの郡上市和良町に念興寺がある。この寺に、高光が退治したと伝えられる「鬼の首」が供養されている。粥川から念興寺までは直線距離で約一八kmと近い距離である。

　現第三九世の住職・毛利文雄によると、元禄年間（一六八八〜一七〇四）の第二〇世の時代に、高光の子孫であるという粥川太郎右衛門が供養のために鬼の首を寺に預けたとのことである。また一説には、高光の末裔の粥川甚右衛門藤原賢俊が先祖から伝えられ、家宝としてきたが、郡上郡和良村へ国替えになって以降、この首も和良村に移され念興寺に祀られるようになったとも伝わっている。

　なお、住職に「鬼の首の写真を撮らせてください」と頼んだが、「写真は撮らせないことになっているから」と言いつつ、フジテレビ系列で一九八二年まで十七年間も放送された総合ワイド番組「小川宏ショー」に出演した際の写真を見せていただいた。

第7章　山は川につながっている

新聞やテレビで「地球温暖化」の報道をよく目にする。オーストラリアの東に位置するツバルは世界で四番目に小さい島国である。この国で一番高いところは海抜五m。すでに温暖化による海水面上昇で、ニュージーランドへの移民が始まっている。しかし、海面上昇で沈みかかっているツバルやマーシャル諸島などの報道を見ても、自分にとって差し迫った問題だとは、なかなか実感しない。また、温暖化の要因が先進国と発展途上国とで複雑に絡み合っており、温暖化問題はなかなか難しそうである。しかし、山林の維持管理の不適切が原因で発生した山崩れや土石流などの報道があると、山林の保全を身近で重要な問題としてとらえられる。ここでは、世界と日本の山林資源や木材消費量などを、まずはマクロにとらえ、そののち、山と川の身近な問題へと話を進めていきたい。

1　間伐で山をいきいきと

森は「緑のダム」である、といわれてから久しい。しかし、森林保全はなかなか進まない。間伐すべき樹木が山に残り、保水力が低下している。山崩れや土砂崩壊を招くほど山肌は弱っている。森林資源の積極的な活用が、人にも魚にもやさしい環境をつくりだすということを、私たちは理解すべきなのではないか。

木材を輸入する日本

【世界の木材資源】世界の森林面積は、陸地面積のほぼ四分の一に相当する三四五四万㎢である。この全森林の約六割が発展途上国の森林で、残り約四割が先進国や旧ソ連諸国に存在する。

一九九七年の世界での丸太生産量は三三億七七〇〇万㎥で、その約六割が発展途上国、約四割が先進国の生産量である。この年間の丸太生産量は、ほぼ日本の森林資源すべてに匹敵する量である。

発展途上国は、丸太生産量の約八割、つまり地球上の生産丸太の半分を薪炭《しんたん》にして燃料エネルギーとして焼却。炭酸ガスを大気中に吐き出している。なんと、日本の全森林資源の約半分を毎年燃やしていることになる。残りの約二割にあたる四億四六八八万㎥が発展途上国の輸出分である。一方、カナダ、アメリカ、ロシアなど先進国の輸出量は、丸太生産量の約三割にあたる三億七四八五万㎥である。先進国と途上国での丸太輸出の割合はほぼ四対五で、途上国の丸太輸出量がきわだって多いわけではない。

丸太生産によって、世界の森林面積は一九八〇年からの十五年間で一八〇万㎢減少した。これは、日本の総面積（約三八万㎢）のほぼ五倍に相当する。十五年間のこの減少面積は、先進国が二〇万㎢を植林などで増やした結果であり、発展途上国による森林面積の実際の減少は二〇〇万㎢である。その九五％が熱帯林である。熱帯林の森林破壊は急速に進んでいる。この原因は、燃料丸太の過剰な採取、不適切な焼き畑農業の増加、森林火災（インドネシアでは年に数万ヘクタールが消失）、過放牧、違法伐採などである。

【紙生産量と将来の紙】一九九八年に日本が使用した紙と板紙の総量は三〇〇〇万トン。この量は、米国、中国（一人あたりの年間消費量は日本の九分の一）に次いで世界第三位である。この膨大な紙の原料は、古紙が一九九八年に五五％、残りは製材の廃棄物、製材に適しない低質材、海外からの木材である。

古紙の利用率は、一九七〇年に三五％で、一九九〇年に五〇％を超えた。古紙が占める割合は、段ボールに九八％、衛生紙六三％、新聞用紙五四％で、会社などで使用するコピーや印刷の情報用紙はわずか一八％である。

情報化社会の到来時に、紙の使用量は減少すると、製紙企業などは予測した。しかし、逆に増加した。この増加は、多量のデジタル情報の表示と共有化のためである。佐野健二らによると、情報紙の〇・五％程度が正式文書として保管されるだけである。ほとんどは、会議などののちに不要紙となってゴミになっている。

新聞紙などは、「回収資源」として廃品業者に回収されている。しかし、会社で使用した情報紙は、貴重な内部資料である。おいそれと外部の回収業者に出せない。せいぜい、使用済みの紙の裏に印刷する程度である。その後は、シュレッダーで細分化して、再生できない紙を含め、運搬効率の悪い「空気の塊」として焼却される。

佐野らは新たな紙の開発を提案している。すでに、消色トナー技術やトナー画像剥離技術が開発されているが、さらなる紙の再使用である。再書き込みが可能な情報記録媒体のＣＤ－ＲＷやＭＯなどと同様、印刷された紙の文字を消去して再度使用する「リライタブルペーパー」の実用化である。

書き込みと消去が可能な紙が実用化されたら、膨大な木材輸入量も減少するだろう。

【輸入する木材】日本の森林面積は国土の約七割を占める二五万㎢で、三五億㎥の森林資源がある。さきほど述べたが、この森林資源量は世界での年間丸太生産量にほぼ相当する。ところが、木材自給率は一九六六年の約七割から一九九八年には二割に減少している。

一九九八年の木材輸入量は世界一の約七三〇〇万㎥（丸太が二五％、製品が七五％）で、第二位アメリカの二倍以上の量である。この輸入量は、用材の需要量の七八％を占め、東京ドーム内に隙間なく木材を詰め込んだとして、ドーム約六〇個分に相当する膨大な量である。

なぜ輸入するのか。理由は簡単である。国内で生産される木材より外国から輸入する木材（外材）の方が圧倒的に安価だからだ。そのため、国内林業は不振となり、間伐や除伐がおこなわれず、山は放置されている。伐採時期が来ても、「伐採すると赤字になる」と、伐採しない。

このツケの支払いは、国外と国内の両方から迫られる。国外からは、「豊かな自国の森林を温存して、金の力で外材を買い、外国の山を禿げ山にしている」と、避難の声がわき上がるだろう。一方、国内では、一九六〇年に四四万人いた林業従事者が、現在では九万人以下に減少、山村に活気がなくなってきた。さらに重大なことは、山の保水力の低下とともに、山崩れや土石流が発生しやすくなったことである。

二〇〇五年一月一日の中日新聞は、「大水害の傷跡深く」の大見出しで、「荒れた林を環境林へ」と訴えていた。二〇〇四年九月二十九日、台風二一号に伴う集中豪雨によって、三重県宮川村で死者・行方不明者七名の土砂災害が発生したのだ。記事は、この災害の一因を、山の手入れ不足であると述べ、「本当は、半分ぐらいの密度に手入れして間伐しておかんといかんかった」と、地元の声を伝えていた。

山の保全と水資源

【森林が果たす治水・利水機能】ひと昔前は、生産された木材は用材や燃料の供給源として利用されてきた。ところが、昭和三十年代の石油などによるエネルギー革命や品質の安定したセメントの供給で、燃料や工事用材としての使用が減少した。さらに、前述したように、安価な外材の輸入にともなう木材価格の下落で、林業は急速に衰退するとともに森林管理の水準も低下してきた。

除伐や間伐などの手入れの低下で森林整備が不十分になると、成長した樹林の樹冠が地表面を覆い、地表面に届くべき日照をさえぎり、地表へ衝突する雨滴の衝撃を和らげる下草の生育を阻む。下草の成育が妨げられると、雨滴が地表面の土壌を攪乱し、地表面に発生した水の流れ（表面流）が土壌を浸食する。その結果、枯れ葉が形成した多孔質の保水性ある腐葉土が浸食・流失して、森林土壌の保水能力が低下する。さらに、根の浅い針葉樹が倒れやすくなる。つまり、間伐を適切に実施しないと、良好な森林土壌形態の保持や森林土壌の流出を防止できない。その影響は、山崩れや土石流の発生、さらに海のプランクトンへの栄養源の遮断など、非常に大きい。

【森林の多面的機能】森林の機能として、多くの人が二酸化炭素の吸収をまずは第一に挙げる。ところが、森林の多面的機能を貨幣評価で順に列挙すると、①表面浸食防止の二八・三兆円、②水質浄化の一四・六兆円、③水資源貯留の八・七兆円などである。二酸化炭素吸収は七番目の一・二兆円で保険・レクリエーションの二・三兆円のつぎである。森林による二酸化炭素の吸収を軽視しているのではない。逆に、森林の多面性を述べているのである。

森林は実に多面的な機能を有しているが、これらの機能は、森林が適切に管理されてはじめてその機能を発揮する。単位面積あたりの荒廃地からの年間土砂流出量は、整備された森林の一五〇倍に達するとの報告もある。

以下では、森林の整備・保全を目的とした間伐について述べていこう。

間伐される木をロープで支える小学生たち

間伐材の利用

一九九七年十二月、京都で開催されたいわゆる「地球温暖化防止京都会議」で京都議定書が採択された。この議定書は、地球温暖化の要因である温室効果ガス（二酸化炭素、メタンなど）六種を対象に、二〇〇八年から二〇一二年までの間に先進国締約国全体で一九九〇年比で五％以上削減することを目標にしたものである。削減目標は、日本は六％、アメリカ七％（不参加）、EU八％などである。わが国は一九九八年四月に署名し、二〇〇二年六月に締結した。

この京都議定書の採択を契機に、二酸化炭素の排出抑制が地球温暖化対策として自覚され、森林の二酸化炭素への働きが大きくクローズアップされてきた。さらに、二〇〇〇年五月、環境に負荷の少ない環境配慮型商品の選択・購入を促進する法律が成立した。グリーン購入法（正式名は「環境物品などの調達の推進などに関する法律」）である。

グリーン購入法は、循環型社会形成推進基本法の個別法のひとつである。環境配慮型の商品の選択・購入を率先して政府・国・特殊法人がおこない、また民間企業も努力することを定めた法律である。二〇〇一年四月一日から施行された。つまり、環境負荷ができるだけ少ない製品、環境物品など（エコマーク商品などの環境保全型製品やサービス）を調達することで環境を守る取り組みである。

二酸化炭素の減少と環境にやさしい物品は、放置された森林に除伐や間伐をおこない、間伐された木材（間伐材）を社会で積極的に使用することでリンクする。これらの法律を背景に、多くの人びとが放置されたままの森林に目を向け始めたのである。

【間伐材と環境負荷】多くの土木・建築構造物は鉄筋コンクリートでつくられている。木材は、大きさも強度も個々に違っており、経験ある技術者・職人によってはじめて完成する。さらに木材は腐朽《ふきゅう》する。一方、コンクリート構造物は、木材に比べて強度が強く一定で、使用に特殊な技術をあまり必要とせず、むろん腐朽しない。

これまでは、これらの「長所」に大きく目が向き、たとえば、小川や用水路などあまり強度が必要でないところの工事でも、コンクリートが使用されてきた。しかし、「環境負荷」を考えると、少し立ち止まって考える必要もあろう。温室効果ガスの一つである二酸化炭素に着目すると、焼却時に大気中に排出される木材の炭素排出量は、セメントの約三〇分の一、鉄鋼の約六〇分の一と非常に小さい。つまり、セメントや鉄鋼は製造されるまでに多量の二酸化炭素を排出しているのである。

ここで、木材とコンクリートによる構造物の建設について考えてみよう。これまでの建設コスト（トータルコスト）は、建設費のイニシャルコストと維持・管理費のランニングコストである。ところで、『木材活用工法ガイドブック（案）』は、これまでのトータルコストに、処理費とさらに環境負荷コストを加えて経済性を考えるよう提案している。具体的に環境負荷コストを、『木材活用工法ガイドブック（案）』から見てみよう。

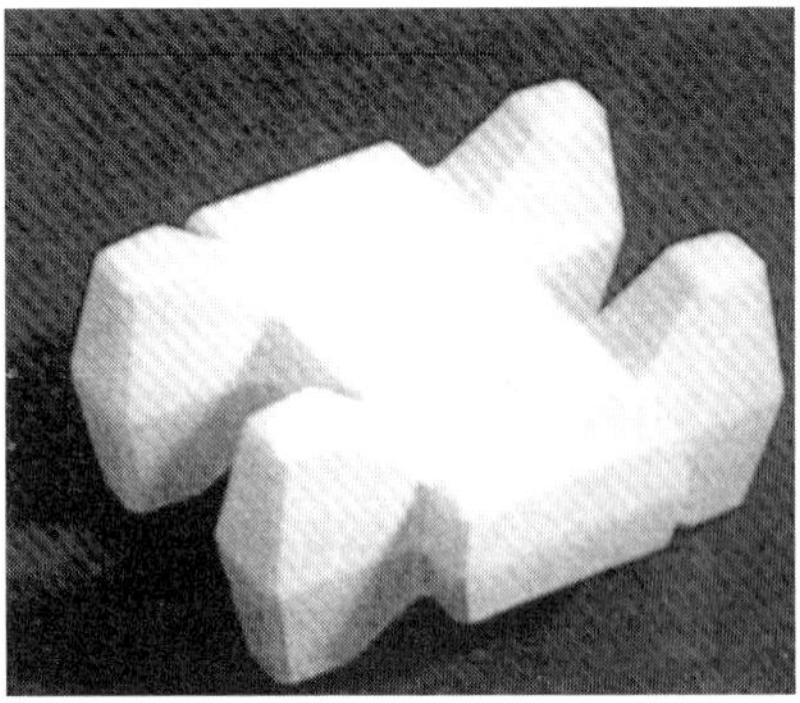
根固めブロック

丸太柵工とブロック板積工で比較する。柵工とは、山腹斜面に柵を設置して斜面崩壊を防止するとともに、植林の植裁基盤を施す工法である。使用木材は一〇〇mあたり四・三㎥つまり一四二〇kgの木材である。一方、ブロック板積工では、ブロック板（一m×四〇cm×三cm）を一〇〇mあたり二〇〇枚、五五二〇kgのコンクリートを使用する。

木材は、一kgあたり炭素を七・八gを排出し、セメント（ポルトランド）は二三五g排出する。この炭素排出量を金額換算する。なお、炭素一トンの価値換算は会社の事業内容などで、二五六〇円から四万九七五〇円と大きく開きがあるが、ここでは国土交通省の基準二三〇〇円を使う。すると、丸太柵工では一〇〇mあたり二五円、ブロック板積工は二九八四円になる。つまり、丸太柵工の環境負荷コストは約一二〇分の一である。

【使われ始めた間伐材】材料として石や木材を使用してきた「在来河川工法」が、「多自然型川づくり」で最近注目を浴びている。例えば、丸太を升目に組み合わせ、内部に石につめ、河床を増水による浸食から防ぐ「在来河川工法」の木工沈床《ちんしょう》の場合、従来用いられてきた根固めブロックと違い、重石の石の隙間が小魚の孵化・運動場さらに避難場所となり、魚にとって格好の住み家となる。

さて、二酸化炭素排出量を見てみよう。ちなみに、約一トンの根固めブロックが排出する二酸化炭素（セメントを製造するときの排出量）は約〇・八五トンで、わが国の一世帯当たりの年間二酸化炭素排出量は約六トンである。つまり、根固めブロック七個が一世帯当たりの二酸化炭素排出量に相当する。計算例は省略するが、同じ規模の工事を木工沈床と根固めブロックでおこなうと、木工沈床の環境負荷コストは根固めブロックの六二〇分の一と極めて少ない。木工沈床は、生態環境だけではなく、地球環境にも優れているのである。

木材は腐朽《ふきゅう》する。これまで、この腐朽が木材の大きな短所と捉えられていた。しかし、短所は長所でもある。すべての構造物を木材で、と言うのではない。コンクリート構造物は、設計以上の外力が作用しない限りその強度をほぼ時間に関係なく維持する。しかし、木材の場合には、時間とともに腐朽がすすむ。だが、腐朽して土へ同化してよい構造物も多くある。また、水中の木材は、空気に触れないので腐朽が極めて遅い。さらに、木材は優しい景観を演出する優れた材料でもある。

永久構造物である必要がない場合、つまり強度を期待しないあるいは土に同化してよい構造物に対しては、積極的に木材を使用するように、社会は歩み始めている。

最近、「古紙八〇％使用」と書いた封筒や真っ白ではない紙がよく使用される。その紙に違和感を持たないようになってきた。間伐材の使用も同じであろう。たとえ今は少し割高でも、使えるところに間伐材を使用すれば、将来的には、間伐材の市場ルートも整備され、経済的にもメリットある材料として、さらに社会に浸透していくだろう。

2　山に植林を

国道二三号線（通称名四国道）が通る揖斐長良大橋のすぐ下流、揖斐川右岸の桑名市小貝須に、通称「浜の地蔵」と呼ばれる龍福寺《りゅうふく》がある。一六八四（貞亨元）年、芭蕉がこの地を訪れて詠んだ「明けぼのや　しら魚しろき　こと一寸」の句碑が、この寺に建っている。この地は、明治改修時に建設された揖斐川右岸堤防の終端部で、これより下流側は一九三六（昭和十一）年の河川改修工事まで、堤防がなかった。

揖斐長良大橋のすぐ上流が、古くは猟師《りょうし》町と呼ばれた赤須賀《あかすか》漁港である。一説には、一五六一（永禄四）年に、三河国市場村（現愛知県額田郡幸田町）の領主が家臣九人を連れて赤須賀に住み漁業を始めた、と伝わる長い歴史を持つ漁港である。

浜の地蔵（龍福《りゅうふく》寺）前の常夜灯

赤須賀漁港の漁

明治初期の赤須賀漁港の漁業を『海で生きる赤須賀』より見てみると、タイ、スズキ、イワシにボラ、カレイにシラウオ、ウナギ、ハマグリなど、現在の主な漁獲量を占める貝類やシラウオだけでなく、十数種類の魚名が記されている。

伊勢湾周辺で漁をするだけではなく、他地域の漁場へ魚を買いつけに行った船もいる。一八二七（文政十）年の史料に、赤須賀の船二〇九艘のうち四二艘が、志摩方面や熊野灘などの漁場で捕れた魚を買い上げ、桑名周辺の魚問屋に卸した記録がある。また明治初年の頃から、紀州や熊野方面へ米や酒、日用雑貨などを売りに行き、その帰りに、薪や炭、カツオ節などを運ぶ、コメ船が活躍し始めた。

一八九一（明治二十四）年の赤須賀漁港の戸数は三二五戸、人口九七五人であった。沖漁が一五九戸で五〇五人、磯漁が四七〇人。夏には遠く熊野へタイの延縄《はえなわ》漁、秋には伊勢湾だけでなく三河地方にも出かけてボラやイナ漁をしている。

大正末の専業漁業の戸数は六七〇戸で三〇八二人であった。クロダイ、カレイ、ボラ、ウナギ、カキなど各種の魚介類が捕れた。一九二二（大正十一）年から一九二四年の平均の水揚げは一六万二四〇〇円ほどである。当時の米価から換算すると、水揚げは七億四三二五万円あまり、活気ある漁港であった。なおハマグリの水揚げは二万二八〇〇円（一億四三五万円）あまりであった。大正末頃が、赤須賀漁港が一番栄えた時代であったようだ。

しかし、種類豊かな魚の住みかであった伊勢湾や三川河口が汚れるにつれ、魚影が薄くなってきた。昭和二十年代末にイワシ・スズキ漁が、昭和三十年代にはカレイ・エビ・キス・ボラ漁が少なくなり、ボラ・スズキ・カレイを対象にした建干《たてぼし》漁もおこなわれなくなった。昭和四十年代にはクルマエビ・アナゴ、さらにマダイ・クロダイ・ウナギの延縄《はえなわ》漁もおこなわれなくなった。現在でも、ヒラメ、カレイ、ウナギなどを捕る漁師はいるが、市場への流通はない。

現在、赤須賀の漁師が市場に流通させる魚はシラウオだけであり、他はノリ養殖に二〇人、ハマグリ・アサリ・シジミの貝漁に二〇〇人が従事している。

赤須賀漁港とハマグリ

赤須賀漁港

桑名の焼きハマグリは、弥次喜多道中にも出てくるほどで、東海道を往来する旅人に知られた名物品であった。

一七五二（宝暦二）年の『勢桑見聞畧志《りゃくし》』に、「名産の伊勢のハマグリと言うも桑名を以て賞翫《しょうがん》（楽しみ味わう）す、これも地蔵前の海一里ばかり潮の干満をはかりて取る……」と記されている。古くから桑名のハマグリはおいしいことで知られていた。ここで、地蔵前とは、「浜の地蔵」前のことであろう。

大正末から昭和初期まで、赤須賀からハマグリやシシビ（アケミガイ）漁に七〇艘ほどの漁船が出漁していた。ハマグリの漁獲量は、一九七一（昭和四十六）年にほぼ三〇〇〇トンを記録した。その後、減少に転じ、八年後の一九七九年に六四トンにまで減少した。漁獲量の落ち込みは止まらず、一九九六年には四トンになった。

減少の原因は、ハマグリの漁場である干潟の減少だ。埋め立てや地盤沈下にともない干潟が減少したのである。干潟は、酸素の供給をうけやすく、生物生産性が高い。多様な生物の生息地つまり生物のゆりかごである。

一九六一年から二〇〇七年までの四十六年間の累積地盤沈下量によると、濃尾

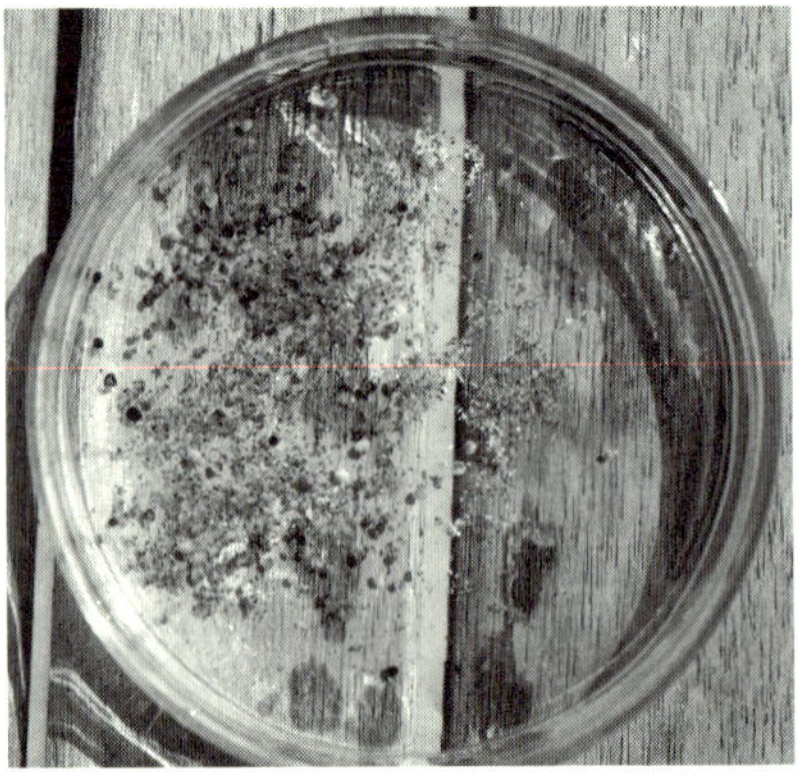
生まれて71日目のハマグリ（赤須賀漁協ハマグリ種苗生産施設で）

平野のゼロメートル地帯は、全面積の三三％を占めている。特に沈下が一二〇㎝以上の激しい地域が二カ所ある。弥富市十四山《じゅうしやま》周辺と、長島町南部を含む三川河口部で、この大幅な沈下で干潟が減少したのである。

【ハマグリの養殖】一九七六年と翌年に、赤須賀漁業共同組合（以後、赤須賀漁協と記す）は全国で始めて、ハマグリ資源の増殖・生産対策に取り組んだ。的矢湾養蠣《ようれい》研究所にハマグリの人工採苗技術開発を委託して、一〇から二〇㎜の稚貝一二〇〇個を揖斐川河口部に放流した。組合内に研究会を発足させ、一九七七年に幼生飼育、翌年以降は人工授精から一貫した種苗生産に取りくんだ。試行錯誤の末、飼料プランクトンの安定供給に目処が立ち、一九八二年に三一万個の稚貝を放流するまでになった。

一九九〇年からは、「赤須賀漁協ハマグリ種苗生産施設」で種苗生産をスタートさせた。施設には、ハマグリの飼料（浮遊珪藻キートトセラス）を生産する自動培養水槽を備えている。

一方、干潟の造成にも取り組んだ。赤須賀漁協を含む桑名地区の五漁協で構成された桑名漁業協同組合連合会は、失われた干潟の再生に乗り出した。河口堰に伴う漁業補償で、一九九三年に桑名市城南沖に、翌年は長島町浦安沖に、各二〇万㎡の人工干潟を造成した。

これまで放流した二㎜ほどの小さな稚貝は砂に深く潜れず、潮に流されやすいことがわかってきた。稚貝が大きいとそれだけ生残率も大きくなる。漁協は、水温と飼料をコントロールして、産卵を従来の七月から五月に二カ月早めることに成功した。これで二カ月長く稚貝の飼育ができ、それだけ大きく育つ。早期産卵と長期飼育で五㎜ほどに育てられた稚貝は、人工干潟に放流された。一年後に約二〇㎜、二年後には漁獲サイズの四〇㎜に育ったと、報告されている。

山に目を向けて

【海と山との関係】二〇〇二年六月頃のハマグリの資源量は、揖斐川で二九トン、木曽川で一三トンになったが、十一月頃には、三分の一以下の八トンと四トンに激減した。このハマグリの激減は、八月初旬から九月初旬にかけて海底が貧酸素状態になったために、貝が斃死《へいし》した、と考えられている。

人びとが流す生活雑排水や農業・産業排水などによって栄養塩類が増加すると、水質が富栄養化し、大量の有害赤潮プランクトンである鞭毛藻・ラフィド藻が発生する。水中に溶けている酸素がこれらプランクトンの分解に消費されて、貧酸素状態となるのである。この分解の際に窒素やリンが再発生し、表層部で再びプランクトンが増殖して、貧酸素状態を加速する。まったくの悪循環である。

一方、魚の餌となる植物プランクトンや海藻の成育には、陸上の木や草と同じように肥料分（窒素、リン、ケイ素）が必要である。この他に極微量のミネラル、特に海水中に不足している鉄分が欠かせない。この鉄分は山の腐葉土から生まれるのである。

木の葉が堆積して腐食が進むと、その分解過程でフルボ酸やフミン酸などの物質ができる。フルボ酸は鉄イオンと結びついてフルボ酸鉄となる。このフルボ酸鉄などが海に流れついて、珪藻植物プランクトンや海藻の成育に重要な働きをする。特に広葉樹は毎年多量の葉を落とし腐食土が早くできるので、海にとって大切な木である。二枚貝や小魚はこのプランクトンを採って成長する。

【山に植林】松永勝彦らは『漁師が山に木を植える理由』の中で、山の樹木と海での漁獲量の強い関係を説いている。

明治以降の北海道襟裳岬の話である。開拓や燃料にするため広葉樹の森林が伐採されるにつれ、魚の水揚げも減少した。一九五三年、住民の強い要望で、営林署は「襟裳砂漠」にまずは草を根づかせ、そののちに、木を植えた。魚介類の水揚げ量は緑化面積に比例して増加した。襟裳岬は半世紀かけて緑をとりもどした、と述べている。

山と海は川でつながっている。一九八九年、宮城県気仙沼《けせんぬま》のカキ養殖業者たちが、気仙沼に注ぐ大川の水源地室根山に登った。大漁旗を翻し、村有林の室根山に広葉樹を植林した。これが、漁師が山に植林した始まりであろう。

「カキの収穫を増やす」ためよりも、「昔のような健康な海を取り戻す」ためには、まず、川の源流部の山自体を昔の雑木が多かった元気な状態に復元する必要があることに、漁師たちは気づいたのである。広葉樹の植林を始めてから、徐々に湾内にも小魚が増えだし、カキも順調に成育するようになった。戦後、森の荒廃や洗剤や農薬などの化学物質の川への流入が、海を汚しただけでなく、海を枯れさせたのである。

「漁民の森」は全国に拡がり、北は北海道漁連の「お魚増やす植樹活動」から南は沖縄の「海人《うみんちゅ》の森」まで、三一カ所（一九九九年時点）でおこなわれている。

赤須賀漁協の造林活動（赤須賀漁協蔵）

三重県漁連と各漁業協同組合は、一九九七年から、「山・川・海——思いやりの森造成運動」を開始している。この運動に赤須賀漁協も第一回から参加。三回までは長良川源流部の岐阜県白鳥《しろとり》町で、二〇〇一年の四回目から木曽川左岸白川の岐阜県東白川村で植樹活動がおこなわれている。参加者は、第一回の二〇〇人以外は毎回四〇〇人ほどで、二〇〇〇本から三〇〇〇本の植樹を継続している。なおこの行事に桑名市の小学校も参加。別の日には、白川の小学生がシジミ取りや貝漁の見学などに赤須賀漁協を訪れている。上・下流域の生徒が、それぞれ海と山とを体感しているのである。

この行事は、午前中に植栽を済ませ、キノコ御飯などでの昼食後、山と海の人びとの交流会がおこなわれている。

二〇〇六年十月の造成運動では、約四〇〇名の参加者で植栽面積一・五万㎡に楢《なら》を中心に三〇〇〇本植林している。

赤須賀漁協は、「もともと海、川などの自然は国民共有の財産であり、海や川だけでなく自然とは漁業の発展のために克服されるものではなく、人間が生きていく上で必要な、また豊かな生産（漁業）のための良きパートナーである。……その自然を存続させることが一番、大切である」と述べている。

木曽三川の山林面積は広大である。三重の漁民が取り組んでいるこのような活動は、すぐにその成果を期待することは難しい。しかし、上下流の人びとがそれぞれの仕事を通じて山と海の大切さ、さらにそれをつなぐ川の重要性を肌で感じることは大切なことである。さらに、上・下流域の生徒たちは、理屈ではなく、肌で山の温もりや海の清々しさを体感している。

このような運動を通じて、必ず将来、山・川・海が元気になることを確信する。さらに、これからの私たちは、山から海までを一体として捉え、「自然の回復」に目を向け、「回復を手助け」する時代であることを、強く認識する必要がある。

【コラム】食糧自給率とバーチャル・ウォーター

水資源問題を地球規模から見てみよう。『水の世界地図』から水不足の地域を見てみると、アラビア半島全域、アフリカ北部の国々、オランダ、ベルギーにハンガリーなどは、慢性的な水不足地域で、五億人（世界人口の約八％）が水不足に直面している。さらに、水不足が切迫している国々の人口は二四億人（同約三六％）以上もいる。これら慢性的な水不足地域の多くは、食料不足にも悩む国である。

地球規模の水不足は、直接すぐ我々の日常生活に影響しないと思いがちである。しかし、大いに関係してくるのである。日本は食料の自立ができないでいる数少ない国である。日本の食糧自給率は、一九六五年の七三％から一九九八年に四〇％

まで低下した。それ以後八年間横ばい状態で、二〇〇六年には三九％に落ち込んだ。この食料の輸入は、世界の水資源を輸入していることと同じなのである。

　食糧自給率の計算方法を卵を例にすると、卵は国内の養鶏場から出荷されるが、鶏の餌は九〇％以上が輸入であり、鶏卵の自給率はわずか一〇％になってしまう。自給率を具体的に料理名で見ると、カツ丼の自給率は四五％、月見トロロ蕎麦三三％、五目ラーメンに至っては八％である。ラーメンは、小麦の輸入が八七％だからである。

【畜産物に替わった膨大な水】二〇〇四年十月十五日の中日新聞に、「一日分の食料に水五トンも使用」と見出しが踊っていた。日本も参加している世界の水資源と農業に関する報告書は、牛肉を多く食べる先進国の人は一人一日五トンの水を使用していると述べている。二〇二五年までには約二〇億人の人口増加が予想される。このままでは、農業用水の使用量を現在の一・六倍に増やさなければならなくなる。しかし新聞は、すでに河川などから大量の水が灌漑用水に取水され、生態系破壊や土壌劣化などの問題が各地で深刻化しており、さらなる農業用水を確保するのは困難であると、述べている。

　中村靖彦の本に「牛丼一杯・水二トン」と、ショッキングな見出しがあった。バーチャル・ウォーターは、食料を生産するのに使用された水である。表面的には目に見えない水であり、間接水や仮想水とも呼ばれ、最近よく新聞紙上に現れる。

　精製米一kgを得るためのバーチャル・ウォーターの量は、三・六㎥である。この量は、家庭の浴槽（二〇〇リットル）で換算すると、浴槽一八杯分の水に相当する。自給率一〇％の卵一個は、一九〇リットルつまり浴槽ほぼ一杯分である。大きな家畜の場合、飼育期間が長く食べる餌の量が多いので、バーチャル・ウォーターの量が増す。家畜の生肉一kgの生産に、鶏肉は三・五㎥、牛肉はなんと一五㎥必要という計算になり、これは浴槽七五杯分である。

　わが国の農業用水の使用量は、全使用水量の約六六％を占めている。水資源の最大消費部門は農業である。農畜産物の大量輸入は、外国の水を多量に輸入しているのと同じである。農畜産物の多量輸入が、国内の水資源消費量を相対的に低く押さえ込んでいるのである。

　農畜産物つまりバーチャル・ウォーターの輸入量は、アメリカからの約三九〇億㎥を筆頭に、オーストラリアから約九〇億㎥、カナダ約五〇億㎥である。総輸入量はこれだけで五三〇億㎥。わが国の農業用水使用量五五四億㎥とほぼ同じである。

日本は世界屈指の水資源消費大国である。さらに、これら農畜産物の生産に使用される農地は、日本国内の農地の二・四倍である。海外の広大な農地で、膨大な水を使用して農畜産物をつくってもらっている。これが日本の現状である。「飽食の時代」と言われているが、水も農地も海外に依存して食糧を確保しているのが日本である。世界の水不足は決して対岸の火事ではない。

参考文献

第1章

揖斐川流域の渡船場　渡辺千歳　岐阜県郷土資料研究協議会会報（以後、岐阜郷土資料会報と記す）　二〇〇五年

美しさと哀しみと　川端康成　中央公論社　一九七三年

江戸時代の村と地域　名古屋大学附属図書館・研究開発室　二〇〇六年

大垣城物語　清水春一　大垣市文化財保護協会　一九八五年

大垣藩と忠臣蔵　臼井千吉　大垣市文化財保護協会　二〇〇三年

大垣藩の水運と役船　清水進　岐阜郷土資料会報　二〇〇五年

川に生きる　岐阜県博物館友の会　二〇〇〇年

木曽三川流域誌　木曽三川流域誌編集委員会　一九九二年

岐阜県郷土偉人伝　岐阜県郷土偉人伝編纂会　一九三三年

岐阜県地名辞典　角川書店　一九八〇年

岐阜県風土紀　岐阜県教販株式会社　一九八五年

岐阜県林業史　岐阜県　一九八五年

旧国宝「大垣城」の建造年代について　細川道夫　美濃民俗　一九九九年

近世後期濃尾平野における陸運・水運と伊勢湾海運　西脇康　知多半島の歴史と現在七号　一九九六年

近世における揖斐・長良・木曽川の舟運について　高牧實　大垣女子短期大学　一九七〇年

近世日本の川船研究下巻　川名登　日本経済評論社　二〇〇五年

近世にみる揖斐川と人の暮らし展　揖斐川町歴史民俗資料館　一九九八年

皇女和宮御降家の謎　山田賢二　西美濃わが町　一九八二年

三水川改修工事計画概要　岐阜県　一九三一年

史料による栗笠物語　村上圭二　養老町郷土研究会　二〇〇五年

曽良長島日記　岡本耕治　朝日新聞名古屋本社　一九九二年

断崖を切り開いた僧・真海　池田勇次　郡上史談　一九九七年

長良川水系の河川水運　松田千春　木曽三川水運の研究二　二〇〇一年

長良川役所について　松田之利　岐阜郷土資料会報　一九七六年

忠臣蔵大垣物語（再販）　清水春一　大垣文化財保護協会　二〇〇一年

中部地建のあゆみ　中部建設協会　一九七五年

段木流し　復刻版文化財おおの　大野町文化財保護協会　一九八四年

手作りの資料館　郡上郡美並村資料委員会　一九九二年

遠い記憶　綱淵謙錠　文芸文庫　一九八七年

根尾谷段木考　佐藤敏　根尾古文書会　一九八五年

濃飛人物史　岐阜県歴史教育研究会　濃飛人物史刊行会　一九八〇年

芭蕉と出会う街大垣　大垣市環境協会　二〇〇三年

人斬り以蔵　司馬遼太郎　新潮社　一九六九年

ふるさと横曽根の時のながれ　川瀬則雄　一九九一年

文教のまち大垣改訂増補　大垣市文教協会　二〇〇四年

和宮様御下向道中　太田三郎　美濃文化総合研究会機関誌　二〇〇三年

和宮様御留　有吉佐和子　講談社　一九七八年

和宮と赤坂宿　松久卓　美濃民俗　一九九八年

赤坂町史　赤坂町役場　一九五三年

大垣市史中巻　大垣市役所　一九三〇年

大野町史通史編　揖斐郡大野町　一九八五年

岐阜県史通史編近世下巻　岐阜県　一九八四年

新修大垣市史　大垣市　一九六八年

徳山村史　徳山村　一九七三年

根尾村史　根尾村　一九八〇年

美並村史通史編上巻　美並村　一九八一年

第2章

大榑川　輪之内町　一九九一年

海蔵寺と薩摩義士　海蔵寺　一九九四年
木曽三川～その流域と河川技術　建設省中部地方建設局　一九八八年
木曽三川の治水史を語る　木曽川上流工事事務所　一九六九年
旧長良川流路説の検証と天文の洪水　中村亮　岐阜郷土資料会報　一九九三年
近世美濃における二大用水の開削　日置弥三郎　岐阜史学　一九六九年
水土を拓いた人びと　社団法人農山漁村文化協会　一九九九年
曽代用水開発考　足立直治　岐阜史学　一九七一年
曽代用水の歴史　山田安彦　土地改良だより第一四九号　一九九九年
畳で街を守る　北町区「五ヶ瀬川の環境を守る会」　二〇〇三年
伝えてこなかった「宝暦の木曽川治水工事」　坂口達夫　薩摩義士　二〇〇一年
定本　長良川　郷土出版　二〇〇二年
天正大地震誌　飯田汲事　名古屋大学出版会　一九八七年
土木人物辞典　藤井肇男　アテネ書房　二〇〇四年
長良川の流路　市原信治　教育出版文化協会　一九七五年
長良川の流路変遷と土岐氏枝広館について　横山住雄　岐阜郷土資料会報　二〇〇三年
濃尾平野における河道の変遷と大榑川の掘削について　伊藤安男他　岐阜郷土資料会報　一九八七年
開けゆく輪之内　輪之内町　一九九六年
宝暦治水薩摩義士顕彰百年史　高橋直服　高橋直服先生著書刊行会　一九九五年
わたしたちの岐阜市　岐阜市小学校社会科研究会　二〇〇五年
揖斐川町史史料編　揖斐町　一九七〇年
岐阜県治水史　岐阜県　一九五三年
岐阜市史近代二　岐阜市　一九七八年
新修関市史通史編　関市　一九九九年
多度町史　多度町　一九六三年
美濃市史通史編上巻　美濃市　一九七九年

第3章

大宮町一丁目史誌　古田尚弘　大宮町一丁目自治会　二〇〇〇年
お雇い外国人⑮建築・土木　村松貞治郎　鹿島出版　一九七六年
岐阜駅物語　渡利正彦　岐阜新聞社　二〇〇一年
岐阜県道路史　岐阜県土木部　岐阜県建設技術センター　一九九二年
岐阜城いまむかし　青木繁　中日新聞本社　一九八二年
近代を歩く　東海近代遺産研究会　ひくまの出版　一九九四年
佐渡川（揖斐川）船橋絵図雑感　高木秀之　美濃文化総合研究会機関誌　二〇〇四年
すのまたのあゆみ　墨俣町教育委員会　一九八二年
象がきた　尾西歴史民俗資料館　図録20　一九九〇年
ぞうがきた　尾西歴史民俗資料館　二〇〇四年
鉄道史の分岐点　池田邦彦　イカロス出版株式会社　二〇〇五年
東海地方の鉄道敷設史　井戸田弘　私家版　二〇〇二年
東海道線の発祥から郷土の鉄道を検証する　戸田清　私家版　二〇〇六年
東海道本線初代と第三代揖斐川鉄橋　高橋伊佐夫　岐阜郷土資料会報　二〇〇六年
土木人物事典　藤井肇男　アテネ書房　二〇〇四年
長良橋事件の真相　木下青嶂　ダイヤモンド社　一九五六年
平野増吉翁伝　木下青嶂　平野増吉翁伝刊行会　一九六〇年
船橋物語――美濃路の大河を渡す　尾西市歴史民俗資料館　図録32　一九九三年
ふるさと岐阜の二〇世紀　道下淳　岐阜新聞　二〇〇〇年
ふるさとの岐阜の物語　清信重　私家版　一九九四年
美濃路をゆく朝鮮通信使　尾西市歴史民俗資料館　図録24　一九九一年
墨俣町史　墨俣町　一九五六年

羽島市史　羽島市　一九七一年
尾西市史資料編一　尾西市　一九八四年
美濃市史通史編下巻　美濃市　一九八〇年

第4章

安八町九・一二災害誌　監修伊藤安男　安八町　一九八六年
江戸時代の村と地域　名古屋大学附属図書館　二〇〇六年
大榑川　輪之内町　一九九一年
尾張藩士酒井七左衛門　林薫一　岐阜郷土資料会報　二〇〇三年
川崎平右衛門と犀川事件　伊藤安男　岐阜郷土資料会報　一九七五年
環境インパクト　木曽川上流工事事務所　一九七六年
木曽三川その治水と利水　建設省中部地方建設局　国土開発調査会　一九八三年
木曽三川〜その流域と河川技術　建設省中部地方建設局　一九八八年
木曽三川の治水史を語る　木曽川上流工事事務所　一九六九年
木曽三川の治水歴史を訪ねて　木曽川上流工事事務所　一九八五年
木曽三川流域誌　建設省中部地方建設局　一九九二年
郡上水害誌　松野数代　岐阜県立郡上高等学校　一九六一年
犀川騒擾事件史　犀川騒擾事件史編纂委員会　一九七一年
砂防に挑んだ人たち　南濃町役場　一九九三年
続・木曽三川の治水史を語る　木曽川上流河川事務所　二〇〇四年
高須輪中の成立から金廻四間門樋築造まで　原田昭二　KISSO　二〇〇〇年
デ・レイケの足跡を訪ねてⅡ　中村稔　木曽川文庫所蔵　二〇〇三年
長良川　豊田穣　文芸春秋　一九八三年
畑繋堤に関する郷土誌　羽島用水土地改良区　一九八八年
開けゆく輪之内　輪之内町　一九九六年
復刻版濃飛人物史　岐阜県歴史教育研究会　濃飛人物史刊行会　一九八五年
ふるさと笠松　笠松町　一九八三年
別冊一億人の昭和史　毎日新聞社　一九八一年
濃尾に於ける輪中の史的研究　松尾国松　大衆書房　一九九三年
海津町史通史編上巻　海津町　一九八三年
海津町史通史編下巻　海津町　一九八四年
郡上八幡町史下巻　八幡町役場　一九六一年
新修上石津町史　上石津　二〇〇四年
穂積町史通史編下巻　穂積町　一九七九年
柳津町史　柳津町　一九七二年
養老郡志　養老町　一九二五年
わかりやすい岐阜県史　岐阜県　二〇〇二年
輪之内町史　輪之内町　一九八一年

第5章

飛鳥川用水の歴史　栗田登　水と土　二〇〇六年
飛鳥用水　折戸芳夫　美濃文化総合研究会機関誌　一九九九年
飛鳥用水三三〇年の歩み展　揖斐川歴史民俗資料館　一九九九年
揖斐川　揖斐郡教育会　一九七九年
大垣のあゆみ　大垣市　一九八八年
大垣藩の治水　細川道夫　岐阜高専紀要　一九六九年
大垣輪中の先賢伊藤伝右衛門の出自と遺品について　片野友二　美濃文化総合研究会機関誌　一九八七年
金廻四間門樋について　島崎武雄他　土木史論文集　二〇〇〇年
金廻四間門樋部分復元業務報告書　河川環境管理財団　二〇〇〇年
木曽川その治水と利水　建設省中部地方建設局　国土開発調査会　一九八三年
木曽三川〜その流域と河川技術　建設省中部地方建設局　一九八八年
木曽三川治水百年のあゆみ　建設省中部地方建設局　一九九五年
木曽谷の桃介橋　鈴木静夫　NTT出版株式会社　一九九四年
岐阜電気と十三代岡本太右衛門　高橋伊佐夫　第八回講演報告資料集

二〇〇〇年
ぎふの産業遺産32　広瀬泰正　中日新聞　一九九五年八月八日
岐阜の水力発電事業の遺産　高橋伊佐夫　岐阜郷土資料会報　二〇〇二年
郡上八幡の文化財とその歴史　八幡町　一九九七年
士魂商才　岡田武平　中部経済新聞社　一九六三年
高須輪中の成立から金廻四間門樋築造まで　原田昭二　ＫＩＳＳＯ　二〇〇〇年
中部地方電気事業史上巻　中部電力（株）一九九五年
中部の電気文化のあゆみ点描　石川太郎　社団法人家庭電気文化会中部支部　一九九九年
デ・レーケとその業績　木曽川下流工事事務所　一九八七年
時の遺産　中部電力（株）二〇〇一年
長良川発電所の歴史と技術　高橋伊佐夫　シンポジウム「中部の電力のあゆみ」第一回講演報告資料集　一九九三年
濃飛人物史　岐阜県歴史教育研究会　濃飛人物史刊行会　一九八〇年
発掘された輪中の圦樋　伊藤安男　岐阜県郷土資料研究協議会会報　一九九七年
ふるさと糸貫の歴史　糸貫町　一九七七年
ふるさと三城・和合　ふるさと三城和合編集委員会　一九八五年
ふるさとをゆく　郡上郡教育振興会　一九九九年
水電技師と水力の神　林助男　電気之友　一九二八年二月
水と火とともに追録　木村周一　茶周染色株式会社　一九八八年
席田井水史　安藤善市　席田井水土地改良区　一九七九年
横山ダム工事誌上巻　横山ダム工事事務所　一九六五年
糸貫町史通史編　本巣郡糸貫町　一九八二年
揖斐川町史通史編　揖斐川町　一九七一年
揖斐川町史資料編　揖斐川町　一九七〇年
春日村史下巻　春日村　一九八三年
岐阜県史　岐阜県　一九五三年
郡上郡史　郡上郡役所　一九二六年
本巣町史通史編　本巣町　一九七五年

第6章

脚で見る御鮨街道　御鮨街道景観まちづくり実行委員会　二〇〇六年
員弁川天然記念物ネコギギ保護増殖事業報告書　三重県教育委員会　二〇〇六年
揖斐川の鮎　折戸芳夫　岐阜郷土資料会報　一九九六年
鵜飼　可児弘明　中央新書　一九六六年
木曽三川の伝統漁　和田吉弘　山海堂　一九九五年
国天然記念物ネコギギ―保護・飼育から生態の解明へ　安藤志郎　岐阜郷土資料会報　一九九二年
神秘の魚粥川うなぎ天国　古川藤雄　美並村文化財保護委員会　一九八八年
世界大百科事典　平凡社　一九八八年
天然記念物ネコギギ保護管理指針　三重県教育委員会　二〇〇五年
トゲウオ出会いのエソロジー　森誠一　地人書館　二〇〇二年
トゲウオのいる川　森誠一　中央新書　一九九七年
長良川の鵜飼　片野温　大衆書房　一九五三年
根尾川におけるオヤニラミの生息調査　一柳哲也他　岐阜県水産試験場報告　一九九七年
根尾のオヤニラミ　加藤悟　根尾村教育委員会　一九九四年
滅びゆく日本の淡水魚　前畑政善　岐阜県博物館　一九九五年
美濃の国・郡上粥川　粥川一里会　一九九四年
揖斐川町史通史編　揖斐川町　一九七一年
美並村史通史編上巻　美並村　一九八一年

第7章

ウォーター・ビジネス　中村靖彦　岩波新書　二〇〇四年
海で生きる赤須賀　　平賀大蔵　赤須賀漁業協同組合　一九九八年
紙とインクとリサイクル　佐野健二他　丸善　二〇〇〇年
漁師が山に木を植える理由　松永勝彦他　成星出版　一九九九年
地球の資源ウソ・ホント　井田徹治　講談社　二〇〇一年
水の循環　山田國廣編　藤原書店　二〇〇二年
水の世界地図　沖大幹他訳　丸善　二〇〇六年
木材活用工法ガイドブック（案）　河川環境管理財団　山海堂　二〇〇四年
森は海の恋人　畠山重篤　北斗出版　一九九五年

おわりに

今回、長良川と揖斐川の本を出版するにあたり、会員と何度も本の構成について話しあった。取り上げるべき対象と事柄について熱心な議論をした。しかし、川に関する想いは全員同じでも、当然そこには、個々人が対象とする事柄に微妙な違いはある。

そこで今回は、会員が列挙した対象を整理して、会員と共に対象とする施設などを訪れ調査し、原稿はすべて私が書くことにした。そのため、取り上げた対象とその事柄は同じでも、私の「独断的」な側面が強く現れてしまった、と思っている。

長良川と揖斐川の内容を一冊の本にしたページ数の関係で、多くの載せるべき内容を削除せざるを得なかった。たとえば、揖斐川上流域での土石流災害、会員と見学した奥美濃揚水式発電所や徳山ダム、デレーケが携わった筑後川や九頭竜川さらに揖斐川の導流堤建設、「福井県と岐阜県の境に位置」する夜叉ヶ池の帰属問題など、多くの原稿を割愛した。

会員が読者に紹介したいと願う対象は多く、紙数には限りがある。どの対象も一冊の本になるほどの深い内容がある。「さわり」だけでもと考えたが、思い切って削除した。

したがって、この本の内容は、会員が望んだ対象と事柄の最大公約数的なものとなった。読者の方々には、長良川と揖斐川の「少しの対象」だけが触れられていることにご容赦願いたい。まだまだ多くの物語がある。

この本を書いている最中に、十年以上活動してきた本会はNPO法人となった。この本の出版を機に、今後も木曽三川を紹介する活動を会員と共に力強く続けていく決意を新たにした年であった。

最後に、この調査が、河川環境管理財団の河川整備基金・援助金でおこなわれたことを記し、感謝の念の一端を表します。

なお、風媒社の林桂吾氏には、粘り強く適切なご指示を頂いてこの小著が完成いたしました。ここに記し、同氏に感謝いたします。

十月吉日　さわやかな空気を感じつつ

NPO法人　木曽川文化研究会　代表　久保田稔

［ＮＰＯ法人木曽川文化研究会会員］

久保田稔　［代表］（大同工業大学名誉教授、工学博士）
中村義秋　［事務局長］（元財団法人河川環境管理財団職員）
（以下アイウエオ順）
赤石成徳　　（会社員、岐阜市在住）
板垣博　　　（岐阜大学応用生物科学部、農学博士）
北川麗　　　（主婦、岐阜県各務原市在住）
佐藤嘉平　　（桑名市在住）
村上宗隆　　（会社員、可児市在住、技術士、工学博士）
森島昌子　　（主婦、津島市在住）
諸戸靖　　　（桑名市立「輪中の郷」主査）
茂吉雅典　　（大同工業大学メディアデザイン専攻、工学博士）
中根増男　　（愛西市在住）
難破真佐美（主婦、桑名市在住）

【装画・本文イラスト】
山本浩之　（桑名市在住）

【ご協力いただいた機関や個人】
赤須賀漁協
揖斐川歴史民俗資料館
大垣市立図書館
鹿児島県立図書館
河合孝（写真家）
岐阜県歴史資料館
岐阜市歴史博物館
岐阜県図書館
木曽川文庫
木曽川上流河川事務所
木曽川下流河川事務所
京都府立図書館
栗本登（元飛鳥用水土地改良区理事長）
桑名市立中央図書館
中部電力株式会社（中電八幡サービスステーション、関営業所）
土木学会図書館
中山道ミニ博物館
名古屋大学図書館
尾西市歴史民俗資料館
三重県立図書館
毛利文雄（念興寺住職）

装幀／夫馬デザイン事務所

川と生きる——長良川・揖斐川ものがたり

2008年2月27日　第1刷発行　（定価はカバーに表示してあります）

著　者　久保田 稔

発行者　稲垣 喜代志

発行所　名古屋市中区上前津2-9-14　久野ビル
振替 00880-5-5616　電話 052-331-0008
http://www.fubaisha.com/
風媒社

乱丁・落丁本はお取り替えいたします。　＊印刷・製本／モリモト印刷
ISBN978-4-8331-0539-2

海の博物館　石原義剛

熊野灘を歩く

●海の熊野古道案内

熊野灘は太古からの太い海上の道であった——。大王崎から潮岬まで、はるばるつづく海岸線をたどるとき、そこには豊かな歴史といきいきとした文化が残ることを知る。海からたどる熊野古道のあらたな魅力。

一六〇〇円＋税

矢作川漁協一〇〇年史編集委員会

環境漁協宣言

●矢作川漁協一〇〇年史

漁業協同組合の歩みと、近代化の過程で破壊された川の生態系や川とともにあった人々の暮らしをたどりながら、これまで省みられなかった河川史を再構築する。日本ではじめて描かれた河川漁協の百年史。

三八〇〇円＋税

奈良大学文学部世界遺産コース編

世界遺産と都市

アテネ、ローマからイスタンブール、エルサレム。そしてアジアの西安、ソウル、奈良、京都……。人類の歴史とともに繁栄し、その痕跡を今に留める世界遺産都市を、新たな学問「世界遺産学」の視点から解き直す。二四〇〇円＋税

浅田隆・和田博文編

文学でたどる世界遺産・奈良

芥川龍之介、志賀直哉、和辻哲郎、司馬遼太郎……。近代文学の作家たちが、その作品中に描き出した古都・奈良の姿。東大寺、興福寺、薬師寺等、世界遺産に登録された九つの社寺の魅力を文学作品から読み解く。二二〇〇円＋税

木曽川文化研究会

木曽川は語る

●川と人の関係史

私たちは川とどう付き合ってきたのか。木曽木材と川、渡船から橋への変遷、人びとと川とのたたかい、電力開発などを切り口に、今日の流域の生活様式をかたちづくってきた固有の地域史を掘り起す。

二五〇〇円＋税

伊藤孝司

地球を殺すな！

●環境破壊大国・日本

アジア、南米、ロシア、南太平洋を旅し、地球環境の破壊現場を撮影しつづけたフォトジャーナリストが放つ衝撃の報告。最悪のダム、原発輸出、森林伐採…。地球の未来を奪わんとする日本の大罪を衝いたルポ。

二四〇〇円＋税